财税法治研究文库

7

总主编◎张怡

预算制约与协调法律机制研究

岳红举◎著

法律出版社 LAW PRESS·CHINA

北京

图书在版编目(CIP)数据

预算制约与协调法律机制研究 / 岳红举著. -- 北京:法律出版社, 2024
(财税法治研究文库 / 张怡总主编)
ISBN 978-7-5197-8032-6

Ⅰ. ①预… Ⅱ. ①岳… Ⅲ. ①预算法-研究-中国 Ⅳ. ①D922.210.4

中国国家版本馆 CIP 数据核字(2023)第 114103 号

预算制约与协调法律机制研究
YUSUAN ZHIYUE YU XIETIAO FALÜ JIZHI YANJIU

岳红举 著

策划编辑 陈 妮
责任编辑 毛镜澄 常 锋
装帧设计 臧晓飞

出版发行 法律出版社
编辑统筹 法治与经济出版分社
责任校对 晁明慧
责任印制 吕亚莉
经　　销 新华书店

开本 710 毫米×1000 毫米 1/16
印张 21.25 **字数** 343 千
版本 2024 年 4 月第 1 版
印次 2024 年 4 月第 1 次印刷
印刷 北京虎彩文化传播有限公司

地址:北京市丰台区莲花池西里 7 号(100073)
网址:www.lawpress.com.cn
投稿邮箱:info@lawpress.com.cn
举报盗版邮箱:jbwq@lawpress.com.cn

销售电话:010-83938349
客服电话:010-83938350
咨询电话:010-63939796

书号:ISBN 978-7-5197-8032-6
定价:98.00 元

凡购买本社图书,如有印装错误,我社负责退换。电话:010-83938349

总　序

“深化财税体制改革”一直是我国打破闭关锁国枷锁,实行改革开放持续探索的扛鼎之题。盖因“财政是国家治理的基础和重要支柱”,其基础和重要支柱的结构及资源的配置,乃是决定国家大厦岿然的关键。由此,十八届三中全会强调:“科学的财税体制是优化资源配置、维护市场统一、促进社会公平、实现国家长治久安的制度保障。”何为“科学的财税体制”?这确实是一个值得理论界和实务界共同深思的问题。诚然,“国家治理”相较于“国家管理”,更加突出法治在国家治理中的作用,但财税法治化实现的方略与路径任重道远。

首先,财税法治有待财税法基础理论的夯筑。财税法基础理论源自宪法思想的指导。从我国历史上来看,古往今来的改革总是以“变法”“修律”的方式进行,而“变法”和“修律”的重点亦垂青于财税问题。诸如商鞅变法中的统一租税制度改革,再如王安石变法中的“青苗法”和“方田均税法”,而明代的“一条鞭法”则更甚更显。苏轼曾言:“财政,为国之命而万事之本。国之所以存亡,事之所以成败,常必由之。”

其次,财税法治有赖于财税法的理论承接与社会现实回应。从我国改革开放的多年实践来看,现代化的浪潮推动了我国财税体制从传统的“国家财政论”到“公共财政理论”的历史嬗变,使我国公共事业的建设发展取得了前所未有的进步。尤其是在“利改税”和“分税制”等一系列税收法律制度建设与调整中,我国税法功能由弱到强,由粗陋到渐成体系并日臻完善,基本形成了社会主义初级阶段比较完整的税收法律理论和制度体系。概言之,“优化资源配置、维护市场统一”以确保财税法治的经济功能;“促进社会公平”以强化财税法治公平、正义和公开原则的社会功能;“实现国家长治久安”以彰显财税法治的政治功能;完善环境税、资源税等税种和税法,以实现财税法治的生态功能;拓展财税法治文化,以因应社会文化现代化发展的全新内容。从财税的深度而论,国家从市场主体和公民私人财富中获得财产的行为,虽然有其无可辩驳的法理依据,然而就其现代财税法治理念而言,国家对市场主体和公民财产权利的有限限制,当然涵盖了国家和公民社会生态不可或缺的“社会契约”前提的存在,涉及国家与社会的界限、国家与市场和公民个人之间的关系;而财税支出涉及国家如何使用公共资金的问题,财税监督又涉及国家、市场、社会和公民个人之间的互动关系。由此可见,财税法治从广度和深度上决定了国家治理所依附的财富及力量之泉源。

综上,即是我们广聚财税法治研究成果,倾力打造财税法治精品,编辑出版西南政法大学《财税法治研究文库》之初衷。

《财税法治研究文库》由西南政法大学财税法学研究团队主持编辑出版,由中国法学会财税法学研究会副会长张怡教授担任总主编。收入文库的成果将涵盖财税法基础理论研究成果,财税法实体法和程序法理论与实务研究成果,财税法学与宪法学、行政法学、刑法学、民商法学、国际法学、程序法学等法学领域交叉研究成果,以及财税法学与制度经济学、管理学领域交叉研究成果。在张怡教授的带领下,我校已在衡平税法、民生财政、人本税法等领域取得了具有较高学术声誉的研究成果。更进一步,我们将围绕国家发展战略和社会重大现实问题展开多学科跨专业的深入研究,期望通过《财税法治研究文库》的编辑出版,加强财税法学界之间的学术交流与合作,为国家治理现代化、法治中国建设奉献出高质量的智识成果。西南政法大学在努力实现"国内一流、国际知名"发展目标的征途上,这支财税法学研究团队也将以"惟精惟一"的学术态度,怀揣"家国情怀",努力成就一方"名山之业"!

是为序!

付子堂*

2016 年 5 月 19 日

* 西南政法大学校长、党委副书记,法学教授、博士研究生导师,法学博士。

代序　预算法的公共财产法属性

作为财政法的“龙头法”，预算法在当前相关财政制度法律化程度不高的条件下，代行了财政基本法的主体功能，已经成为财税法学研究的“经济宪法”。预算法既是“分税制”财政体制、地方政府债务、财政转移支付等财税制度的法律依据，也肩负着政府间财政关系调整的历史使命。自党的十八届三中全会将财政提升为国家治理的基础和重要支柱，现代财政制度已经从“适应市场经济体制”转向“匹配国家治理体系和治理能力现代化”，科学的财税体制不但成为优化资源配置、维护市场统一的制度保障，而且具有了促进社会公平、实现国家长治久安的治理功能。进而，作为现代财政制度的重要内容，预算法已经架设了政府与市场、中央与地方、人大与政府、公民与国家等多元治理主体沟通的桥梁，必然为中国式财税治理现代化提供法律保障和制度支撑。

基于此，本书试图将“匹配国家治理体系和治理能力现代化”作为预算制约与协调法律机制研究的核心目标，回答预算法如何从“预算管理法”转向“管理预算法”,并最终实现“公共财产保障法”的成功转型。

本书的研究思路遵循财税法学界倡导的问题意识,从预算制约与协调法律机制的理论基础入手,尝试反思预算权利与预算权力、预算收入权与预算支出权、预算法的三重使命之间的逻辑关联。首先,提出了预算治理从家国性、政府性向公共性的理念转变;其次,提炼出预算效力从“税收法定”的收入控制转向“预算法定”的收支并重规制功能;最后,回应了预算法如何实现“预算管理法”“管理预算法”“公共财产保障法”三重使命。

本书的研究着力点可以区分为“预算主体”“预算功能”“预算行为”“预算技术”4个核心范畴,不仅运用了传统法学文本研究的教义学分析方法,而且借鉴了领域法学的研究范式,既立足于预算法学研究框架的建构,不至于陷入政治学、财政学等学科的研究窠臼,又借鉴相关学科的研究方法,将其纳入法律体系框架,落脚于建构能够适合中国国情的法律机制和学术体系。

因此,在预算治理主体上,本书试图跳出传统的公民与国家叙事角度,扩展出中央与地方,以及省级政府、财政部门等预算主体在预算制约与协调机制中的法律地位,建构当下财政如何作为国家治理基础和重要支柱的话语体系;在预算治理功能上,鉴于政府性基金、特定目的税等财政收入符合课征目的与用途特定的“二元建造机理”,本书试图阐释预算收入和预算支出之间的法律关联,提炼出“财政法定”原则并协调“税收法定”和“预算法定”的基本原理,回应学界试图建构的财税法一体化努力方向;在预算治理行为上,本书试图纠正当前仅将预算编制权限定为政府专属事权的狭隘认知,认为预算编制具有过程性,而非节点概念,预算编制的核心是预算资源的优化配置,具体形式表现为事权、支出责任、财权与财力,进而在政府与市场、中央与地方之间形成纵横协同的治理格局;在预算治理技术上,本书探讨了收付实现制和权责发生制在预算编制中的法律关联,认为动态的预算平衡是财政可持续的制度基础,应建立年度预算与中期财政规划的衔接配合机制,实施预算收入与预算支出的收支一体绩效管理，回应当下保持财政可持续的实践探索。

囿于当前财政制度的政策化倾向以及法治化程度偏低等问题，学界似乎具有相关研究的畏难情绪，往往倾心于税法学研究，反而忽略了财政法学这一“富矿”，以至于本应“两翼齐飞”的财税法学研究出现了明显“偏科”。在笔者看来，税法学和财政法学构成了财税法学研究的“一体两翼”，固守于单一领域均可能导致相关研究的狭义化，反而不利于财税法的一体化，也难以形成统一的法律价值、法律体系和协同治理构造。因此，本书试图将预算收入、预算支出和预算监管纳入公共财产法的研究框架，证成了预算法的公共财产保障法属性，进而希望获得学术上的共鸣。诚然，即使笔者尽了最大努力撰写本书，也试图融合税法学和财政法学研究。然而，囿于资料、时间和视野局限，加之我国财税实践的日新月异，难免出现疏漏、不当乃至谬误之处，诚望读者方家不吝匡正。

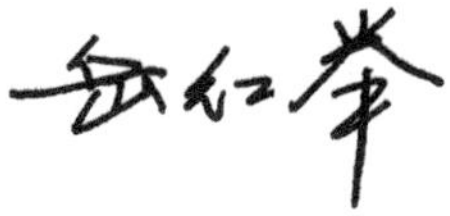

2024 年 3 月

目　录

绪　论

一、选题背景和研究意义

（一）选题背景

2018年《预算法》秉承"控权法"理念，在法律条文安排和财税实践中确立了现代预算的基本框架。党的十九大报告要求，建立"全面规范透明、标准科学、约束有力"的现代预算制度，全面实施绩效管理。作为国家治理体系和治理能力的重要组成部分，预算法律规范既是国家治理的重要手段，又是国家治理现代化建设的必然结果。党的十九届四中全会提出，坚持和完善中国特色社会主义制度、推进国家治理体系和治理能力现代化，而法治是国家治理的基本方式。预算法律规范夯实了国家治理的基础和重要支柱，但预算治理现代化还需要提高预算法的实施效果，将中国特色社会主义的财政体制优势转化为治理国家的效能。建立和完善预算制约与协调机制，既是实现法律落实的法制化，又是促进效能提升的法治化，更是实现预算科学、预算民主、预算善治的前提和保障。

(二)研究意义

构建体系化的预算制约与协调机制既需要从法教义学上研究预算、预算权,以及预算制约与协调的体系、运行机理,还需要结合我国预算法治发展的历史与现实,开展社科法学研究。以法学视角研究预算制约与协调机制,可以有效解决预算、预算权、预算管理权,以及公民预算权等问题的法理基础,并以此为基础形成预算制约与协调机制的法学特质,而这却是财政学和政治学等学科在研究预算法时所不能解决的问题。

中国正在经历"政府预算"向"公共预算"并向"现代预算"的转变,也亟须从理论上建构起相互制约、相互协调的法律机制,这不仅是2018年《预算法》的强制性规则,而且有助于引领财税法治改革纵深发展,推进国家治理体系和治理能力的现代化。财政制度已经由"适应市场经济体制"转向"匹配国家治理",财政理论也应当从"与社会主义市场经济体制相适应"演进到"与国家治理体系和治理能力现代化相匹配"。中国特色社会主义进入新时代,财政对于国家治理现代化的制度支撑定位,具有鲜明的中国问题导向。作为财政制度的核心内容,现代预算制度的研究将为国家治理现代化和中国特色财政制度构建提供理论基础和制度支撑。我们试图通过控权法和授权法相结合、预算管理与管理预算相结合、权力分配与权利保障相结合,构建起预算法实施的新通道,促进预算作为公共信托责任的本质职能,最终实现预算法律规范从"预算管理法"转向"管理预算法",并最终转型为"公共财产保障法"。

二、文献综述

(一)国外研究现状

国外对于预算分权制约的研究理论较多,论述角度各异,具有代表性的观点如下:

一是对预算分权制约的必要性展开讨论。如汉密尔顿等指出,防止某一权力集中于同一部门的最可靠办法,就是给予其防止其他部门侵犯的必要法律手段，实现权力的分权制约。如果预算程序是合理的，那么通常结果也是正确的。卡恩认为，预算就是围绕政治家政治决策的争论的工具，如果政治目标是经济增长，那么预算就是经济增长的手段，如果政治目标是收入分配，预算便是收入分配的发动机。公共选择理论学派的尼斯坎南认为，官僚在预算决策中总是坚持而且通常能够实现预算最大化，布坎南也指出，随着政府介入市场越来越活跃以及政府规模扩大，预算权力也日益从立法者手中转向非经选举的官僚手中，形成官僚垄断。史密斯和贝托齐利用纽约州的数据检验和证实了委托代理理论的结论，即预算决策中所有者虚位和激励不足等问题需要建立和完善激励机制和监督机制。因此，鲁宾提出，预算资源配置需要在不同支出之间进行平衡，应当经由制度化的决策机制来实现。

二是对预算分权制约的制度选择展开论述。如以维尔达夫斯基为代表的预算渐进主义学派认为，预算过程是国库资金的监控者和使用者之间的“博弈”，预算的多元主义决策是资源分配的最优模式。希克也认为，应当允许行政首脑基于整体考虑从而自上而下地作出决策。但鲁宾提出“预算过程理论”，认为预算就是一个多元主体参与决策的，多元化目标经由预算文件提高可靠性和可接受性的冲突化解过程。公众的参与在预算编制过程中尤为重要，美国公共政策专家托马斯就认为，如果预算决策把公众排除在外，则容易激发公众的抵触行为，从而延缓政策的执行进程。艾瑞斯莫斯也认为，预算资金属于公共资金，资金使用也必须依靠民主原则获得公众的认可。梅耶斯等提出，预算实施如果要取得良好绩效就离不开议会、公众和社会组织的民主参与。甚至有学者更进一步地讨论公民的预算权，如伦斯基就指出，只有通过公民直接的利益表达和参与机制，才能使预算权的基础从强权转为权利。还有学者主张设置专业化的预算研究机构以提高议会对政府预算监督的能力，如希克在研究中证明，专业化的预算研究机构能够有效降低议会和政府之间的信息不对称，可以提高预算监督能力，而经济合作与发展组织（Organization for Economic

Co-operation and Development, OECD）和国际货币基金组织（The International Monetary Fund, IMF）分别在其《预算透明度最佳实践》和《财政透明度手册》中均认可预算研究机构，并提倡广泛推广。

三是从预算发展史角度来看预算分权制衡。如希克就指出，美国预算历史就是议会和总统预算权争夺的历史，“预算就是美国政治一个长年不断的战场”，卡恩专门对 1890～1928 年美国国会与总统对于预算编制权的斗争历史进行回顾，为我们清晰地展示了美国预算制度发展的脉络和历史，他认为在这期间发生的预算改革奠定了美国现代预算制度。日本学者井手文雄、美浓部达吉认为议会政治尤其是对于预算权的争夺就是现代预算制度的成立史，也是代议制民主宪制的发展史。

（二）国内研究现状

相较国外学者，国内学者在引进西方理论的同时，也在寻求构建适合中国特色的预算制约与协调理论体系。主要研究方向和观点如下：

一是对于预算制约与协调的基础理论展开讨论。如针对预算制约机制的构建，郭凯峰较早就提出要建立预算实施制约机制，并从预算程序、预算监督和预算责任落实角度分析预算制约机制的特点。蔡定剑也认为，由代议机关掌握国家的预算权是公共财政的核心。我国台湾地区学者蔡茂寅就指出，预算虽然对于税收等强制性支出没有法律依据，但对于债务等自由性支出仍然可以作为授权性规范，需要从预算收入角度控制预算支出。而葛克昌、北野弘久认为，对于财政支出的控制应该从税收角度“以收定支”，从而防止债务国家的出现并最终加重公民负担。针对预算属性，存在法律、法规范与行政等学说，预算是人民授权并监督政府执行国家财政收支计划的一项基本制度，具有强烈的民主色彩，本身就应当受到人民的制约。刘剑文认为，预算实质上是控制政府的行为，人民有义务承担公共资金供给的前提是国家提供的公共服务能够得到认可。朱大旗认为，限权之关键，莫过于对财政权力的掌控，控权之要义，莫过于对支配“国家钱包”的预算进行监督，进而指出预算法的人民主权理念要求明确人民直接的预算权利并夯实预算权体系。针对预算权的性质,刘光华、岳红举和单飞跃从预算权的法律关系角度进行解读,认为预算权分为公民的预算权利和公权力机关的预算权力,这为我们清晰认识预算权的二元属性提供了新的视角。另外,针对2014年《预算法》的修订,部分学者开始探讨预算法的宗旨,并将其融入制约与协调机制构建之中,如蒋悟真从公民视角探讨构建人大监督、社会监督以及司法监督等预算实施机制,徐阳光、陈治对“以支定收”和“以收定支”原则在预算法中的体现进行解析,一定程度上为预算制约与协调机制的构建提供了新的思路。

二是集中从预算管理体制设置角度进行广泛讨论。如张淑芳较早地从美国、日本预算权力配置的经验角度,探讨了我国人大、审计和公众对预算监督的参与机制。柳卸林从美国、德国、英国、日本等国家的预算管理体制中对科技投入的协调机制出发,呼吁我国预算各个部门加强信息沟通,组建跨部门协调机制来弥补资金重复申请、审核主观性等缺陷。许安拓认为,预算制度的核心是财政的分权与制衡,这是行政管理体制改革的关键,应从管理体制上界分预算编制、预算执行和预算监督。在人大监督方面,王淑杰、蒋悟真、林慕华和马骏认为,目前人大下面的财经委和预算工委由于人员有限,审查职能流于形式;王淑杰提出,在预算工作委员会内部成立预算研究专门机构,以强化我国人大对于政府的预算监督。王银梅等认为,预算软约束根源于政府机关自由裁量权过大,提出通过预算编制与执行机构分离、改行政型审计为立法型审计、增设预算委员会等措施来构建预算编制、执行的制约与协调机制。朱大旗也从预算权配置角度提出组建预算委员会,实行预算编制与预算执行相分离,分散财政部门对预算权的垄断地位。汤洁茵、唐大鹏等通过实证分析,发现我国预算权逐步实现了由政府主导演变为人大、政府、公众之间相互制约、相互协调的局面。

三是集中对人大和政府预算权展开讨论。如针对人大的预算权,多数学者呼吁立法赋予人大预算否决权尤其是修正权来制约政府预算。马骏和林慕华、马海涛和刘斌、王桦宇认为,应当从法律上明确人大的预算修正权;但黎江虹、许聪认为,目前人大对于预算草案的审批事实上就是一种预算修正权,政府提交预算草案的行为可以看作是政府机关行使预算建议权,预算权力配置应该采取“人大和行政机关共同控制,人大主导”的模式。蒋悟真则提出,在省级以上(含省级)采用代议制民主、省级以下采用协商式民主的两种进路。相对人大预算权而言,也有少数学者从人大责任角度谈论制衡机制。如陈少英对4万亿元投资的预算行为持否定态度,认为应从法律上明确预算监督的范围、内容、程序和操作办法,并严格落实预算责任。蒋洪和温娇秀、何俊志从人大公开预算监督过程和结果的义务角度认为人大应该向人民公开预算信息并听取人大代表和公众的意见。针对政府的预算权,何包钢、朱圣明指出预算编制权不是专属于政府而是可以为人大等其他主体共享的权力,公民预算权利是对人大预算权力的有益补充,也是对政府预算权力的有效制衡,有利于弥补公权力机关制约机制缺陷。

四是集中讨论预算实施过程中的制约与协调机制。肖鹏认为,预算编制过程实际是各种利益、诉求的表达和资源的争夺、较量和妥协的过程。针对预算编制制度,陈志英提出,延长编制时间、明确编制权限,采用自上而下和自下而上相结合的编制模式。针对预算执行制度,熊伟认为,预算执行是预算法的中心和归宿,提出严控预算调整、分散财政部门预算拨款权和监督权,通过政府集中采购、单一国库集中支付等制度来完善预算执行制度。郑石桥和贾云洁、马蔡琛和朱旭阳提出通过预算执行和决算审计来防止预算机会主义。李九月对央行在预算执行中履行监督职权的功能和困难进行分析并提出明确央行法律地位、预算公开等措施。唐大鹏等称,财政部门在预算资金分配、预算调整、预算预备费使用以及绩效评价等方面具有的决定或者垄断地位,容易造成与其他预算部门在预算资金分配上的矛盾冲突,通常还面临被社会公众责难和问责的窘境,应当构建内部约束机制。

五是集中对近年来的“参与式预算”实践展开讨论。如杨大春认为，公民的财政权实质是民权，对国家财政的监督有利于确保其正义性和公平性。杨平认为，预算实质上是公民与政府之间的委托代理关系，国家承担着一种公共受托责任，预算权绝不是国家机关的权力，而是人民的权利。江必新和肖国平指出，预算权作为国家权力的组成部分，源于公民的权利，是公民权利的一种特殊转化形式。蒋悟真也认为，人民的预算权利，可以经由公民个体或集体与预算权力主体的理性对话、协商沟通、推理辩论等范式参与、影响甚至决定公共经济资源的配置。朱大旗提出，人民不仅是预算权力产生的授权者和委托者，是预算权力结构的主导者和决策者，还是预算权力运行的监督者和护航者。刘剑文认为，公民的预算监督不但针对政府预算行为，还是对人大履行职能的再监督。胡明试图从财政权利的逻辑体系中延伸出防御性和受益性的权利体系，以便分别落实财政法定主义、财政议定主义、财政民主主义、财政公平主义。刘邦驰和马韵、张紧跟认为当前出现的“参与式预算”案例存在参与的深度和广度都不足、形式大于实质的问题。王锡锌、陈家刚认为，由于在参与过程中公众未被赋予实体性的权利，未形成能对政府决策产生影响的结构性约束机制。但朱圣明却认为，参与式预算随机产生的代表不同于人大代表，没有特定的指代关系，其既是为了克服直接民主的规模和技术条件限制所产生的次优选择，也是公民权利对于人大预算监督的有益补充。刘斌通过对当前中国参与式预算的实践研究发现，部分地区的公民和预算专家已经实质性地介入预算决策的决定权之中，实现了预算权的共享格局。

就国内相关领域的研究成果，可以作出以下评价：

一是预算制约与协调机制的法学基础理论研究薄弱。传统的预算法研究囿于国内预算制度缺陷，固守预算的政府管理职能，更遑论预算制衡机制。虽然财政学、政治学、公共管理学等学科运用西方预算理论分析中国现实所获得的理论可以为法学研究所借鉴，但法学视角分析的缺乏，使预算制约与协调机制的研究理论缺乏法理基础和法律支持。即使近年来国家对于财政体制改革加大重视,人们对于预算制约与协调重要性的理解不断加深,法学界对于预算法的研究也一直坚持公法属性,如预算权一直被认为是专属于国家的公权而非公民个体的私权,造成预算权的制约与协调机制属于公权力主体内部的配置,这与传统的财政学、政治学、公共管理学研究视角几乎没有差别。个别学者也认识到预算制约与协调机制需要从根源上,也即从预算属性、预算权的属性进行解构,分化出各个预算主体在编制、审批、执行和监督等预算过程中的相应权力或权利。如刘光华、蒋悟真、朱大旗等认识到预算权的私法属性,但未从权利本源、法理基础、实施机制、权利结构以及与相关预算权的关系等角度进行深入研究。总体而言,由于基础理论薄弱,导致预算制衡机制缺乏针对性理论指导,尤其是在中国特定国情下,即使各地出现了很多"参与式预算"模式,但在实施中只侧重角色分工和议程设置等参与技术,缺乏基本权利与程序保障,预算决策是否采纳公众意见不具有强制性,缺乏约束性机制,容易造成公众参与热情的下降。

二是缺乏系统性的预算制约与协调机制研究成果。从政府预算转向公共预算、从自产国家转向税收国家,必然需要预算法治的配合与跟进,尤其对于转型中国家来说,系统性地梳理并建立和完善预算制约与协调机制尤为重要。目前的理论研究多是立足于修订前的《预算法》,而且在学界还没有形成体系化的体制、机制。虽然预算制约与协调机制的重要性得到了学界的一致认可,大量学者也从各角度对于预算监督展开了研究,但研究成果呈现技术性与学理性相分离势态,前者偏重预算体制完善、预算审批权细化以及预算编制和执行分离等内容而类同于财政学的研究范式,片面地强调体制化的预算制约,容易使预算管理机关面临权力交织、职能混同、责任不清等困境,在预算资源分配时相互争夺而在预算绩效监督时又相互推诿;后者偏重预算的国家治理、预算制衡理念和原则以及人民预算权利等内容而类同政治学的研究范式,片面地依赖政治学研究范式极易导致预算制约与协调法律机制陷入政治话语体系而脱离法理学研究框架，从而丧失预算法的本质规定性。学理与技术分离、法学研究范式缺乏，导致相关研究呈现碎片化的自说自话，难以适应现实迫切需要，亟须从理论上建构系统化的预算制约与协调机制，这也是2018年《预算法》第17条的明确要求。但是，当前财税法学界已经认可财税制度的跨学科特性，试图通过领域法学研究范式的切入，为预算法研究提供新的理论借鉴。

三是目前的预算制约与协调机制研究多是对于预算管理体制设置、人大与政府之间以及政府预算部门之间的预算权配置等宏观分析，缺乏对于相关制约与协调机制运行机理的微观解构。如对于预算管理体制安排，多数研究虽注意到西方议会与政府之间、政府内部预算部门之间以及联邦政府与地方政府之间的预算权配置差异，但未能对中西方差异背后的文化、体制、制度等根源进行深入分析。虽然有部分学者如陈少英、蒋洪和温娇秀注意到了人大作为预算主体所承担的责任，但没有对政府制约人大以及人大及其相关机构的预算职责、权力行使、义务承担、责任落实等问题展开讨论。同时，由于政府预算公开程度较低，预算行为难以量化，典型案例难寻，法学界对于政府内部预算部门之间的制衡机制问题，多定性研究而少定量研究。如财政部门、央行、审计部门、发改委、教育部等具有预算编制权的部门，其预算权的法理基础、法律依据、运行机理以及制约与协调机制等问题少有人研究，造成对于预算实施过程的理论探讨处于低水平的重复，不能有效触及问题核心，难以指导实践。理论指导和操作程序的缺乏造成预算执行中更多地依靠行政部门自由裁量，从而形成预算软约束，难以有效提高预算治理效能。

三、研究的主要问题

（一）预算制约与协调法律机制源于现代法治国家的转型需要

笔者认为，中国正经历从“自产国家”向“租税国家”的转变，市场成为资源配置的决定性方式,政府与市场的关系需要以市场意思自治为基本出发点。因此,“预算管理”转向“管理预算”,成为当前我国财税体制改革的核心,但随着我国对于财政作为国家治理基础地位和重要支柱的认识加深,现代预算必然逐步转向“公共财产保障法”。这就需要将现代财政作为国家治理的基础和重要支柱,从更广阔的国家治理体系和治理能力现代化高度,阐释并形成体系化的预算制约与协调机制。

(二)预算制约与协调法律机制的理论基础问题

针对预算、预算权、预算权利、预算管理权等相关理论进行详细论证,构建一个法学分析框架,进而为构建预算制约与协调机制提供理论支持。此项研究弥补了传统的财政学、政治学等学科研究短板,后者限于专业视角往往认为预算编制、执行权天然专属于行政机关,未对权力性质、形式、法理来源等核心问题深入研究。同时,也克服了传统财税法学研究缺乏独立研究范式的不足,避免了对预算法学的研究类同于财政学、政治学等研究范式。本书在借鉴其他学科理论的基础上,运用法学分析框架,使预算制约与协调机制建立在坚实的法理基础之上,能有效地解决预算收入与支出的分离、政府预算体系同构、“参与式预算”实践中预算权利与预算程序权利缺乏等问题,为预算法的实施提供理论支持。

(三)构建系统化的预算制约与协调法律机制

2018年《预算法》是我国财税法改革的有效抓手,也是政治体制改革的突破口。但法律的生命在于实施,预算实施中的各个利益相关者经由合理的程序表达诉求是预算制约与协调机制实施的核心。本书将预算实施视为既相互独立、又相互联系的有机整体,实体与程序并重、事前与事后责任相连、内部与外部监督结合,构建起激励与约束机制,促进公共财产资源配置最优化。程序是实体之母,预算实体权利的落实需要程序保障。因此,本书从预算主体、预算功能、预算行为、预算技术等角度分析,并结合不同《预算法》文本和预算实践展开探讨,试图通过合理配置预算权、明晰义务和责任,实现权责统一,推动国家从“税收法定”转向“预算法定”,进而迈向“财政法定”。同时,更加关注党的十九大以来中央对于预算制度建设的重要论述,尤其是现代预算制度建设目标的重新定位,以及全面实施预算绩效管理在财税实践中的落实,研究 2018 年《预算法》在实施中可能遇到的问题和困难,增强理论针对性和制度鲜活性。

(四)现代预算制度的转型和三重使命问题

现代预算制度经由行政主导过渡到以人大为主导、公民和社会共同参与的转型过程,预算权分化出预算权利与预算管理权;预算规制效力不仅在于预算支出,还对预算收入中“自由性收入”具有规制效力,并需经由预算收支平衡,保障财政可持续并提升国家配置资源的治理能力。现代预算呈现“预算管理法”转向“管理预算法”,并逐步转型为“公共财产保障法”的逻辑演进格局。预算制度的三重使命也呈现资源配置、国家治理和权利保障的共融局面。由此,《预算法》的现代化路径也应当体现工具理性和价值理性,符合现代预算制度的转型逻辑。进而,基于预算制度交叉融合了政治学、财政学、法学等学科的特性,本书试图利用当前财税法学界提出的领域法学研究范式,从不同视角展开研究,希冀通过构建预算制约与协调机制,为 2018 年《预算法》的实施以及预算法律规范的中国式现代化转型提供理论借鉴。

四、思路和论证结构

(一)预算制约与协调的理论框架

建立和完善预算制约与协调法律机制首先需要对其法理基础和制度基础进行梳理。所以,本书围绕现代预算的转型要求,尤其是党的十九大报告对其建设目标的重新定位,分析预算权力、权利、义务、责任的基本结构,以及法源、预算效力、理念变迁,结合中国“税收法定”转向“预算法定”,进而迈向“财政法定”原则变迁的历程,提出预算制约与协调机制的基本框架。包含如下四个方面内容:一是以预算全口径管理为突破口,将预算收入、预算支出和预算监管全部纳入《预算法》的规制范围。二是以贯穿预算运行全程的绩效管理,构建一个内部与外部相结合的制约与协调机制。三是将权力与权利相结合、实体与程序相结合,构建一个公法与私法相结合的制约与协调机制。四是将预算责任制度作为预算法实施的最后保障,贯穿预算实施全程的体制机制,确保预算的"全面规范透明、标准科学、约束有力",完善预算绩效管理,落实党的十九大报告对现代预算制度的重新定位,助力中国式现代化的实现。这是基础部分,如绪图 1 所示。

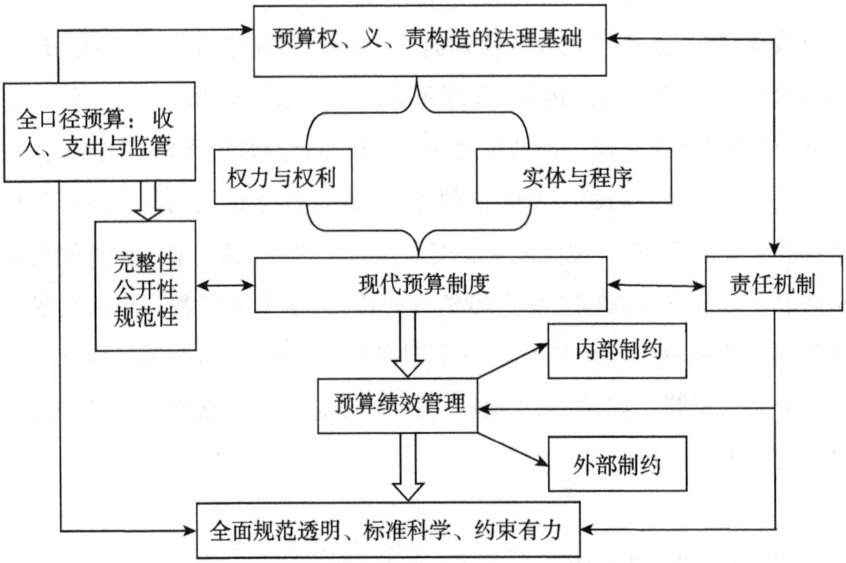

绪图 1　预算制约与协调理论框架

(二)预算制约与协调法律机制结构

在厘清理论框架的基础上,本书针对具体的制约与协调法律机制,分别从预算主体、预算功能、预算行为和预算技术角度进行深入剖析,结合宪法以及各层次的规范性文件和各地区预算实践,分析理论,总结实践经验,提炼出预算制约与协调机制背后的基本制度,构建预算运行与保障程序,经由程序正义来实现实体价值,从而为预算理论发展和《预算法》的有效实施提供参考。具体框架结构如绪图 2 所示。

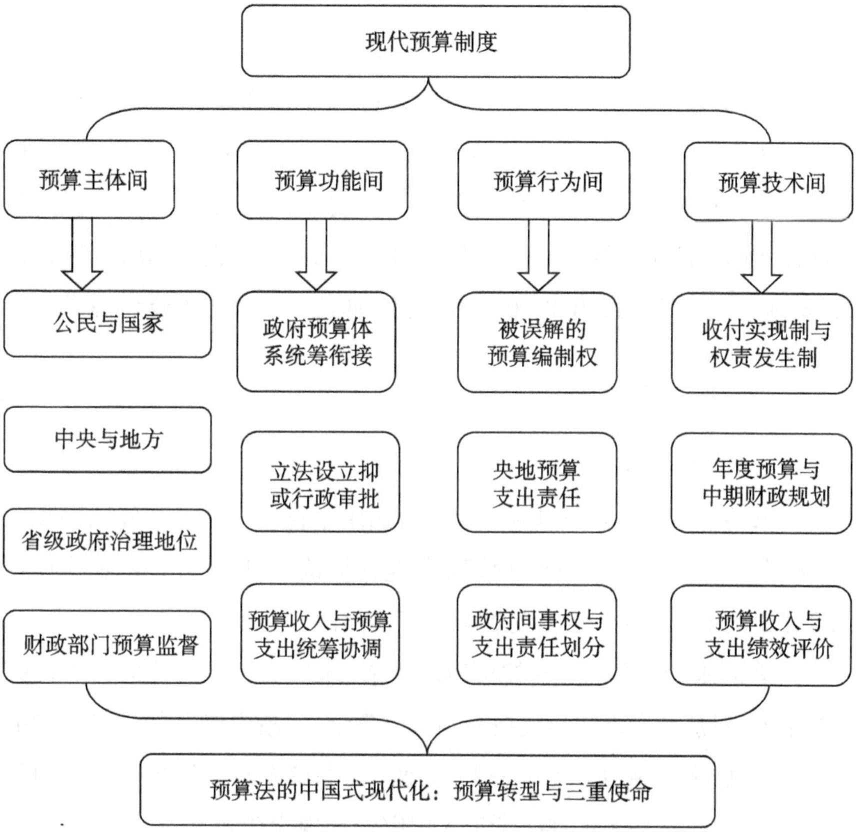

绪图 2　预算制约与协调法律机制结构

(三)研究方法

1. 文献法。查阅预算治理与预算实施的相关文献,获得政治学、财政学、法学等学科对于预算制约与协调机制理论的研究现状,尤其是财税民主与财税法治的基础理论研究,以及预算法律演变历程等信息资料。

2. 调查法。编制访谈提纲,选择特定主体(如人大财经委、预算工委、政府、财政部门、发改委等机关)深度访谈预算制定者和实施参与者,收集2018 年《预算法》实施后社会反映和落实情况,查找预算编制和执行中重点、难点。深入上海、甘肃、辽宁等地,探访企业和个人对预算实施和预算管理的意见和建议,探讨各个预算主体在预算运行实践中的法律地位和制度保障。

3. 综合运用历史比较法、规范分析法等研究方法。梳理相关研究成果，尤其是借鉴财政学、政治学对于预算制约与协调机制的研究成果，运用领域法学研究范式，从理论上探讨预算制约与协调机制的法理基础，构建一套系统化的适合中国的预算理论，并在财税实践上分为预算主体、预算功能、预算行为、预算技术等层面，经由实证分析，在促进2018年《预算法》落地、落实的同时，为中国财税法理论研究和财税法治建设提供理论创新和制度支撑。

五、创新点

本书的创新点和难点都在于综合运用多学科、多视角、多领域展开研究，试图构建适合中国国情的预算制约与协调法律机制，并提出现代预算制度建设的中国方案。主要包括以下五个方面。

一是预算法学研究范式的构建。当前，还缺乏有针对性的法学研究分析框架，对预算制度的研究极易陷入财政学、政治学等其他学科研究范式，《预算法》的实施缺乏法学理论基础。本书试图将预算主体之间的权力、权利、义务、责任等法律要素纳入国家治理现代化角度，经由法教义学和社科法学的研究，构建预算制约与协调法律机制，为传统预算制度"以权力制约权力"转型为"权力与权利并重"的现代治理法，提供工具价值和理性价值。

二是预算编制权的误解与澄清。难点在于，如何结合中国政治体制配置预算编制权，如党委、人大、政府、财政部门和其他预算单位在预算编制过程的不同地位。预算编制权兼有实体与程序的双重属性，包括预算草案建议权、修改权和最终文本确定权等具体权能，具有可诉性。不能忽略预算编制权呈现的多元主体共享格局，尤其是党在预算编制过程中的三重地位。

三是在预算法学研究范式的基础上，通过预算主体、预算功能、预算行为、预算技术之间的制约与协调机制,为现代预算制度实施提供理论基础与制度支撑。由于预算的技术性、专业性特点,当前预算绩效评估体系、机制难以约束预算变动,行政机关集中了预算编制、执行、监督和绩效评估权,造成外部监督难以进入、内部监督失灵等问题。本书试图将预算绩效管理贯穿于预算编制前、编制中、执行和监督的全过程,配合责任追究制度,促进激励机制和约束机制在预算管理和预算绩效之间的一体化,并形成常态化、制度化。

四是对现代预算法转型和三重使命的研究。党的十八届三中全会已经将财政提升为现代国家治理的基础和重要支柱;党的十九大报告更是明确要求建立全面规范透明、标准科学、约束有力的现代预算制度,全面实施绩效管理;党的二十大报告再次强调健全现代预算制度。本书试图在梳理现代预算转型路径的基础上,立足中国式现代化的本质要求,分析变迁背后的理论原理和制度根源,认为预算理念经历了家国性、政府性与公共性,预算效力也从税收法定的收入控制,转向了预算法定的收支并重。最后提出现代预算制度的三重使命,即"预算管理法"、"管理预算法"与"公共财产保障法"。

五是完善领域法学研究范式对具体预算制度的研究。公共预算是一门开放性的交叉学科,不同视角的分析会形成不同的预算理论。由于预算融合了政治、法律、财政等学科内容,既涉及公民与国家、人大与政府、中央与地方、预算部门以及部门内部之间等诸多关系,还涉及政府与市场、社会在资源配置中的边界划分,不但需要法学研究范式的整合,可能更需要如财税法学会近年来倡导的领域法学的分析。另外,正是基于预算法在当前中国财税治理中具有"经济宪法""财政宪法"地位,代行了财政基本法的主体功能,预算制约与协调机制的理论研究就有助于将新近的领域法学的研究范式应用于具体预算制度分析,既可以避免当前财税法学研究对政治学、财政学的过分依赖,又有助于为抽象的预算理论研究提供样本素材。

第一章　预算制约与协调机制的理论基础

2018 年《预算法》秉承控权法理念，将预算授权与预算限权相结合，融预算管理与管理预算为一体，经过几年的财税实践，已经形成了多元主体共同参与的治理格局，预算转型呈现由传统的“预算管理法”转向“管理预算法”，并逐步转向“公共财产法”的演进逻辑。对于现代预算制度转型的研究，当前还缺乏相应的理论分析框架。通过分析预算权的基本结构，抽象出预算权力和预算权利、预算实体权和预算程序权，并将预算收入和预算支出纳入公共财产法的规制，构建预算制约与协调的法律机制，在有助于将《预算法》理念落地、落实的同时，也必将为现代预算制度的转型和目标演进提供理论参考和制度支撑。

第一节　预算权利与预算权力

要防止权力滥用，就必须以公民的民主权利约束国家公共权力。[①] 从现代民主制度角度来看，国家的权力来自公民的授予，其运行经费来自公民财产的让渡，政府应当为公民的和平、安全和公共福利提供公共产品，但是这仍须得到公民自己的同意，即由他们自己或他们所选出代表的大多数的同意。[②] 作为权力体系的核心，国家预算权力自然也源于公民的授予，其出发点和落脚点也应符合公民自己或者他们所选出代表的大多数的意志，方才具有民主性和正当性。

基于以上逻辑，公民自身参与或者依靠他们所选出的代表来管理国家、参政议政，并形成直接性的公民预算参与和间接性的代议制预算参与两种预算民主模式。预算权也呈现两种类型不同而且性质迥异的面相：一种体现为公民直接参与预算形式，另一种体现为代议制间接民主的预算参与形式。前者的权利主体为全体公民，可称为公民预算权利，而后者则由公民通过民主选举制度委托给国家来行使，可称为国家预算权力，又称为预算管理权，如图 1－1 所示。

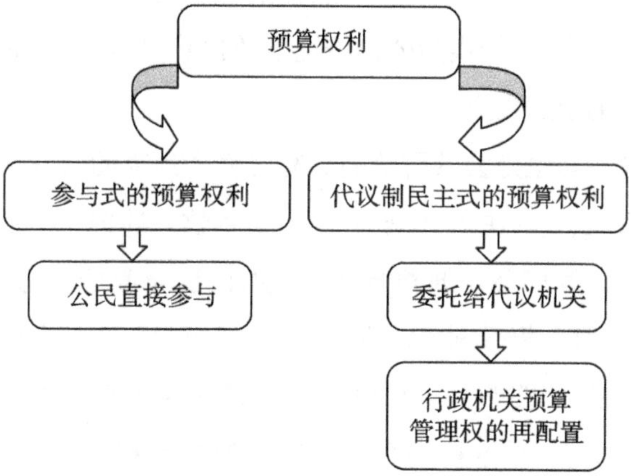

图 1－1　预算权利向预算权力转化的机理

① 参见蔡立辉：《论依法行政与公民权利——依法行政的政治学思考》，载《社会科学研究》1999 年第 2 期。

② 参见[英]洛克：《政府论》(下)，叶启芳、瞿菊农译，商务印书馆 1964 年版，第 80 页。

一、预算权利:参与式的直接预算权利

公民自身直接行使预算权利,体现了公民的自我责任、民主意识和自立精神,体现了国家与公民之间基于公共信托责任所追求的公平。正如德沃金所言,“公民不但具有受到平等对待的权利,去分享利益机会,更有作为平等的人受到对待的权利,在利益分配和政治决定中,获得平等关心、尊重的权利”。[①] 扩大公民对于影响他们生活和工作的决策的直接参与,这是代议制预算民主的前提和基础。作为财政收支的决策过程,就预算民主而言,以人性尊严和个人基本价值为中心的民主理念,要求越与人民邻近的事务,应尽可能由其自我决定。[②]

我国《宪法》明确规定,国家一切权力属于人民,人民依照法律规定,通过各种途径和形式,管理国家事务,管理经济和文化事业,管理社会事务。作为权力的重要内容,预算权既来源于人民又服务于人民,势必要求人民参与到预算治理之中。作为预算决策的核心内容,预算资金既来源于人民又服务于人民,转换为公民语境下的预算决策权,势必要求民众参与到预算运行的全过程。

公民预算参与也是公共财政的应有之义。预算的公共性决定了其必须基于公众意志、公共决策,体现社会绝大多数人的偏好。公民预算权利的行使能够充分发挥公众的积极性、主动性,防止政府的道德风险,提高公共预算的透明度,提升国家治理水平,已经成为一个社会政治现代化的重要尺度。当前,无锡市和哈尔滨市就通过民众代表与人大代表共同组成预算参与委员会,采取协商形式共享预算决策权,创新了预算治理路径,获得了民众的普遍认可。因此,从某种意义上说,公民既是预算收入的承担者又是预算决策的决定者,公民预算参与既是自身权利行使的重

---

① [美]罗纳德·德沃金:《认真对待权利》,信春鹰、吴玉章译,上海三联书店2008年版,第303页。

② 参见葛克昌:《税法基本问题(财政宪法篇)》,北京大学出版社2004年版,第188页。

要载体，又是约束国家预算权力、保护自身利益和公共利益并参与预算决策以及预算监督（包括对预算的编制、执行、绩效评价以及决算的监督）的根本手段。

二、预算权力：代议制民主式的间接预算权利

公民依靠自己选举的代表履行预算管理权，经由公民意志表达、利益汇集和过滤，以和平方式展现出来，这是传统预算权运行的主要方式。虽然直接民主模式最能体现民主本质，但“自从政府依地域组织以来，其结构就受地域的影响，地理对国家的制约不亚于历史”，[①]由于地域限制，一致同意的交易成本过高或者根本难以达成，所以，密尔就说：“既然在面积和人口超过一个小市镇的社会里除公共事务的某些极次要的部分外，所有的人亲自参加公共事务是不可能的，从而就得出结论说，一个完善政府的理想类型一定是代议制政府了”。[②] 至此，代议制预算民主承接直接预算民主，成为一种次优选择。公民选举利益代表，通过议会的预算立法或议会授权政府制定预算法规和部门规章的方式来解决预算所涉及的公共利益分配问题，这是公民预算权利参与预算决策安排的传统方式，也是公民预算权利制约国家预算权力的手段之一。进言之，公民预算权利转化为国家的预算权力，进入“以权力制约权力”的预算构造，支撑其合法性，但公民预算权利向国家预算权力的转化，本质上是公民与国家之间基于预算的公共信托关系而对国家的授权，公民并不丧失自身原有的预算权利，国家只是公民预算权利的受托者，公民不仅是国家预算权力产生的授权者和委托者，也应当是预算权力结构的主导者和决策者。[③]

当下，部分地区的参与式预算实践只将普通公民代表限定在预算草

---

① ［美］莱斯利·里普森：《政治学的重大问题——政治学导论》，刘晓等译，华夏出版社2001年版，第241页。

② ［英］J. S. 密尔：《代议制政府》，汪瑄译，商务印书馆1982年版，第55页。

③ 参见朱大旗：《现代预算权体系中的人民主体地位》，载《现代法学》2015年第3期。

案初步方案的初步审查阶段，通过向预算部门、单位和人大代表提出意见和建议的形式参与到预算活动之中，只发挥咨询等辅助性作用，是否“听取选民和社会意见”依赖人大组织和代表的自由裁量，不但误解了国家预算权力的来源，也使公民预算权利附属于国家预算权力，颠倒了预算权利与预算管理权的法律关系。

虽然普通公民代表的预算参与和人大代表的预算参与之间还具有一定的差异，但有代表的地方都或多或少地表现出一定的间接性。作为随机抽取的公民代表，普通公民代表的预算参与和公民选举人大代表行使预算管理权所体现的间接性相比，两者在实质上并无不同。人大代表既是普通公民又是民意代表，既具有自身的直接预算权利，又代表选民享有间接预算权利。反观参与式预算中的普通公民代表，其是作为克服直接预算民主在空间和规模限制上的技术手段而出现的，①既行使自身的直接预算权利，又代表其他公民行使间接预算权利，在权利内涵上与人大代表并无本质区别。因此，与其说国家预算管理权属于权力范畴，倒不如说预算管理权只是公民预算权利在代议制民主程序中转化而来的间接预算权利，本质上仍属于权利范畴。② 即使目前在法律文本上我们还未明确公民的预算权利，但并不影响预算实践中公民预算权利的实质运行以及对预算管理权的分享。对参与式预算的完善，与其从地方政府治理策略中寻求改革的推动力，倒不如从公民预算权利的内涵中探寻制度化路径。

三、预算权利与预算权力的相互关系

在传统的政府预算体系中，国家与公民属于不同的等级序列，③预算

---

① 参见朱圣明：《参与库与人才库——温岭预算民主恳谈的新元素》，载《人大研究》2011年第8期。

② 参见岳红举、单飞跃：《政府性基金预算与一般公共预算统筹衔接的法治化路径》，载《财政研究》2018年第1期。

③ 参见[法]卢梭：《社会契约论》，何兆武译，商务印书馆2003年版，第121页。

仅是国家配置社会资源的基本工具之一，公民实际上被隔离在公共事务决策和管理之外，预算民主不能渗透和影响预算内部决策，[①]与此相对应，预算权构造外化为预算管理权之间的争夺，尤其是议会与政府之间对于预算决定权的争夺，这也被英国和美国预算制度诞生与发展的历史经验所验证。[②] 但现代国家，公民的贡献占财政收入的比重越来越大，国家预算收入的重心嬗变为对私有财产进行公权力介入的租税，现代社会也进入"租税国家"。预算成为行政机构生命之源，[③]由此，预算不再是行政内部事务，而成为一种为促进公民权利实现、在民众同意的前提下筹集公共财产并服务于社会的治理方式。2018 年《预算法》第 1 条就凸显了控权法品格。换言之，基于公民与国家之间就预算收支所达成的公共信托关系，国家预算权力才具有了制度上的合法性、民主性，预算权也实现了由政府专享向代议制与参与式民主相结合的共享模式转变。

虽然预算权在代议制和参与式预算民主中呈现不同的权利形态，但公民预算权利在预算权体系中具有核心地位和决定性作用，是预算民主制度的基础，是国家预算权力的有效制约。公民基于国家所有者的主体身份，自然可以要求权为民所用、利为民所谋，这也是现代财政作为国家与公民之间公共信托责任所产生的积极义务。公民既可以行使参与式预算下的直接预算权利，又可以行使代议制民主下的间接预算权利；既可以运用预算知情权、听证权、表达权、决策权形成与预算管理权的互动，又可以运用问责权、诉讼权等监督权能实施预算控制。现代预算治理中，公民预算参与的程度、环节和领域直接反映了现代预算的民主程度，决定了预

---

① 参见闫海：《公共预算过程、机构与权力：一个法政治学研究范式》，法律出版社 2012 年版，第 27 ~ 28 页。

② 参见包丽萍等编著：《政府预算》（第 2 版），东北财经大学出版社 2000 年版，第 6 ~ 7 页。

③ 参见［美］肯尼思·F. 沃伦：《政治体制中的行政法》，王丛虎等译，中国人民大学出版社 2005 年版，第 172 页。

算权利主体和预算权力主体之间的法律地位。[①] 而国家预算权力，是公民预算权利基于代议制民主制度在公共财政领域配置的结果，其在形态上虽然呈现公权力属性，但在本质上仍源于公民预算权利，即代议制民主式的间接预算权利，其立足点和落脚点均在于保障公民的预算权利，最终保障公民的财产权和自我独立。

公民预算权利体现了宪法秩序下公民对于预算这种国家经济安排的参与和决定，在性质上应属于公民基本权利的范畴，属于公民的宪法性权利。我国《宪法》第2条对人民参加管理国家经济事务的权利进行确认。国家的预算权力是囿于直接民主缺陷所产生的次优选择，在法律位阶上没有优于公民预算权利的法理依据。相反，公民预算权利是民众基于公共信托责任对国家预算权力予以控制的权利，是整个预算权的来源和基石，具有本源性，它确保了国家预算活动的公平性和正义性。代议机关和政府机关的预算权力作为国家权力的组成部分，源于公民的委托代理契约，具有派生性。因此，有学者称，"预算权力绝不是国家机关的权力，相反却是人民的权利"。[②]

同时，预算决策需要不同主体参与并提出各自论据、相互论理，只有在所有受到决策影响主体的同意之下，决策才具有合法性和民主性。平等带来认同、民主拒绝排斥，对公民预算实体权利的程序保障，可以为预算决策找到内在情感和理智的支持点，也使程序权利的内化获得了实体性基础。[③] 一方面，代议制民主所崇尚的个人主义导致了公共善的失却，[④] 财政收入取之于民，必然要求用之于民，现代财政所内含的民主理念，必然要求民众的知情、听证、表达与决策参与，这也意味着公共资金的收支和管理要受到公众的监督和问责，须符合公众的意志。另一方面，公民预

---

① 参见胡明：《预算治理现代化转型的困境及其破解之道》，载《法商研究》2016年第6期。

② 杨平：《公民预算知情权的法律保障》，载《甘肃政法学院学报》2010年第3期。

③ 参见陈家刚：《参与式预算的理论与实践》，载《经济社会体制比较》2007年第2期。

④ 参见于立深：《程序的多重视角》，载《法制与社会发展》2003年第2期。

算实体权利和程序权利的行使,也有助于推进财政公开和绩效预算,加快预算决策执行的进程。[①] 基于对自我利益和共同利益的维护,公民预算参与可以激发主体主动地认知、理解和执行预算决策,实现预算决策的公共理性,这也正是当下参与式预算所追求的根本目标。

从以上分析可以看出,国家预算权力即预算管理权,在本质上来自公民预算权利,其是基于代议制民主下的公共信托关系,经由公民预算权利转化为国家预算权力后,在代议制机关与行政机关之间再次配置的结果。而作为国家预算管理权的基础和合法性前提,公民预算权利不但要求预算权的构造符合民主理念,而且也要求在预算运行的全程确保公民预算知情权、听证权、表达权、决策权,以及问责权、诉讼权等监督权能的实施,形成预算权利与预算权力的制约与协调势态,保证现代预算的公共性、科学性、民主性。

第二节 预算收入与预算支出

由于现代公共预算行为兼具授益性和侵益性,正如国家不能靠自愿捐款或者在市场上出售其基本公共服务来维持一样,他们只能提供一些不同于公共物品的约束力或吸引力,使个体成员承担起维持组织的重任。[②] 预算支出最终源自社会公众的负担,代议机关通过的收入预算决议虽然不能强迫政府完成预算收入,但是政府可以借助行政手段,通过惩罚、激励等内部管理措施督促各个部门及人员完成工作任务,这一点完全可以从各地的财政收入超收奖励制度,以及每年预算的超收收入数据得

---

① 参见[美]理查德·A. 波斯纳:《法律、实用主义与民主》,凌斌、李国庆译,中国政法大学出版社2005年版,第131页。

② 参见[美]曼瑟尔·奥尔森:《集体行动的逻辑》,陈郁等译,三联书店上海分店、上海人民出版社1995年版,第2页。

到验证。[1] 而且,随着现代国家对市场的干预日甚,预算收入中的债务、贷款等自由性收入日益增多,造成公民隐性负担加重,亟须从预算收入和预算支出角度对公民的预算权利和国家的预算权力展开探讨。

一、预算收入控制权:预算支出的合法性基础

在传统的预算法理论中,预算的理论研究与实践往往将收入与支出割裂开来,预算权专注预算的支出控制而忽略了对于预算收入的控制,[2]公民的预算权利和人大的预算管理权难以有效控制预算收入快速增长和赤字扩张,导致公民负担加重和国家尤其是地方政府债务滥发,财政收支赤字严重,也使大量的社会资源进入效率低下的公共部门,挤压市场对资源配置的决定性作用。作为预算支出的前提,预算收入的多寡体现着预算支出的保障能力,而对预算收入的控制有利于确保预算收入与支出之间、公民负担与国家财政之间适度的平衡,进而经由收支平衡的预算民主程序,确保预算支出建立在预算收入的合法性基础之上。

理论上,当前对预算效力的理解还具有不同程度的偏差,这体现在预算决议的法律属性与形式意义上的法律之间的关系上,以及对于预算决议法律性质的认定上。但无论预算决议能否符合形式意义上的法律要件,以及是否被称为法律文本,从总体上看,诸多学者认为,经过代议机关批准的预算,是具有拘束力和强制力的法律文件,[3]虽然不可以作为税收等强制性收入的法定依据,但对于每年通过的收入预算具有现实的决定

---

① 参见河南省财政厅政研室调研组、何晞等:《焦作市预算管理制度改革调查》,载《财政研究》2009 年第 4 期。

② 参见熊伟:《财政法基本问题》,北京大学出版社 2012 年版,第 236 页。

③ 理论上对预算的性质一直存有争议,采用立法程序审批预算的国家通过直接将预算等同于法律的形式而实现其执行力,如在英国、美国、法国等国家,赋税每年需要经过议会决议,预算具有补充和完成课税权的创设性效力。参见[日]美浓部达吉:《议会制度论》,邹敬芳译、卞琳点校,中国政法大学出版社 2005 年版,第 271 ~ 314 页。其他不采用立法程序审批预算的国家或地区则一般在宪法或预算法中将预算作为一个法律文件赋予其执行力,我国则是将其仅仅理解为一个法律文件,但仍不可否认,预算对于收支平衡尤其是预算最高限额的拘束力和强制力。

影响，而且仍可以作为债务等自由性收入的授权规范，具有法定效力。[①]因此，我国《预算法》在第1条开宗明义地提出对政府收支行为进行规范的立法宗旨，即“为了规范政府收支行为……根据宪法，制定本法”。而且第4条进一步明确预算约束的对象是政府的全部收入和支出，即“预算由预算收入和预算支出组成，政府的全部收入和支出都应当纳入预算”，从而确定了国家对财政收入的全口径预算管理原则。这就从法律上确立了预算制度对于财政收入的控制权，强调了预算约束的对象不但包括支出预算，而且包括收入预算。[②] 从而将预算制度构建于财政支出和财政收入之间适度平衡的基础之上，有利于维持财政稳健，也有利于将除一般公共预算之外的其他财政资金，如政府性基金、国有资本经营收益、社会保险基金等财政收入全部纳入国家预算，并建立起统筹衔接机制。

在一般情况下，对预算收入的控制方式主要有两种：一种是对于预算收入中不具有直接对价性质的强制性收入的控制，通常采用“税收法定”原则的方式，从宪法和法律的高度明确纳税人的纳税义务构成要件和征管程序。这是从预算收入角度形成的预算控制权，即此种预算权派生于纳税人权利，但在本质上还属于预算权，是公民作为纳税人对于预算强制性收入采取的税法意义上的规制，只不过从形式上表现为税收控制权。另一种是对于费用、公债等具有直接对价性质的非强制性预算收入进行约束，尤其对于现代国家愈加依赖公债的事实，现代预算制度逐渐将公债的规模控制作为预算审批的重要事项。而至于国有资本经营收益，只是现代国家基于市场主体不能、不愿提供公共产品而在国家责任方面的表现，是现代市场失灵的对价，本质上仍是国家对市场主体预算收入贡献的替代，只不过在形式上表现为国家直接收益而非经由公民财产权的直接

① 参见蔡茂寅：《预算法之原理》，台北，元照出版有限公司2008年版，第82页。

② 参见徐阳光：《收入预测与预算法治——预决算收入偏差的法律评估》，载《社会科学》2011年第4期。

对价而已。[①] 由于它们均具有不同程度的公共性、权力性色彩,本质上仍是对公民财产的侵犯、公平竞争机会的减少或是依赖公民财产的最终偿还,通常依据"补偿性原则""契约原则""国家辅助原则"等方式来控制预算收入的扩张。这也是一种对于预算收入的间接控制权,[②]依附国家与市场在现代市场经济中边界的互动,以及产权主体对私有产权的保护和主张,能有效约束国家对市场的挤压和国家对公民私有财产尤其是未来财产的恣意侵犯,保障市场在资源配置中的决定地位和私有财产主体的财产自由与代际公平。

二、预算支出控制权:预算收入的民主性基础

预算收入控制权是一种间接性的预算权,经由对预算收入数量和结构的控制体现出来,而预算支出控制权的行使过程则是对稀缺的预算资源在潜在的支出目标之间进行选择、平衡的决策过程。预算收入数量的多寡、结构的差异决定了公民财政负担的高低以及对预算资源的享受程度,加之,当前我国政府间财政事权与支出责任的不匹配、政府与市场的边界不清,所以,我国传统的预算理念一直将"以收定支"原则作为预算编制制度乃至财政制度改革的基本原则。[③] 虽然2018年《预算法》正在走向"以支定收"基础上的预算平衡,但也只限于一般公共预算审核的重点由平衡状态、赤字规模向支出预算和政策拓展,而对于其他预算,仍要求政

---

① 也正由于国有资本经营收益具有公共属性,现代国家都将其作为财政收入的一部分纳入预算管理。我国《预算法》第5条将国有资本经营预算作为四本预算之一,要求国有资本经营预算与一般公共预算相衔接。国务院《关于深化预算管理制度改革的决定》(以下简称国发〔2014〕45号文)要求"加大国有资本经营预算资金调入一般公共预算的力度";国务院《关于印发推进财政资金统筹使用方案的通知》(以下简称国发〔2015〕35号文)则明确提出,"2016年调入比例达到19%,并逐年提高调入比例"。

② 参见翟继光:《预算法定原则的起源及其基本构成要素》,载《河北大学学报(哲学社会科学版)》2016年第6期。

③ 参见王强、叶姗:《政府理财观的抉择:"量入为出"与"以支定收"——源于美国1985年〈平衡预算和紧急赤字控制法〉第252条之启示》,载《法学杂志》2006年第2期。

府性基金预算按照基金项目编制，做到以收定支，国有资本经营预算和社会保险基金预算做到收支平衡。这种要求也正契合了我国当前财政制度的具体国情，在公民享用基本公共服务和承受能力之间、在国家供给基本公共服务和经济发展之间达致适度平衡，从而将预算支出控制在预算收入支撑的合理限度之内，达到限制预算赤字的目的，保障了财政的可持续发展。

将预算支出控制纳入预算收入控制的考量范围，建立适度平衡的预算编制原则，才能切实保障公民的财产自由和代际公平。这是公民基于国家所有者和预算收入贡献者身份所享有的对预算支出决策的控制权。由于公共物品的偏好是无法由市场价格机制反映的，民主则是至今发现的表达公共偏好最好的一种机制。公共选择学派的布坎南就认为，公共产品的提供不应由国家享有唯一或最终的话语权，而归根结底应由人民决定，只有某种由国家提供的公共需要被全体国民认可，人民才有义务为该公共需要承担相应的资金供给。① 只有公民的民主参与以及预算支出决策符合公民的意愿，体现取之于民、用之于民的原则，才能确保公民对于国家预算收入的支持和理解，进而在公民与国家之间建立预算民主通道，夯实预算收入的民主性基础。② 因此，公民对预算支出的控制权在形式上体现为以代议制民主的预算审议和批准为主导，以公民参与式预算为辅助，但两者在本质上仍是公民的预算权利映射到政治生活中成为民主权利，并依赖人民主权原理在预算领域的直接适用。

三、预算收支联动：国家治理的现代化基础

财政是国家治理的基础和重要支柱。作为财政制度的核心，预算更是决定国家治理现代化的基石。预算专家希克曾经明确指出，“毫不夸张

---

① 参见刘剑文主编：《民主视野下的财政法治》，北京大学出版社2006年版，第124页。

② 参见刘光华：《预算权法律属性：基于法律关系的解读》，载《首都师范大学学报(社会科学版)》2012年第6期。

地说,一个国家的治理能力及水平很大程度上取决于它的预算能力”,[①]“如果你不能预算,你如何治理?”[②]在财税法规范体系中,预算法是将收支联系起来,规范公共资源汲取、管理、使用权力的基本法律形式。《预算法》第1条便开宗明义地提出,“为了规范政府收支行为”;第4条则直接明确“预算由预算收入和预算支出组成。政府的全部收入和支出都应当纳入预算”。作为经济制度和政治制度之间天然的勾连点,现代预算通过民主决策的资金汲取、预算管理与支出安排,成为实现国家治理现代化的催化剂。

首先,预算既包括支出,也包括收入。虽然各国宪法和法律还未能对预算作出严格的定义,但通说认为,预算就是一个组织对于通常1年的特定时期预估的收入和支出的报告。[③] 可见,只有同时关注预算收入与预算支出,强调两者之间的平衡,才能确保财政的稳健性。在2014年《预算法》修订之前,预算任务具有强制性,对于包括税务部门在内的征收部门具有法律拘束力。虽然经过修正后,禁止下达征收指标,但邓力平却认为,预算法三审稿中将其放在了“预算编制”章节,而最终修订稿将其放在了“预算执行”章节,说明预算执行环节应当遵守法律、行政法规,不能下达预算收入指标,但在“预算编制”环节,仍不应当禁止预算收入指标,否则预算收支平衡便失去了数据支撑。[④] 即使党的十八届三中全会提出,预算编制由平衡状态、赤字规模向支出预算和政策拓展,预算收入由原来的约束性转为预期性,但预期任务也是任务,人大通过预算形式确立了法定地位,征收部门便需应收尽收。而且,预算收入不仅包括税收在内的强制性收入,还包括大量诸如土地出让金等自由性收入,虽然税收等强制性收

---

① Schick A. ,*The Capacity to Budget*,The Urban Institute Press,1990,p. 1.

② 参见马骏:《治国与理财:公共预算与国家建设》,三联书店2011年版,第3页。

③ See Bryan A. Garner,*Black's Law Dictionary*,Thomson West,1999,p. 189.

④ 参见邓力平:《新预算法:基于中国特色社会主义财政的理解》,载《财政研究》2015年第10期。

入不能仅仅依据收入预算，而是依据抽象的税收法律，[①]但缺乏法律依据的自由性收入，完全可以依据收入预算而征收。

其次，预算收入是预算支出的前提，用于民必然源于民。权责对等是现代财政关系的核心价值，因为“人民对政府所做出的最大牺牲莫过于纳税，人民从政府那里获得的最大好处莫过于公共支出”。[②] 征税不是目的，而是用于支出公共物品，体现为具有法律效力的有计划的财政收支，即预算。预算收入的数量和结构制约着支出的数量和质量，将预算收入与预算支出相分离，政府将在“一种永久的财政危机氛围中运作”。[③] 但值得注意的是，公共物品的供给，只有获得全体国民认可，人民才有义务承担相应的资金供给，[④]从而将预算收入的汲取和预算支出的配置联系起来，收于民且用于民，才能理顺联结政府与人民的财政纽带。[⑤]

最后，预算制度推动着“分税制”改革，而“分税制”改革也制约预算制度的转型。我国 1994 年“分税制”改革的基本动因源于提高“两个比重”（中央财政收入占全国财政收入的比重和全国财政收入占国内生产总值的比重），[⑥]按照税种划分了中央和地方、政府和市场的边界，进而也夯实了一级政府一级预算的体制机制，确立了现代预算的基本框架。“分税制”对于各级政府独立预算地位的确认也在客观上调动了地方政府的积极性，财政改革的重点也由收入划分转向预算支出管理，预算制度成为财政改革的重点，并加快了预算外资金回归预算内并统筹安排的进程。[⑦] 与

---

① 参见蔡茂寅：《预算法之原理》，台北，元照出版有限公司 2008 年版，第 56 ~ 64 页。

② 参见王雍君、张拥军：《政府施政与预算改革》，经济科学出版社 2006 年版，第 12 页。

③ 参见[美]阿伦·威尔达夫斯基：《预算：比较理论》，荀燕楠译，上海财经大学出版社 2009 年版，第 141 页。

④ 参见刘剑文主编：《民主视野下的财政法治》，北京大学出版社 2006 年版，第 124 页。

⑤ 参见王雍君：《法治、治理、政府约束与〈预算法〉的修改》，载牛美丽、马蔡琛主编：《构建中国公共预算法律框架》，中央编译出版社 2012 年版，第 158 页。

⑥ 参见孔善广：《分税制后地方政府财事权非对称性及约束激励机制变化研究》，载《经济社会体制比较》2007 年第 1 期。

⑦ 参见楼继伟：《40 年重大财税改革的回顾》，载《财政研究》2019 年第 2 期。

此同时,随着“两个比重”的提高,中央挤压地方、政府挤压市场,又倒逼了现代财政制度的转型。因为在国家治理中,现代财政的基础和支柱性作用是通过预算来实现的,[①]传统预算时代面临的突出问题与主要挑战,推动了我国治理模式和预算管理方式的深刻变革。中央与地方财政关系、政府与市场边界划分,都成为党的十八届三中全会以来党和国家历次会议的重要议题。秉承中央统一领导,发挥地方积极性主动性,强调市场在资源配置中的决定性作用,更好发挥政府作用的理念,现代预算也必然由传统的以政府主导的单方权力运作,转型为中央与地方、国家与公民、政府与非政府、公共与私人机构等治理主体的多元化运作,预算治理也呈现法治、共治与善治局面。[②]

第三节 预算转型与预算法的三重使命

预算民主最根本的含义在于,公民是预算权的最终控制者,也只有将公民的意志上升为国家的意志,才能确保宪法秩序下公民及其代议机关对于公民私有财产和市场主体地位的确认和保障,进而确保预算绩效经由政治民主渠道服从和服务于公民及其代议机关的意志,保证预算资源使用的经济性、效率性,满足公民的多样化需求,符合“公共预算”理念。[③]

一、理念转型:从家国性、政府性转向公共性

预算制度发轫于英国,在其诞生之初,国家权力包含预算权具有“私人”属性,国家依据权威自上而下配置资源并承担国家责任,个人和家庭

① 参见范永茂:《预算改革:国家治理能力现代化和依法治国语境下的路径选择》,载《北京行政学院学报》2016 年第 5 期。

② 参见胡明:《预算治理现代化转型的困境及其破解之道》,载《法商研究》2016 年第 6 期。

③ 参见蒋悟真:《论中国预算法的现代化》,载《环球法律评论》2018 年第 5 期。

依附于国家并按照君主意志进行资源分配。[①] 预算仅是国家以高度集中的君主意志配置社会资源的基本工具之一,普通公民实际上被隔离在公共事务的决策和管理权之外,属于被管理的角色,不具有预算权主体地位。国家对预算权的配置也主要在政府内部进行分配,公民预算民主不能渗透和影响政府内部决策,预算成为政府管理国家的工具,仅具有工具价值,政府预算也呈现内部性、封闭性和等级性特征。与此相对应,国家对于预算权的认知仅限于政府机关的预算管理权等具有公权性质的实体权与程序权,公民作为被管理角色缺乏与预算管理权相抗衡的预算权利。[②]

但发展到现代国家,税收收入几乎等同全部预算收入,私人部门的贡献占财政收入的比重越来越大,国家预算收入的重心嬗变为对私有财产进行公权力介入的租税,税收成为财政收入的主体和重要支撑,现代社会也进入"租税国家"。[③] 政府预算收支管理成为国家汲取收入满足社会需求的制度安排,控制政府的预算权力成为有效制约国家权力的关键,预算成为行政机构的生命之源。[④] 此时,预算成为筹集公共财产并服务于社会的治理方式,超越了传统的属于政府内部事务而非促进公民权利实现的根本宗旨。因此,在财政经济领域,财产权获得了"税收法定""预算法定"原则的保障。在财政民主领域,公民获得了预算知情权、参与权、监督权和救济权等制衡力量,并通过委托代理关系,使代议机关成为公众利益的代表,掌控着预算权力的核心。质言之,现代预算不仅成为政府管理国家的工具,而且成为公民管理政府的工具并依据预算制度履行公民主体地

---

① 参见刘剑文:《重塑半壁财产法:财税法的新思维》,法律出版社2009年版,第44~45页。

② 参见吕侠、周东明:《论公民参与预算的民主政治——基于中国乡镇预算民主模式分析》,载《中南民族大学学报(人文社会科学版)》2013年第2期。

③ 参见[日]北野弘久:《税法学原论》,吉田庆子等译,中国检察出版社2001年版,第2页;王绍光、马骏:《走向"预算国家"——财政转型与国家建设》,载《公共行政评论》2008年第1期。

④ 参见[美]肯尼思·F. 沃伦:《政治体制中的行政法》,王丛虎等译,中国人民大学出版社2005年版,第172页。

位的主导方式。

与此相对应,公民享有了对于侵犯公共财产以及不符合财政法规的行为要求法律予以调整的实体权利和程序权利。除提出预算公开等行政请求外,还可以借助司法的力量,对违法支出等侵害公共利益的行为,如违法的公款消费、政府采购、政府投资等行为向法院提起公益诉讼。① 这既是公民预算权利制约政府预算权力在诉讼制度上的保障,也是各国宪法对于公民基本权利的确认。由此,预算权主体经历了由政府主导的内部预算控制向由代议制与参与式民主相配合的内外结合的预算控制转变过程,预算理念也经历了从"政府预算"到"公共预算"的变迁。

二、效力转型:从收入控制到收支并重

议会政治的历史就是现代预算制度的成立史。② 以"预算母国"英国为例,预算制度的发展首先是议会对国王征税权的争夺,以1215年的《大宪章》为标志,议会提出了"无代表不纳税"口号,初步确立了"税收法定"原则,并随着新兴资产阶级的兴起和社会契约理论、自由主义理论的发展,经过1688年"光荣革命",最终确立了议会对于国家财政权的最高权力,直到18世纪,才发展成为典型的资本主义政府预算。③ 预算制度起源于议会对征税权控制的历史,也为美国与法国的政治发展历程所印证。

究其根源,在西方封建国家时期,商品经济还不发达,市场经济还处于萌芽阶段,新兴资产阶级作为市场主体的独立地位还未凸显出来。此

---

① 如日本《地方自治法》规定,对地方财政管理部门的违法、不当财政行为,在监察委员会不能有效纠正的前提下,公民有权向法院提起诉讼。英国《财政法》规定,选民对地方政府不合法的开支可以向法院起诉,其诉讼的范围甚至包括政府作出的纵容或给予管理关系相对方不当利益的不法行为。我国《宪法》第41条以公民的基本权利形式规定了公民对任何国家机关及其工作人员的批评建议权,以及对其违法失职行为的申诉、控告和检举权,在某种意义上可以作为公民提起公益诉讼的宪法依据。

② 参见[日]井手文雄:《日本现代财政学》,陈秉良译,中国财政经济出版社1990年版,第173页。

③ 参见包丽萍等编著:《政府预算》(第2版),东北财经大学出版社2000年版,第6~7页。

时,政府的收入还主要来源于国王领地,而非直接面向全国征税,以英国贵族为代表的资产阶级与国王的矛盾还局限在统治阶级内部对于国王预算权的限制。对国王部分征税权的剥夺就是议会对于预算权控制的最好注脚,也正由此使预算制度的诞生与发展深深地打上了税收的烙印,并使预算权依附征税权,对预算权的争夺也以税收收入控制为表征。与此相对应,社会对预算权的关注主要在于对国家征税权而非用税权的控制,更遑论纳税人对于国家财政支出决策的知情权、参与权等权利。资本主义国家职能被局限于"夜警国家",社会秉持"最小的政府即最好的政府"理念,政府重在提供市场不能、不愿提供的公共物品,支出被严格限定在军费、司法、公共服务及基础设施建设等方面,这也是对政府预算收入控制的最佳方式。

随着市场失灵现象日益严重,尤其以20世纪30年代西方经济危机为"分水岭",受凯恩斯主义支配,政府不断扩大公共开支,国家行政日益延伸到市民生活之中。到20世纪后半叶,政府提供公共产品的职能已经弱化,取而代之的是收入再分配(分配职能)、对特定风险的防范(保险职能)和稳定经济等职能。[①] 国家干预的增多、预算支出的增加必然要求税收收入的增加。[②] 财政扩张伴随政府职能的扩大也越来越危及公民财产,最终可能导致财政支出的授益性让位于侵益性,而市场经济的完善和市民社会的形成使市场主体尤其是广大纳税人认识到,单纯依靠"税收法定"难以有效制约政府财政支出扩大的恣意。各国都从宪法和法律上确立了预

---

① 事实上,对一个社会来说,与收入再分配和稳定经济相比,提供公共产品是政府的根本职能,因为从历史上看,在前两项职能缺失的情况下,社会已经延续了上千年。参见[美]维托·坦茨:《政府与市场:变革中的政府职能》,王宇等译,商务印书馆2014年版,第341页。另外,依据"瓦格纳法则",当国民收入增长时,财政支出会有更大的支出增长,当人均收入水平提高时,法律、警察、金融、教育、文化、医疗等公共服务需求将快于人均收入的增长,导致政府支出占GDP的比重提高。这也从另一个角度说明,对国家财政支出快速增长的控制应该纳入预算法治化轨道。

② 参见[美]B.盖伊·彼得斯:《税收政治学:一种比较的视角》,郭为桂、黄宁莺译,江苏人民出版社2008年版,第104页。

算收支平衡原则以及未经议会批准的政府支出为违法的“预算法定”原则。预算也成为一个规定国家财力的来源、结构和方向，以及纳税人的税负和政府收支安排的契约。[①] 至此，预算权也脱离了对征税权的依附，成为议会控制政府财政收支的核心工具之一，预算权的关注焦点也从单向度的预算收入控制转向预算收支控制并重。与此相对应，预算民主也经由纳税人权利保障发展到对于人民主权原理的阐释和适用，并使公民作为预算收入来源、参与预算支出决策的主体地位得以确立。

三、预算法的三重使命：预算管理法、管理预算法与公共财产保障法

现代预算制度经由“政府预算”到“公共预算”、“税收法定”到“预算法定”的变迁而形成，预算权分化为公民预算权利和国家预算权力（预算管理权），呈现授权与限权并重的基本特征，并经由预算收入控制权和预算支出控制权以及预算收支之间的衔接与配合得以实施。预算权的重心也由预算管理转向管理预算、由收入控制转向收支并重，并经由预算治理现代化助推国家治理体系和治理能力现代化。由此，现代预算就经由“权力分配法”向“公共财产保障法”的转型，最终呈现为“预算管理法”“管理预算法”“公共财产保障法”三重使命。

（一）预算管理法

以计划经济体制转向社会主义市场经济体制为契机，我国预算制度才有了构建公共理性的着力点，即预算法首先需要解决政府内部控制问题，尤其将预算外资金转入预算管理，增强政府宏观调控的能力，预算被定位为“政府管理的工具”。[②] 如 1995 年实施的《预算法》第 1 条便明确了立法宗旨：“为了强化预算的分配和监督职能，健全国家对预算的管理，加强国家宏观调控，保障经济和社会的健康发展，根据宪法，制定本法。”

---

① 参见[美]菲利普·J.库珀等：《二十一世纪的公共行政：挑战与改革》，王巧玲、李文钊译，中国人民大学出版社 2006 年版，第 308 页。

② 参见杜坤：《预算法现代化的法治逻辑》，载《华东政法大学学报》2015 年第 2 期。

所以，有学者才说："《预算法》其实就是一部翻版的国家预算管理条例，其在立法理念上并无多少创新。"①

因此，部门预算改革，国库集中收付、收支两条线，政府采购等预算管理制度相继推出，这些改革的主要目标在于将分散在各个部门的预算权力集中到核心预算机构，建立起一种"控制取向"的预算体系，②以至于支出问题，尤其是将政府收支纳入财政民主的规制范围，必然被制度设计所忽略。③

（二）管理预算法

1994年通过的《预算法》虽然具有"国家分配论"和计划经济色彩，但不可否认，政治改革是一个渐进调整的过程，在注重政治过程预算权力配置改革的同时，推进技术性项目改革是《预算法》完善的必由之路。④ 以部门预算改革为核心的预算管理制度在增加政府内部控制力的同时，也为立法机关的外部控制提供了依据和参考。⑤

从1999年开始我国开始了新一轮财政改革，支出管理逐渐成为预算管理的重点，公共财政理念也逐步深入人心。现代预算制度不仅成为政府管理的工具，也逐步转向管理政府的工具。⑥ 尤其随着党的十八届三中全会对于财政制度治理地位认知的提高，既规范政府依法征收、依法支出，又突出人大对于预算的审查监督，成为法律理念变更的强大动力。如

---

① 熊伟：《认真对待权力：公共预算的法律要义》，载《政法论坛》2011年第5期。

② 参见吴少龙、牛美丽：《理解中国公共预算改革的方向》，载《武汉大学学报（哲学社会科学版）》2010年第6期；马骏、侯一麟：《中国省级预算中的非正式制度：一个交易费用理论框架》，载《经济研究》2004年第10期；马骏：《中国公共预算改革的目标选择：近期目标与远期目标》，载《中央财经大学学报》2005年第10期。

③ 参见王绍光、马骏：《走向"预算国家"——财政转型与国家建设》，载《公共行政评论》2008年第1期。

④ 参见黄新华、赵瑶：《政治过程与预算改革》，载《财经问题研究》2014年第12期。

⑤ 参见王云霞：《治理范式下我国预算权法律规制的困境与突破》，载《现代经济探讨》2017年第2期。

⑥ 参见熊伟：《在理想与现实之间：〈预算法〉修改的中庸之道》，载《江西财经大学学报》2011年第4期。

2014年《预算法》便旗帜鲜明地将立法宗旨更改为:“为了规范政府收支行为。”这一宗旨摒弃了政府的预算中心地位和预算的宏观调控等管理工具性职能,表明预算从过去的宏观调控法转向了规范政府收支行为法,更是人民及代表监督和约束政府行为的工具,彰显了由“国家财政”发展为“公共财政”的巨大进步,具有了控权和监督之品性,①推动了我国由“国家预算”向“预算国家”的转变。②

(三)公共财产保障法

先开展收入控制、再进行支出约束,先开展内部控制、再进行外部约束,中国预算管理制度经历了从预算技术精细化到预算决策民主化,并逐步转向预算治理现代化的演进路径。预算收入的控制权和预算支出的控制权,都是预算权利与预算权力在预算这种国家经济安排中合法性、民主性的表现和反映。只有将预算收入与支出结合起来,做到收支平衡,才能有效防止财政赤字扩大化趋势,从根源上控制财政权对企业和公民财产权的侵犯,切实维持财政稳健。也只有真正使公民预算权利成为一种制度性的存在,而非一种抽象的权利宣言,才能充分夯实公共预算过程的法理基础、民主基础。质言之,预算收入控制和预算支出控制是公民预算权利与国家预算权力在预算实践中的表征和体现,是预算作为公民和国家在财政生活中的联系纽带。预算也只有将政府向人民征集资源(形成公共收入)与使用这些资源(形成公共支出)两个基本方面联系起来,才能构成联结政府与人民的财政纽带。③ 这便与时下财税法领域提出的公共财产法的规范不谋而合,即不但控制政府在私人财产转化为公共财产过程中的权力,而且控制政府对已转化形成的公共财产的支配权力,公共财产

① 参见刘剑文:《由管到治:新〈预算法〉的理念跃迁与制度革新》,载《法商研究》2015年第1期。

② 参见马蔡琛、苗珊:《中国政府预算改革四十年回顾与前瞻——从“国家预算”到“预算国家”的探索》,载《经济纵横》2018年第6期。

③ 参见王雍君:《法治、治理、政府约束与〈预算法〉的修改》,载牛美丽、马蔡琛主编:《构建中国公共预算法律框架》,中央编译出版社2012年版,第158页。

法律规范有效保障了作为公共财产属性的预算资金源于民、管于民、用于民，实现了全面、立体和全环节的调整和规范。①

进而，作为政府宏观经济调控工具和人大监督政府手段的现代预算，向公民控制政府的本质属性回归，建构符合国情的预算治理体系，以及以约束能力、配置能力和运作能力为基础的预算能力框架，必然成为中国预算制度现代化遵循的发展路径。② 正如格尔哈斯·伦斯基所指出，权利是一切权力配置和运作的实际指向和界限，一切权力的配置和运作，只有为了保障主体权利的实现才是合法的、正当的、合理的。③ 这是探讨预算权体系结构的理论前提，也是现代预算民主的出发点和落脚点。预算权是公民预算权利和国家预算权力之间委托代理关系的集中体现。④ 代议机关的预算权力在本质上来自公民的预算权利，是基于代议制民主下的委托代理关系，政府的预算权力也源于民众，是公民预算权利转化为国家预算权力后在议会与政府间重新配置的结果。

从预算权理念和预算权效力的法律关系看，现代预算制度经历了从“政府预算”向“公共预算”的变迁，其根源于国家预算收入与支出，目的在于保障公民作为市场主体和国家预算权力最终控制者地位的实现。作为预算支出的合法性基础，将预算收入控制权纳入公民预算权利范畴，才能确保公民财政负担与国家经济发展的适度平衡；而作为预算收入的民主性基础，将预算支出控制权纳入公民预算权利范畴，才能确保预算是为了满足公共需求与公民权利的实现。⑤ 预算权也只有实现从“税收法定”的

① 参见刘剑文：《论财税体制改革的正当性——公共财产法语境下的治理逻辑》，载《清华法学》2014 年第 5 期。

② 参见蒋悟真：《论中国预算法的现代化》，载《环球法律评论》2018 年第 5 期。

③ 参见[美]伦斯基：《权力与特权：社会分层的理论》，关信平等译，浙江人民出版社 1988 年版，第 71 页。

④ 参见张学博：《现代财产权观念中的预算权概念研究——兼论预算法之完善》，载《河南财经政法大学学报》2016 年第 5 期。

⑤ 参见靳继东：《预算改革的政治分析：理论阐释与中国视角》，科学出版社 2015 年版，第 77 页。

收入控制到"预算法定"的收支并重控制转变,导向针对公共财产权收、支、管的全程静态权属与动态流转控制,[①]并最终实现"财政法定",现代预算法才能脱离家国性、政府性,转向公共性,才能被称为"公共财产保障法"。

第四节 本章小结

本章试图从预算权的本源入手,分析预算权的内涵以及预算权利与预算管理权之间的法律关系,认为预算权利作为国家预算权力的合法性基础,为预算权利和预算权力、预算收入和预算支出法律关系的改善提供了基础性路径。预算权的制约与协调机制已经成为现代预算转型的关键和核心问题。[②] 预算法的现代化转型应当秉持民主、规范、绩效的三重路径,分别经由共治、法治、善治获得本质属性的实现。[③]

(1)基于现代预算制度的发展历程,解构出预算权的二元结构。预算权的内涵既包括公民参与式的预算权利,也包括代议制民主式的预算权力(预算管理权);既包括预算收入控制权,也包括预算支出控制权,应建立预算收入与预算支出之间的法律联系。笔者认为,预算权既包含公权内容,也包含私权内容,从而区别于预算权属公权的传统观点,完善了预算权体系,也弥补了传统预算法学对于预算权结构的研究空白。

(2)通过对解构后的预算权二元结构法律关系进行分析,提出预算权利作为预算管理权的本源、基础,为预算权利与预算权力的关系改善提供了理论支撑,并可以结合预算收入与支出的一体化控制、预算收入、管理

---

① 参见刘剑文、王桦宇:《公共财产权的概念及其法治逻辑》,载《中国社会科学》2014 年第 8 期。

② 参见许安拓:《预算权的相互制衡是我国行政管理体制改革的关键》,载《中国行政管理》2009 年第 2 期。

③ 参见胡明:《预算治理现代化转型的困境及其破解之道》,载《法商研究》2016 年第 6 期。

支出的静态保护和动态监管，为今后预算赤字控制、“参与式预算”实践提供理论依据，也为2018年《预算法》的实施提供一个新的视角。

(3)基于现代预算制度的转型历程，提出“公共财产保障法”的转型理论。立足于现代预算作为公共信托责任的本质属性，分析现代预算转型的治理逻辑，即由“预算管理法”向“管理预算法”转型，并最终实现“公共财产保障法”的转型。前者经历了由“政府预算”向“公共预算”的转变，后者则主要由收入控制的“税收法定”向收支并重的“预算法定”转变，并通过公共财产这个核心范畴将收入、支出与监管等全过程控制，构建起静态权属与动态调整的立体规范，最终转向“财政法定”。

第二章　预算主体间的制约与协调

现代预算制度由“预算管理法”转向“管理预算法”，呈现“以权力制约权力”为主导的公法进路，而将“以权利制约权力”排除，除难以有效指导当前的参与式预算之外，还不能有效提供预算作为公共信托责任对预算资金这种公共财产的保护。[①] 预算权力与预算权利势必在公共财产权形成过程中进行初始配置和二次配置，进而形成预算治理的新构造。本章立足公民与国家、中央与地方、预算部门之间的预算治理构造创新，主要探讨公民与市场等私权主体对预算权的分享，构建相互制约、相互协调的法律机制，从而在促进现代预算制度成功转型的同时，完善预算权体系，增强地方政府和预算部门法律地位的理论研究，为具有中国特色的财税法理论提供具体制度素材。

---

① 参见刘剑文：《论财税体制改革的正当性——公共财产法语境下的治理逻辑》，载《清华法学》2014 年第 5 期。

第一节　预算治理构造中的公民与国家

作为政府未来收支计划与发展策略的工具,预算的历史源远流长。基于财政支出与收入之间的紧张关系,作为稀缺性资源,财政资金需要配置给最有价值的政府活动和支出方向,这意味着需要"在潜在的支出目标之间进行选择",①从而"暗示着一种平衡以及作出决定的某种程序"。②伴随财政民主的生成和演变,预算制度也经历了由"政府预算"向"公共预算"转变,即以实现国家职能、保障公权力行使为目的转变为以满足公共需求、促进民众权利实现为目的。这不仅得益于国家职能、执政理念的变化,更深层次的动力还在于现代公共预算不仅仅是简单地分配政府资源的工作,它们还是塑造公共生活、国家制度、公共与国家关系的文化建设。③ 预算运行过程既是国家公权力运用的核心,也是公民民主参与国家治理的重要方式。④

一、预算治理构造的两种进路

作为我国预算制度改革的核心内容,预算权的相互制约与相互协调已成为我国财政管理体制改革的关键,也一直备受学术界关注。总结当前我国预算权配置的研究议题,从预算主体角度看,主要可以分为以下两

---

① [美]爱伦·鲁宾:《公共预算中的政治:收入与支出,借贷与平衡》,叶娟丽、马骏等译,中国人民大学出版社 2001 年版,第 3 页。

② Irene S. Rubin, *The Politics of Public Budgeting: Getting and Spending, Borrowing and Balancing*, Chatham House Publishers, Inc., 1992, p. 2.

③ 参见[美]乔纳森·卡恩:《预算民主——美国的国家建设和公民权(1890—1928)》,叶娟丽等译,格致出版社、上海人民出版社 2008 年版,第 2 页。

④ 随着近些年经济和政治体制改革的纵深发展,预算作为公民参与国家治理的重要手段越来越受到社会的关注。典型案例体现在两方面:一方面是作为公民民意代表的全国人大对于预算案的态度,2012 年中央预算案的反对票占比为 20.2%,2013 年的反对票为 509 票,创历史新高;另一方面是公民自身对于《预算法》修订时的参与热情,征求意见稿在短短 1 个月内便获得了多达 33 万条的意见和建议,创下了中国人大网上征求意见的民众参与数量新纪录。

种视角。一种研究视角主要聚焦预算管理体制,尤其是人大与政府之间对于预算管理权的配置问题,即以代议制民主为基础,通过议会、政府、审计机关、司法机关之间,政府上下级之间,财政部门和其他预算部门之间,甚至预算部门内部,在预算编制、审批、执行、决算,以及预算监督尤其是预算绩效评价等预算过程中形成相互制约、相互协调的预算分权构造。① 另一种研究视角已经认识到,现代预算的本质是公民与国家之间的公共信托关系,只有确保公民直接的利益表达和预算参与,才能使预算权的基础从权力转化为权利,才能打破由公权主体垄断的预算权"黑箱",形成一种持续性地从公权主体外部制约预算权的社会力量。②

理论反映在制度建构上,也衍生出两种不同的治理路径:一种以2018年《预算法》为典范。该法除通过第17条专门要求建立健全预算编制、执行的相互制约与相互协调机制外,在整体章节结构上也主要围绕预算管理权在公权主体之间的合理配置进行布局。③ 另一种则以自下而上的地方治理创新为样本,将预算作为赋权公民参与的工具,促使现代预算的功能从偏重合规性控制逐步拓展为向公民赋权的一种公共治理工具,④进而推动相关法律的确认。如2018年《预算法》第45条就明确要求,县级以下人大审议预算草案之前,应当组织代表听取选民和社会意见,从制度上确立了私权主体预算参与的总体框架。总体而言,以预算管理权合理配置为中心的研究视角,由于固守"以权力制约权力"理念,致力预算管理权内部构造的改良,往往忽略预算整体运行结构的研究,易导致公民预算权利为国家预算权力所遮蔽,难以进入预算决策系统,难以应对预算管理内

---

① 参见闫海:《预算民主:预算审批权为中心的构建》,载《重庆社会科学》2007年第4期。

② 参见江必新、肖国平:《论公民的预算参与权及其实现》,载《湖南大学学报(社会科学版)》2012年第3期。

③ 参见张学博:《现代财产权观念中的预算权概念研究——兼论预算法之完善》,载《河南财经政法大学学报》2016年第5期。

④ 参见王雍君编著:《公共预算管理》(第2版),经济科学出版社2010年版,第426页。

部化、封闭化和行政主导等问题。[①] 即使学界注意到了近年来出现的以浙江温岭、河南焦作等地为代表的参与式预算实践,对公共预算改革的合法性和合理性展开研究,但大多侧重参与者的角色分工和议程设置等技术性问题,致使参与式预算实施中参与者的角色虚化、是否采纳公众意见是随意的,势必造成公众参与热情的下降。[②]

二、公民预算参与的法理基础

参与式预算在本质上是一个权力构造重新调整和利益资源重新分配的过程,对公民的赋权就意味着对预算管理主体的限权。但作为以地方政府主导的咨询性协商模式,中国参与式预算具有典型的治理应急性,公民预算参与权利属于行政赋权而不是法律赋权,也缺乏实体性和程序性权利保障,[③]地方政府会根据自由裁量权对公民参与的形式和程度进行限制,难以形成制度化的长效机制。[④] 因此,从理论上论证公民预算权利与国家预算管理权的法律关系,从制度上将公民预算权利内置于预算权体系,将有助于提高参与式预算的实质效果,推进预算治理体系和治理能力的现代化。

公民的预算权利源于公民的政治身份以及对预算收入的贡献,本质上是公民私有财产对国家责任的对价,是约束国家预算管理权、保护自身财政利益与公共财政利益并参与到预算立法、决策以及预算监督(包括对预算的编制、执行、决算的监督)的根本手段。公民预算权利的行使必须

---

① 参见陈治:《地方预算参与的法治进路》,载《法学研究》2017 年第 5 期。

② 参见陈家刚、陈奕敏:《地方治理中的参与式预算——关于浙江温岭市新河镇改革的案例研究》,载《公共管理学报》2007 年第 3 期。

③ 参见张紧跟:《从行政赋权到法律赋权:参与式治理创新及其调适》,载《四川大学学报(哲学社会科学版)》2016 年第 6 期。

④ 参见[法]伊夫・辛多默、[德]卡斯滕・赫茨贝格:《参与式预算:一个全球视角》,载[法]伊夫・辛多默、[德]鲁道夫・特劳普—梅茨、张俊华主编:《亚欧参与式预算:民主参与的核心挑战》,上海人民出版社 2012 年版,第 124 页。

具有对预算结果产生影响的可能性，预算参与行为必须取得相应的法律效果，否则，预算就失去自身存在的合法性、正当性，进而丧失科学性、合理性。①

公民预算权利是基于代议制民主的直接民主体现，是公民对于影响他们生活和工作的预算决策的直接参与，这是代议制预算民主的前提和基础。如果没有民众的参与，如果不承认国家的最后支配权属于人民，就谈不上民主了，因为民主的合法性必须基于选民的同意。② 同时，就预算民主决策而言，以人性尊严和个人基本价值为中心的民主理念，要求越与人民邻近的事务，越应尽可能由自我决定。③ 公民预算权利的行使能够充分发挥公众的积极性、主动性，公众参与的程度和规模也是衡量一个社会政治现代化的重要尺度。④ 因此，从某种意义上说，公民既是预算决策的受益人又是预算决策的最终决定者，作为代议制预算民主的前提和基础，公民预算权利的行使才使现代预算成为民主预算、公共预算。换言之，具有私法属性的公民预算权利经由民主选举制度转化为国家的预算管理权，进入"以权力制约权力"的具有公法属性的预算权配置模式，实现了预算权利向预算权力的转变并支撑其合法性和正当性。⑤

进而，公法领域下的预算权配置方式、履行手段、追责机制等呈现的权力性、强制性和等级性面相往往容易掩盖本相，把公民的预算权利遮蔽在国家预算权力即公权力机关的预算管理权之下。但究其本源，公民基于意思自治而订立契约，把归属于个人的预算权利委托给代议机关，并经由代议机关的民主程序授权于行政机关、司法机关等预算管理组织。而

---

① 参见马蔡琛、李红梅：《参与式预算在中国：现实问题与未来选择》，载《经济与管理研究》2009 年第 12 期。

② 参见陈炳辉：《直接民主与间接民主——〈代议制政府〉的重新解读》，载《现代哲学》2006 年第 1 期。

③ 参见葛克昌：《税法基本问题（财政宪法篇）》，北京大学出版社 2004 年版，第 188 页。

④ 参见［美］塞缪尔·P. 亨廷顿：《变化社会中的政治秩序》，王冠华等译，上海人民出版社 2008 年版，第 2 页。

⑤ 参见陈晴：《以权利制约权力：纳税人诉讼制度研究》，法律出版社 2015 年版，第 184 页。

作为国家预算权力主体的人大组织，其预算权力的合法性基础是其作为广大民意的代表，最终应为民意负责。因此，公民不仅是预算权力产生的授权者和委托者，是预算权力结构的主导者和决策者，也是预算权力运行的监督者和护航者。①

三、预算权结构的私法改革

预算民主最根本的含义在于，公民是预算权的最终控制者，这是现代预算构造创新的出发点和落脚点，但公民预算权利的行使却并非只能依赖参与式的直接预算权利，其还可以运用代议制民主式的间接预算权利。由此，现代预算构造呈现直接预算民主和间接预算民主两种形式，如图2-1所示。

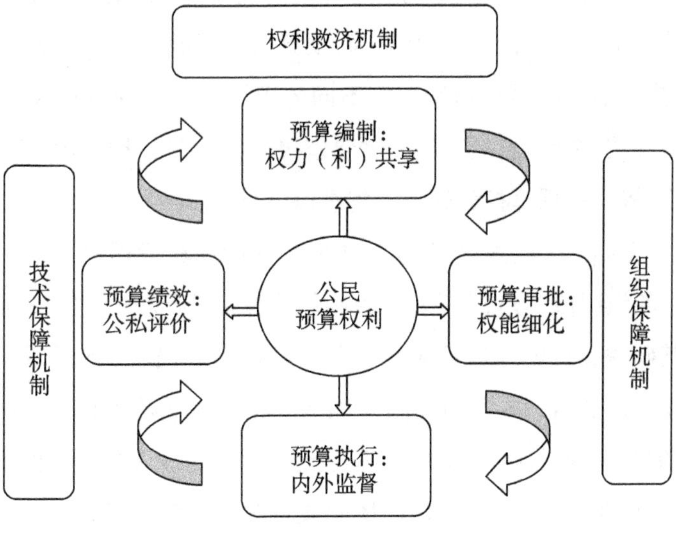

图2-1　预算权私法构造与保障机制

（一）直接预算权利行使的限度

与公民直接预算权利在各地参与式预算探索实践中的广泛运用相

① 参见朱大旗：《现代预算权体系中的人民主体地位》，载《现代法学》2015年第3期。

比,自上而下的制度建构却稍显迟滞,显示中央对公民直接预算权利在不同预算层级运行的谨慎态度,就连2018年《预算法》也只规定了县级以下预算草案审查环节的预算参与权。这可能也是出于以下几种因素考虑:其一,由于预算组织的规模越小,公民直接参与就越多,而预算组织的规模越大,公民直接参与就越少,越需要一种间接民主的代议制,因而在公民参与和体制效率之间存在两难处境。① 其二,人民代表大会制度是我国的根本政治制度,作为特色预算管理监督活动的制度基础,预算权适宜在这一根本政治制度框架内配置,通过“以权力制约权力”机制为主导来审查监督预算,规范政府财政行为。② 其三,我国实行直接选举与间接选举相结合的人大代表选举办法,《全国人民代表大会和地方各级人民代表大会选举法》规定,县级以下人大代表由选民直接选举产生,而县级以上人大代表则实行间接选举,这就导致普通选民难以直接约束县级以上人大代表及其组织。因此,有学者就认为,预算权配置的规范化模式应当分为两种,并按照不同的预算构造配置不同的预算权。一种以代议制民主为根基寻求突破,主要是在省级以上(含省级)实施;另一种采用协商民主的私法进路,将公民预算权利配置于省级以下。③

然而,正如上文所述,代议制民主所呈现的预算管理权只是基于直接预算民主的组织成本过高而采取的次优选择,并无优先于公民预算权利的法理基础,相反,还源自且应当服务于直接预算民主。随着通信、网络技术的发展以及组织成本的降低,④加上公民民主意识和参政议政能力的提高,国家与公众、社会组织在预算构造中的互动成为常态,也有利于预防腐败、减少改革阻力,推进预算体制改革和民主制度建设,这也是对政

---

① 参见[美]罗伯特·达尔:《论民主》,李柏光、林猛译,冯克利校,商务印书馆1999年版,第119页。

② 参见邓力平:《中国特色社会主义预算管理监督理论与实践》,载《财政研究》2017年第12期。

③ 参见蒋悟真:《预算公开法治化:实质、困境及其出路》,载《中国法学》2013年第5期。

④ 参见程国琴:《参与式预算的经济学分析》,载《当代财经》2014年第12期。

府预算向公共预算转型的最好演绎。此外，如同经济体制改革采取“摸着石头过河”、先实验后推广的模式，我国预算制度改革也主要从基层治理经验中获得变迁动力。参与式预算也是在地方率先开展取得较好治理绩效和政策预期的情况下，中央积极支持提供相应配套措施并逐步推广，进而通过《预算法》予以确认的典范。可见，“以权力制约权力”并不排斥“以权利制约权力”；相反，后者的实践可以为前者提供治理经验和制度借鉴。预算权的两种配置路径既可以相互制约又可以相互协调，共同贯穿于预算构造的不同层级，体现在预算运行的全过程。

（二）预算运行全程的嵌入

虽然公民预算权利主要包括知情权、听证权、表达权、决策权以及问责权、诉讼权等内容，但依据预算运行的过程以及具体权能的行使领域，我们可以把公民预算权利体现于预算编制、预算审批、预算执行和预算监督尤其是预算绩效评价等基本程序中。

一是预算编制的权力（利）共享。预算编制是预算活动的起点，是预算审批、执行和预算监督等各项工作的基础，是预算决策的核心，预算编制权也是代议制民主机构和政府之间主要争夺的对象。① 预算编制以政府为主导，符合预算的基本规律，但这并不是预算编制权专属于政府的理论依据。提交人大正式审议前，预算草案需要经过预算草案初步方案的编制和人大组织的初步审查（《预算法》第 22 条），“预算编制权既包括预算建议权，还包括预算审议文本确定权，应是一个复合权力”。② 一方面，对于预算建议权来说，中共中央办公厅印发的《关于人大预算审查监督重点向支出预算和政策拓展的指导意见》就明确要求，人大组织就人大代表和社会各界的意见建议对预算草案的初步方案提出初步审查意见后，“本级政府财政部门应当结合初步审查意见对预算草案和报告作进一步修改

---

① 参见肖鹏：《中美政府预算编制机制设计差异与启示》，载《中央财经大学学报》2009 年第 11 期。

② 黎江虹：《新〈预算法〉实施背景下的预算权配置》，载《税务研究》2015 年第 1 期。

完善”,从而确立了公民与人大组织对预算编制权的分享。另一方面,对于预算审议文本的确定权来说,浙江温岭采用预算审议文本“三上三下”程序,即由政府与人大组织通过联席会议的形式就人大代表和村民提出的调整方案进行协商并确定预算草案,将社会主体从低位阶的“听取意见”层次提升到协商乃至分享预算决策权力的更高层次的位阶上。[①] 可见,笼统地将预算草案的编制确定为政府专属职能,是对预算编制权的误解以及对我国预算编制过程的忽视,与其说预算编制权是政府的专属权力,倒不如说政府提交的预算草案只是对未来财政收支安排的建议。目前,越来越多的国家推行参与式预算模式,除代议机关参加到预算编制活动之外,个人、社会组织等力量都介入到预算编制之中。

二是预算审批的权能细化。基于预算同一性原理,绝大多数国家都对行政机关提交的预算草案表现出基本的尊重和认可,但这并不代表人大、公民不能在预算审批环节行使预算修正权和否决权。一方面,人大代表和社会各界可以提前介入预算编制过程中,将预算草案的编制权与审查权结合,实行合作型预算编审模式。[②] 如深圳市福田区就尝试运用预算编制情况通报会、部门座谈会、街道代表团组座谈会等形式,将人大代表和公民介入预算编制过程。《广州市人民代表大会及其常务委员会审查批准监督预算办法》还要求预算审查实行“三审制”,完整的预算审批过程需要经过市人大常委预算工委的预先审查、市人大预算委员会的初步审查和市人民代表大会的最终审批,实现了从预算草案初步方案的预先审查到预算草案的初步审查,再到最终审批的全程覆盖,也实现了政府提交预算与人大审批的有效衔接。另一方面,人大代表和社会各界还可以就预算草案进行初步审查并提出预算修正案。[③] 2018 年《预算法》第 45 条将选民和社会各界的意见和建议作为县级以下预算草案(包括预算草案

① 参见陈治:《地方预算参与的法治进路》,载《法学研究》2017 年第 5 期。
② 参见卢鸿福:《提前审查预算值得提倡》,载《人大研究》2013 年第 5 期。
③ 参见张献勇:《略论代表机关的预算否决》,载《人大研究》2009 年第 7 期。

初步方案)初步审查的前置条件,为公民的预算知情权、听证权、表达权和决策权提供了法律依据。人大组织有义务向人大代表和社会公众提供必要的信息,通过民主协商程序让人大代表和社会公众表达对预算草案的意见和建议,各级人大的审批和监督也必须以社会公众所表达的要求和愿望为依据,否则就失去了评判的标准,也失去了审查监督的意义。[①] 2015 年浙江温岭就率先通过民主恳谈形式试行预算修正案,起到了良好的示范效应。

三是预算执行的内外监督。由于预算是对未来预算收支的估算和安排,具有较大不确定性,不可避免地需要行政机关具有自由裁量权,但"法治所需要的并不是消除广泛的自由裁量权,而是法律能够控制它的实施"。[②] 2018 年《预算法》重申了预算法定原则,即非经法定程序,经人大批准的预算不得调整,未列入预算的不得支出(第 13 条);要求预算收入征收部门和单位及时足额征收预算收入,不得违法多征、提前征收或者减征、免征、缓征应征的预算收入,不得截留、占用或者挪用预算收入,各级政府不得向预算收入征收部门和单位下达收入指标(第 55 条);一般公共预算执行中的超收收入只能用于冲减赤字或者补充预算稳定调节基金(第 66 条)。同时,基于预算公开是公民预算参与的前提,2018 年《预算法》首次将公开透明原则写入立法宗旨(第 1 条),要求预算、预算调整、决算、预算执行情况的报告和报表以及政府采购情况向社会公开,并对部分重要事项作出说明(第 14 条),还要求财政转移支付公开(第 16 条)和审计工作报告公开(第 89 条),并就相关预算事项的公开和说明设置了责任条款(第 92 条)。这就说明行政机关的自由裁量权需要符合公民或者其民意代表机构的意志,方具有合法性,否则便产生预算法责任。这也要求预算收支遵守税收法定和预算法定的基本原则,并通过单一国库账户、政

① 参见蒋洪、温娇秀:《预算法修订:权力与职责的划分》,载《上海财经大学学报》2010 年第 1 期。

② [英]威廉·韦德:《行政法》,楚建译,中国大百科全书出版社 1997 年版,第 56 页。

府集中采购等制度做到公开、透明,便于公民与社会组织、新闻媒体监督预算执行情况。一方面,社会公众可以行使代议制民主下的间接预算权利,就预算执行情况向人大代表及其组织反映,借助后者特别享有的质询权、调查权向行政部门质询或者开展专项调查;另一方面,可以间接行使自身具有的参与式预算权利,借助于《政府信息公开条例》开展预算执行监督活动。

四是预算绩效的公私评价。没有绩效评估,预算只能被看作政府决策的蓝图,预算绩效好坏应当根据结果而不是事前的主观意图来评判。由于绩效预算的实施专业性强、涉及面广,仅靠财政、审计等部门的力量难以胜任,需要社会组织尤其科研院所的专家解决绩效指标难题,对于公共产品是否满足市场需要还得依靠社会公众的评价。预算绩效如果不与人大、公民以及社会组织的民主参与联系在一起就几乎没有价值,因为非民主的预算背后可能隐藏着政府的既得利益。[①] 例如,在韩国,公民可以从网络上了解预算绩效,包括职能部门进行的项目监督、审查,预算部门进行的项目评估,专家和非政府组织都可以广泛参与。在瑞士的一些地方政府,公民可以选择独立性的政府竞争机构评估政府公共项目,并为政治议程提供替代性的政策意见,从而改善公共财政的绩效。由此可见,预算绩效所内含的客观公正势必要求由预算受托人与委托人共同评价,而非满足于预算受托人的内部自评。2018 年《预算法》首次以法律形式确认了公共预算的绩效评价要求,党的十九大报告提出建立全面规范透明、标准科学、约束有力的现代预算制度,明确要求全面实施绩效管理,2018 年中共中央、国务院还专门印发了《关于全面实施预算绩效管理的意见》,均力图建立“编制有目标、执行有监控、完成有评价、结果有反馈、反馈有应用”的预算绩效管理体系。在财税实践中,各地也逐步将第三方独立评

① 参见[美]罗伊·T.梅耶斯等:《公共预算经典——面向绩效的新发展》(第 1 卷),苟燕楠、董静译,上海财经大学出版社 2005 年版,第 3 页。

估作为预算绩效评价的基础,并将其作为下一年预算资金安排的重要依据。如2009年,广东省佛山市南海区就在全国率先引入评审专家参与的绩效问责听证机制,绩效评价结果较差的项目还应当进行限期整改。[①] 通过组织问卷调查、小组讨论、预算项目执行情况反馈以及政府与公民的对话等多种方式,吸引公民和社会组织参与到预算的绩效评估,构建人大、政府等公权主体与公民等私权主体相结合的立体监督体系,必然为我国传统预算向绩效预算的转型奠定坚实的民主基础。

四、预算权利运行的公法保障

理论上的公民预算权利属于应然层面,是确定权利主体、内容以及实施等基本制度的前提和基础,但如何使应然层面的法律效力转化为法的实效,成为一种法律上有效的、正当的、可强制执行的主张,[②]尤其是落实公民预算知情权、听证权、表达权、决策权以及问责权、诉讼权等具体权能,还需要在技术上、组织上和法律制度方面予以公法保障,[③]如图2－1所示。

一是技术保障机制。人大和政府组织向社会公开预算信息,这是预算实体权利行使的前提和必要条件,也是程序权利在现代预算控权品格上的要求,[④]更是公民获取预算信息和意见表达的宪法基本权利。作为公民预算权利行使的基本途径,《预算法》第45条就要求"采用多种形式"。预算公开的内容不仅包括权力机关如人大对预算草案初步方案的初步审查内容、过程和结果,还应包括政府机关的组织结构、职能、预算收支尤其是预算编制资料、说明资料和执行资料等信息。公开的方式可以采用广

① 参见牛美丽:《中国地方绩效预算改革十年回顾:成就与挑战》,载《武汉大学学报(哲学社会科学版)》2012年第6期。

② See Samuel S. ,*An Analysis of Rights*,St. Martin's Press,1984,p. 1－6.

③ 参见孙祥生:《论公民程序性权利的基本内涵》,载《学术交流》2006年第6期。

④ 参见黎江虹:《预算公开的实体法进路》,载《法商研究》2015年第1期。

播、电视、报纸和网络等大众传媒方式,也可以通过公民问卷调查、公民论坛、网络直播、民意调查、民主恳谈、预算听证等多种方式和途径。如美国,每年的年度预算书、预算分析书、历史资料表、政府预算附录、预算制度和概念说明都依据《阳光下政府法》向社会尽可能公开。我国部分地区财税实践中已经将预算联网监督作为日常预算管理监督的重要手段,运用查询分析、审查监督、监测预警、代表服务以及政策法规等主要模块构建系统化的技术保障机制。如河南焦作、上海闵行、安徽合肥等地举行政府预算初审公开听证会已成惯例,浙江温岭等地还通过互联网公示符合条件的项目库,交由社区居民直接投票决定项目支出优先顺序。

二是组织保障机制。作为公权力机关之外的私权主体,公民和社会组织借助新闻舆论的力量已经形成制约公共权力的有效机制,形成了相当于立法、行政和司法的组织权利,发挥了监督政府权力滥用的制度性功能。[①] 一方面,公民可以借助各级人大组织,通过民主程序的自我推介和公众选举方式建立各级公民预算参与人力资源库,经由专业化的培训和利益补偿机制,提高公民参与预算监督的能力和积极性。如温岭市新河镇人大尝试建立具有常设机构性质的专门实施机构——财经小组,调整公权主体与私权主体的关系,依赖人大系统内部建立的专家咨询机构协助人大代表审查政府预算。另一方面,公民可以通过自身力量组建公益组织,参与到预算监督之中。如深圳市的公共预算观察志愿者公益组织便是公民自发组织的公益机构,有效地促进了当地的预算公开和制度绩效,成为预算参与的重要力量。其实,2018 年《预算法》在修订后,也试图增强对政府预算的审查监督,如第 100 条就授权省级人大及其常委会制定有关预算审查监督的决定或者地方性法规。各地可以通过决定或者地方性法规的形式,以社会公众、中介组织、大众传媒为主体,重点建立和培

---

① 参见沈国麟:《镜头中的国会山——美国国会与大众传媒》,复旦大学出版社 2005 年版,第 37 页。

育具有评估和审计功能的市场主体组织，通过完善的组织保障机制促进公民预算权利在预算审查监督中的有效实施。

三是权利救济机制。预算本质上是国家和公民之间委托代理关系的契约，预算收入源于公民财产的让渡，公民自然具有知晓预算收支用途并参与决定用途的权利，如果不按照公民的要求便会产生国家责任，即使是在没有直接损害证据的情况下，“法律也应仍然允许公民采取提起法律诉讼的救济手段”。[①] 随着“违法即损害”理论的应用，各国立法和司法机关逐渐将行为的违法与否作为原告资格的判断标准。[②] 我国《宪法》第 41 条以公民基本权利的形式规定了公民对任何国家机关及其工作人员的批评建议权，以及对其违法失职行为的申诉、控告和检举权，这在某种意义上可以作为预算权利救济的宪法依据。2018 年《预算法》第 91 条也规定了公民具有对于预算违法行为检举、控告的权利。此外，《政府信息公开条例》已经就预算信息公开提供了行政复议和行政诉讼的司法保障，而 2017 年修正的《行政诉讼法》则确立了由检察机关作为公共利益适格主体提起行政公益诉讼的法律依据，可以作为预算违法行为的救济机制。至于预算权利救济可能导致过多公共资源的占用，完全可以在公民提起行政诉讼之前，设立行政或者监察前置程序，有效纠正预算违法行为。[③] 质言之，公民享有对于侵犯公共财产以及不符合财政法规的行为要求法律予以调整的权利，借助司法力量，对侵害公共利益的预算行为，如预算信息公开以及违法的公款消费、政府采购、政府投资等可以提出行政复议、行政诉讼，或者经由检察机关向法院提起公益诉讼。这既是公民参与公共预算在诉讼制度上的保障，也是我国《宪法》对于公民基本权利的确认。

---

① ［法］狄骥：《公法的变迁》，郑戈译，中国法制出版社 2010 年版，第 52 页。

② 参见颜运秋、周晓明：《公益诉讼制度比较研究——兼论我国公益诉讼制度的建立》，载《法治研究》2011 年第 11 期。

③ 参见蒋悟真：《中国预算法实施的现实路径》，载《中国社会科学》2014 年第 9 期。

预算既是国家机关权力运行的核心，也是公民参政议政的核心。2018 年《预算法》秉承控权法理念，使我国预算制度改革进入了一个全新的发展阶段，从政府预算蜕变为公共预算，既是我国经济改革的必然要求，也是当下温和、稳妥的政治改革和社会改革的突破口。① 作为民主治理改革的突破口，预算治理构造不能仅仅聚焦于公权力主体内部的预算管理权而忽视公民的预算权利；而作为预算治理的重要载体，公民的预算权利不能仅依赖地方治理策略下的行政赋权以及参与式预算实践中的口号式主张，而应将公民预算权利作为国家预算权力的本源和基础，探索公民预算权利和国家预算权力之间的法律关系，构建起相互制约、相互协调的预算权配置模式，从而夯实公共预算的群众基础、民主基础。

第二节 《预算法》中的中央与地方：以地方债管理主体为例

党的十九大报告对现代财政制度建设的基本要求，主要从预算制度、税收制度和中央与地方财政关系 3 个维度展开，但如果从主体关系划分，又可以归结为两个层面：一个是人大与政府的横向层面；另一个是中央与地方的纵向层面。其中，纵向层面又因我国存在五级政府预算的审查与批准、地方税中央授权与人大立法权限划分等形态，呈现纵横交错局面。《预算法》在修订后，除再次确认“分税制”外，对于中央与地方财政关系调整的重大举措莫过于适度放开地方债，授予省级政府自主发行政府债券的权力，可以视为中央对地方财政独立地位更深程度的确认。“开前门、堵后门，防止系统性风险”，也成了地方债管理的核心议题。虽然国发

① 参见刘剑文：《强国之道——财税法治的破与立》，社会科学文献出版社 2013 年版，第 6 页。

〔2014〕45号文提出,"中央政府实行不救助原则",《预算法》也对发债主体、发行方式、支出用途等进行了限制,但债券发行只限于省级政府,而且还需要遵守中央的限额管理,举债权限成为中央与省级人大双重约束的"审批制",理论意义上的"财政分权"演变成现实实践中的"财政授权",地方债仍面临诸多问题。本部分试图从地方债管理主体角度解析当前的制度缺陷,阐释中央与地方债务分权的制度逻辑,提出管理主体构建的基本思路,并就地方债责任追究制度提出宏观、中观与微观路径。

一、地方债管理主体缺陷

截至2021年6月末,我国地方政府债务余额接近27.6万亿元,一般债务和专项债务分别高达13.5万亿元和14.1万亿元,还有1751亿元存量债务尚未置换为政府债券。无论是一般债务还是专项债务,均呈现快速增加态势。在政府预算软约束情况下,中央对于地方政府债务的隐性担保也往往诱发后者道德风险问题,并呈现普遍较高的负债倾向。伴随经济增长放缓,作为地方政府主要偿债来源的税收和"土地财政"收入将面临巨大的偿还压力。[①] 为约束地方政府道德风险、防范地方政府债务失控而发生区域性和系统性财政金融风险,迫切需要厘清中央与地方在地方政府债务管理上的边界,并构建起适合我国国情的地方政府债务管理制度。这也有助于提高资金统筹使用效率,便于各级人大的审批和监督,符合公共财政的运作理念。地方债的治理问题,既是破解我国当前地方经济社会发展瓶颈的核心问题,也是构建与国家治理体系和治理能力现代化相匹配的基础工程。[②] 因此,作为肩负地方债预算编制、风险评估、债务预警、应急处置、信用评级以及责任追究的主体,地方债管理主体的构

---

① 参见《中国地方债务管理研究》课题组:《公共财政研究报告——中国地方债务管理研究》,中国财政经济出版社2011年版,第3页。

② 参见辜胜阻、刘伟:《实施新预算法亟需完善地方债治理机制》,载《财政研究》2014年第12期。

建就成为地方债治理的核心和财政体制改革的关键。

(一)中央“不救助”与省级政府“负总责”

《预算法》赋予省级政府举债权的规定，既是对其发行债券专享权的授权，也是对于其管理责任的限定。[①] 这一点也完全可以从国务院颁布的《关于加强地方政府性债务管理的意见》(以下简称国发〔2014〕43 号文)和国发〔2014〕45 号文的内容看出。两个规范性文件都明确提出：“中央政府实行不救助原则”“省、自治区、直辖市政府要对本地区地方政府性债务负责任”。此外，财政部《关于印发〈地方政府一般债务预算管理办法〉的通知》(以下简称财预〔2016〕154 号文)和《关于印发〈地方政府专项债务预算管理办法〉的通知》(以下简称财预〔2016〕155 号文)同时要求省级财政部门负责本省债券发行的信息披露和信用评级工作。这就在一定程度上限定了省级政府的适度救助责任。

从逻辑上讲，地方公共产品成本分担周期的长短引致了地方债的需求。[②] 当地方政府即期财政收入无法克服基础设施等长期投资所面临的代际成本分担难题，地方债就成为必然，从而为地方债和资本性支出的代际联结链条提供了理论依据。基于地方债的代际偿还特点以及弥补因地域差异所诱发的财政短缺功能，地方债既承载了公平与效率的发展逻辑，也承载了政府与市场、中央与地方财政分权的制度逻辑。

(二)国情不同管理体制也不同

我国在《预算法》修订之前没有赋予地方政府举债权，学术界的研究呈现国外研究多而国内文献少的一边倒现象。学术界对地方债管理主体的探讨可以划分为三个层面。一是在宏观层面，宗正玉教授把地方债的管理模式分为市场原则、共同控制、行政控制、法规管理 4 种类型，建议依

---

① 参见华国庆、汪永福：《论我国中央与地方财政关系的法治化——以地方债发行为视角》，载《安徽大学学报(哲学社会科学版)》2016 年第 5 期。

② 参见匡小平、蔡芳宏：《论地方债的预算约束机制》，载《管理世界》2014 年第 1 期。

据管理模式确定管理主体。① 国外有学者认为,地方债的失控是地方政府预算软约束的表现,地方债的管理应该从依赖于中央政府的拨款,逐步过渡到向国家发展银行,进而再向商业银行借款,最终实现资本市场融资4个阶段,从而将治理机制内化为市场约束。② 二是在中观层面,依据财政分权关系确定责任主体。尹启华教授和陈志斌教授认为,"分灶吃饭"的财政体制造就了地方政府的财政自主权,应该理顺事权与财权关系,在制度上确立地方政府独立的地方债责任,强化地方政府领导干部问责机制,进而形成地方债交由地方政府管理的制度安排。③ 赵晓宏教授认为,应当将地方债责任限制为地方政府独立承担,从而提高地方政府服务地方公众的动力。④ 但王蕴波教授和景宏军教授认为,地方债的责任承担应考虑到财政分权体制的差异,在社会压力下过度强调地方责任,可能会导致地方政府产生更高的财政赤字和债务的道德风险。⑤ 三是在微观层面,学术界对地方债管理主体的权限配置进行探讨。周小付和李鹏认为,地方债管理主体权限的设置,应结合制度约束与行政控制,按照财政体制类别进行分解,在举债权与举债责任之间建立动态的匹配机制。⑥ 张婉苏教授认为,应当增强省级政府对市县两级政府举债权限的灵活控制,或者可以通过对市县政府确需举债的项目,采取一事一议的办法进行审核,再报国务院备案后执行。⑦

---

① 参见宗正玉:《国外地方政府债务管理的基本情况》,载《财政研究》2012 年第 9 期。

② See Teresa M., Craig J., *Control of Subnational Government Borrowing*, in Teresa M. ed., Fiscal Federalism in Theory and Practice, International Monetary Fund, 1997, p. 156 – 172.

③ 参见尹启华、陈志斌:《国家治理视域下我国地方政府债务管理制度的演进及启示》,载《当代财经》2016 年第 6 期。

④ 参见赵晓宏:《加强我国地方政府债务管理的思考》,载《山东社会科学》2007 年第 12 期。

⑤ 参见王蕴波、景宏军:《地方债管理模式与构建地方政府资产负债管理能力的探析》,载《经济与管理研究》2012 年第 6 期。

⑥ 参见周小付、李鹏:《政府举债权分解背景下的举债权和举债责任匹配》,载《河北学刊》2015 年第 6 期。

⑦ 参见张婉苏:《地方政府举债层级化合理配置研究》,载《政治与法律》2017 年第 2 期。

通过文献梳理和政策梳理表明，理论上对地方债管理的研究仍停留在财政管理体制的比较，以及基于管理体制的权限配置上，还未触及地方债管理主体的功能定位，尤其在2018年《预算法》赋权地方政府发行政府债券之后，国内文献还未对地方债管理主体展开深入研究。

二、地方债与国债管理主体功能比较

《预算法》第34条在明确赋予财政部对国债统一管理权的同时，并未对地方债的管理主体作出规定，只在第35条赋予了财政部对地方债实施监督的职权。但在实践中，财政部既是地方债管理制度、规则的制定者，也可以对地方债实施规模控制、分省限额审批，在一定程度上代行了管理职权。这就造成法律与实践的矛盾，即在法律授权上，财政部只具有法定监督而非管理主体地位，那么，地方债是应交由财政部管理还是另外构建管理主体？财政部的监督地位与实践中的管理地位是否存在交叉？相较于国债，地方债具有一定的特殊性，能否直接适用于国债管理主体值得商榷，这也正是比较两者功能边界的逻辑前提，如表2-1所示。

表2-1 国债管理主体与地方债管理主体功能比较

功能与主体	国债管理主体	地方债管理主体
债务基础	国家信用	地方政府信用
债务权限	央地财政分权	省级以下权限划分依赖于省级政府； 省级财政负责债务信息披露、信用评级、分市县举债规模、债券发行与偿还等
偿债责任	中央政府	省级政府
存量债务	管理信息不对称	地方信息优势、预算硬约束

(一)债务基础区域性

与国债相比，地方债是以地方政府信用为基础，以地方政府财政收入和资产作为偿债来源并由地方政府发行的债券。基于债务基础的区域性,负责地方债发行、使用、偿还的管理主体就应有别于国债管理主体,也呈现区域性特点。[①] 进而,相较于国债以财政稳定为目标而交由中央财政部门以便于宏观调控,地方债则以地方政府多样化的资本支出为目标,理应交由地方管理方能适应需求。[②] 构建专门化的地方债管理主体可以有效避免传统的中央政府为地方政府代发代还债务而导致的变相担保和逆向激励。[③]

(二)债务权限差异性

地方债券由地方政府发行,本身就是在向市场宣告地方政府的独立性,本质上是财政体制分权化的体现。"分税制"改革赋予了地方尤其是省级政府较大的财政自主权,地方政府可以在法律明确授权的基础上行使债务管理权,即使《预算法》对地方政府的发债主体、债务规模、债务用途、举债方式和风险控制等方面进行限制,呈现明显的法规管理型特点,但这明显有别于以往中央对于地方债的行政控制型管理模式。因而"分税制"改革可以说是中央在综合考量我国财政体制和地方政府治理水平的基础上,对于地方债管理权限作出的巨大让步。在地方债管理权限方面,省级政府可以在国务院确定的债务限额内自主举债,在一定程度上保障了地方政府的债务自主权,这也有助于落实考核问责机制,使地方政府尤其是省级政府把政府债务作为一个硬性指标纳入官员的政绩考核之中。进而,对于地方债管理主体权限的明确,也有助于提升政府主要负责人作为第一责任人的使命感和紧迫感,真正落实国发〔2014〕43 号文和国发〔2014〕45 号文所提出的"中央政府实行不救助原则"。

---

① See Alesina A., Tabellini G., *A Positive Theory of Fiscal Deficits and Government Debt*, Review of Economic Studies, Vol. 57:3, p. 403 – 414(1990).

② 参见姜维壮、王倩:《地方债发行管理比较研究》,载《中央财经大学学报》2009 年第 10 期。

③ 参见张海星:《地方债放行:制度配套与有效监管》,载《财贸经济》2009 年第 10 期。

（三）地方财政体制特殊性

《预算法》第35条赋予了省级政府对省级以下债务规模总量和分地区限额的控制权。但当前不规范的省级以下地方财政体制，极易造成省级政府无法对省级以下地方政府实施债务预算硬约束，出现省级财政信用为地方债务背书的现象。省级政府代为发行省级以下地方政府债券并统一还本付息，变相使风险集中于省级，因而明确地方债管理主体尤其是省级管理主体的法律地位，就成为地方债管理体制改革的关键所在。① 这正是国债管理主体所不具有的地方财政体制特定性问题，也是今后我国深化财政体制改革的核心问题。

（四）存量债务复杂性

在2018年《预算法》实施之前，地方政府没有合法的举债权限，但又面临财政支出刚性压力，各级地方政府往往主要根据债务类型，实行举债机构各负其责制，导致当前缺乏统一的债务管理主体，更遑论债务决策、执行、监督等管理制度和机制的建立。② 同时，由于大量隐性债务未能反映在政府预算体系之中，导致省级以下的地方债务兼有存量债务和增量债务以及一般公共预算和政府性基金预算的双重矛盾。中央针对省级以下层面债务管理难度巨大的情况，如果构建专门的地方债务管理主体，将有助于弥补中央政府在地方管理体制中的信息不对称缺陷，进而实现债务风险控制和化解。③ 因此，与国债管理体制相比，构建地方债务管理主体并完善债务管理权限集中和权、责、利相统一的债务管理体制，就成为有效落实地方债“开前门、堵后门、防止系统性风险”的现实策略。

---

① 参见李青、韩立辉：《地方债务管理模式的选择：理论框架、国际比较及启示》，载《中国行政管理》2013年第1期。

② 参见成涛林、孙文基：《新型城镇化视角下的地方政府债务管理探讨》，载《南京社会科学》2015年第2期。

③ 参见杨志勇：《地方债治理的短期与中长期之策》，载《人民论坛》2015年第30期。

当前,多头举债、多头管理导致权、责、利配置失衡,难以形成债务预算硬约束,也不符合财政民主原理。而且,缺乏专门化的集中管理主体难以统一筹划、统一管理,影响预算编制的权威性和准确性,难以对债务风险做到事前预防、事中防范和事后化解。[①] 如果说,在《预算法》未赋予地方政府举债权之前,中央层面只需在财政部预算司之内设立层级较低的政府债务管理处、地方层面尤其是省级层面设立预算处就可以正常开展债务管理,那么在《预算法》赋予地方政府举债权之后,这样的管理主体设置则显得难以为继。

所以,在中央层面,构建起能够协调国家宏观经济目标、符合中央财政规划的地方债务管理机构至为关键,而在地方层面,构建起既能执行中央统一政策又能根据区域特点进行统筹规划、相互协作的管理主体,则成为当下财政体制改革的必然选择。

三、地方债管理主体的功能定位

基于债务区域性、权限差异性、地方体制特殊性和存量债务复杂性等因素,地方债有别于国债管理,管理主体的设置也就不可能简单套用国债管理主体。这可能是《预算法》在地方债管理问题上,只强调财政部的监督权而未明确其管理主体地位的主要原因,进而也为财政体制改革实践提供了探索空间。地方债管理主体的功能定位就需要以此为基点,从财政体制、债务运行、预算体系建设等角度展开研究,从而构建起适合中国国情的地方债管理主体。

(一)符合中央与地方“分税制”财政体制要求

地方政府财权自主性越高,中央对其硬预算约束能力就越强,“中央

---

① 参见杨雅琴:《我国地方政府债务管理制度的演进及改革》,载《现代经济探讨》2013年第8期。

不救助原则”可实施程度就越高;反之,承担兜底责任的可能性就越高。①在这方面,西方国家的地方债管理实践可供考察。单一制的国家普遍采用较集权的管理模式,中央政府对地方债的规模、用途、还款计划、风险控制等事项实行较严格的行政管理,地方政府举借债务需要得到中央政府的审批,或者满足中央政府制定的举债条件。联邦制国家则普遍采用相对分权的管理模式,通过制定地方债管理法规、规则并依据制度约束地方政府。无论是联邦制还是单一制国家,地方债的管理都不能完全脱离中央政府的控制。

因此,我国地方债的管理不能脱离中央与地方财政关系、地方政府治理水平、债券市场发育程度等多方面的制约。当前,我国政治体制和经济体制实行政治集权和经济分权的组合,政治集权形成地方政府的外在约束,经济分权促进地方发展积极性,在地方债的管理上,基于中央与地方之间非法治关系建立起来的政治控制机制发挥着巨大作用。基于制度变迁的路径依赖,地方债管理主体的构建还应当以中央负责顶层设计为主,采用渐进式改革路径。

(二)符合省级以下地方政府财政体制要求

规范化的“分税制”财政体制要求在明确各级政府支出责任的基础上,保障其相应的财政收入,核心是对于包括举债权在内的应有财权的保障。除中央与地方政府在财政体制上的分权化特点外,省级以下各级地方政府财政体制还具有鲜明的区域性特点。

中央对地方债管理体制上的分权措施,体现了地方债管理的区域性特征,契合了当前省级以下不规范的“分税制”财政体制。在某种意义上说,这既是对省级政府及其财政部门专享权的确认,也是对省级政府及其财政部门管理责任的明确。也正由此逻辑,决定了地方债管理体制中,省

---

① See Ashworth et al., *Government Weakness and Local Public Debt Development in Flemish Municipalities*, International Tax and Public Finance, Vol. 12:4, p. 395 – 422(2005).

级管理主体应当成为地方债管理的核心。因此，地方债管理主体的功能定位必须考虑省级以下财政体制的特点，确保债务管理的省级主体成为中央宏观政策的参与者、执行者和地方债管理制度的制定者、指导者，省级以下政府制定债务资金使用和监督的执行细则。[①] 进而，在地方债风险承担上，即使中央政府不救助，也应明确省级政府履行其对于省级以下各级地方债的适度救助责任。如国务院办公厅《关于印发地方政府性债务风险应急处置预案的通知》（以下简称国办函〔2016〕88 号文）就明确提出，当市县级政府存在特大或重大债务风险难以自救时，省级政府可依据市县政府申请予以适当救助。

（三）承担地方债管理的协调功能

我国地方债管理的突出特点就是债务存量大、种类多、结构复杂、化解困难等，而且以往债务管理主体依据债务类型进行划分，呈现多元化特点。[②] 随着 PPP（政府和社会资本合作模式，是公共基础设施中的一种项目融资模式）工作的深入推进，前期利用地方债投资的公益性投资和基础设施建设还需要财政后续的支持，债务增量刚性需求增大。因此，地方债管理主体的功能定位就需要立足现状，以化解债务存量为出发点，以控制债务增量为突破口，以构建体系化的债务管理制度为落脚点，确保债务合法、有序、安全。

1. 承担中央与地方层面的协调功能。地方债需要与国家的财政、金融政策相一致，与国家产业政策相衔接，必须保障中央政策、法规在地方债管理上占据主导地位。当前省级财政部门可以制定本省地方债的发行计划、确定期限结构和发行时点，但无法协调本省之外其他省市的发行冲突，也无法克服省际之间的不正当竞争现象，这就依赖省级以上的协调组织。因此，地方债管理主体的功能定位，既要根据各地债务风险、财力状

① 参见姜宏青、王硕：《我国地方政府债务管理制度实证研究》，载《华东经济管理》2012 年第 10 期。

② 参见罗党论、佘国满：《地方官员变更与地方债发行》，载《经济研究》2015 年第 6 期。

况等因素测算并控制地方债务发行规模、结构和发行时间，确保地方债务作为财政补充性来源；又要防止地方政府对于金融机构尤其是国有或者国有控股金融机构的不正当干预，并利用完善的债券市场规则来控制债务资金供给，隔断债务风险向金融风险的传导。①

2. 承担地方债务运行层面的协调功能。现有的地方政府存量债务，尤其是以地方投融资平台举借的债务，多数源于银行贷款并以国有土地出让金作为抵押，而且地方投融资平台已经成为政府力量和市场力量有效结合的中国式创新的PPP模式。② 这也是我国地方债风险区别于其他国家的主要特点。如果银行贷款政策收紧，地方债很容易出现资金断裂并诱发金融风险；而对"土地财政"的依赖，则使资金供给随土地市场变化而波动，而且难以为继。随着金融市场的发展，地方政府债券将逐步具备金融产品和信用工具功能，金融市场将是地方政府债券交易的重要平台，金融政策也已经成为地方政府举债的主要限制工具。③ 如果地方债不能顺利偿付，将直接影响金融体系的稳定，而后者本就是中央政府的重要政治责任。因此，地方债管理主体的功能定位就需要立足债务运行现状，综合财政部门、发展改革部门、金融监管部门等相关机构的力量，做好债务前期决策、中期执行和后期监督等工作。

3. 承担地方债务预算与政府预算体系的协调功能。地方债务纳入政府预算体系有助于预算的完整、透明，更有利于同级人大和社会的预算监督。地方债管理主体的功能定位就需要综合考虑一般公共预算与政府性基金的分工、一般债务和专项债务的区别、存量债务和增量债务的不同，通过政府债务分类管理、预算编制"两上两下"程序，逐步将地方债务预算

---

① 参见姜黎黎：《我国转型期财政风险与金融风险的相互转化研究》，中共中央党校2008年博士学位论文，第33页。

② 参见刘尚希等：《地方政府投融资平台：风险控制机制研究》，载《经济研究参考》2011年第10期。

③ 参见匡小平、蔡芳宏：《论地方债的预算约束机制》，载《管理世界》2014年第1期。

纳入政府预算编制体系之中，实现短期债务预算和中长期债务预算的有效结合。①

四、集中与分层次的管理主体

《预算法》第35条在赋予地方政府举债资格的同时，也对其举债的规模、方式、使用、偿还、风险防范等方面进行限制。从逻辑上讲，这是在中央财权集中体制下的财政分权，即在确保国家总体债务安全下，在确保债务与国家财政金融政策、产业规划相衔接的基础上，赋予地方政府尤其是省级政府自行决定是否举债、举债多少、举债项目安排，以及对于本辖区地方债务管理制定日常管理办法等债务管理权限。从某种意义上讲，这也是对地方政府承担本级政府债务偿还和对下级政府债务监督与适度救济责任的确认。因此，地方债管理主体的构建就需要从现实出发，立足《预算法》的逻辑，既要确保地方债不突破中央政府的管控，又能调动地方政府积极性。这就需要遵循集中与分层次管理相结合原则，集中管理不但体现在中央意志占据主导地位，而且也体现在财政部门作为债务管理的主导地位；分层次管理不但体现在各级政府及其财政部门对本级债务管理负责任，也体现在省级政府及其财政部门对于省级以下各级政府债务管理负责任。

（一）财权集中的管理主体

集中管理主体的构建包括两个集中，即中央和地方债管理主体财权的集中。一方面，中央财权的集中主要体现为中央财政控制能力，它可以为地方债管理提供制度保障、协调机制和沟通平台，协调地方政府发债规模、结构和时间，减少恶性竞争，降低债务利息和财政负担。另一方面，地方债管理主体财权的集中也为地方债管理提供了组织保障，可以有效收集全国各地债务信息，为中央决策提供全面准确的参考，并将中央的债务

① 参见樊丽明等：《中国地方政府债务管理研究》，经济科学出版社2006年版，第77页。

决策部署及时贯彻和落实。[①]

建立起债务决策、执行、监督相配合,资金"借、用、还"相协调的债务管理体制,从源头上控制债务风险,真正落实责任追究制度,符合"谁举债、谁负责"的市场化逻辑。同时,建立专门的地方债管理主体,可以防范道德风险,促进各级政府在发债时秉持谨慎态度,确保债务管理安全、高效。[②] 如果地方债务出现危机,可以通过责任追究、缩减人员编制、处置政府资产甚至提高地方公共服务收费等形式来提高政府、人大和公民对于债务管理的约束和监督,[③]从而实现债务管理的科学化、规范化。

(二)财权分层次的管理主体

分层次管理主体的构建体现为各级政府及其财政部门作为本级债务管理主体的地位,尤其是省级政府及其财政部门对于省级和省级以下各级债务管理责任的承担。"一级政府、一级预算"原则在逻辑上确立了各级政府是本级债务预算的管理人和责任承担者,地方政府主要负责人成为地方政府债务管理的第一责任人,这也为国发〔2014〕43 号文和国发〔2014〕45 号文所确认。同时,基于省级政府在本地区的特定地位,尤其是省级政府代替所辖市县举借债务并还本付息,应当明确其适度救助责任,这也为上述两个文件所提出的"中央不救助""省级政府对于本辖区地方政府债务负责任""省级政府对本地区政府性债务风险应急处置负总责"的规定所确认。

综上所述,构建集中与分层次管理主体成为当下地方债管理的现实选择,也是破解地方债管理难题的关键。在中央层面,整合目前各部门的债务管理职责,实施统合监管与专业监管相结合策略,组建国家政府债务

---

① See Ashworth et al. , *Government Weakness and Local Public Debt Development in Flemish Municipalities*, International Tax and Public Finance, Vol. 12;4, p. 395 - 422(2005).

② 参见佘国满、罗党论、杨晓艳:《地方资源禀赋、制度环境与地方债发行》,载《统计研究》2015 年第 5 期。

③ See Reinhart C. M. , Rogoff K. S. , *Growth in a Time of Debt*, American Economic Review, Vol. 100;2, p. 573 - 578(2010).

管理委员会。以财政部、发改委、自然资源部、央行、原银保监会、证监会、审计署等部门为成员单位，办公室常设于财政部并以其为主导，负责地方债务风险评估、债务预警、应急处置和责任追究等机制、制度的建立和完善，确保债务管理与国家宏观政策相衔接。

在地方层面，比照中央机构设置，设立上下对口的专门管理机构，负责同级政府债务汇总、适债项目审核、管理监督等工作。可以利用部分地方政府已经成立的债务管理领导小组，将相关部门内部有关地方债务管理的所有职能整合归并到专门机构，统一负责本地区债务管理和协调工作，并由财政部门统一负责地方债的预算编制、债务分配、发行与偿还。同时，基于省级政府在债务管理上的特殊地位，省级政府及其财政部门应全面负责省级及省级以下地方债务管理工作，包括信息披露、信用评级、分市县举债规模、适债项目审核、债券发行和偿还以及对下级政府债务管理的指导和考核等工作。

五、责任追究制度构建的三条路径

根据国务院《关于2016年度中央预算执行和其他财政收支的审计工作报告》，截至2017年3月底，审计抽查的部分省市仍然存在违规担保、集资、承诺还款或者约定以政府购买服务名义支付建设资金，对社会资本兜底回购、固化收益承诺等问题，违规举借的政府承诺以财政资金偿还债务余额有537.19亿元。违法违规情况导致财政风险持续增加，反映出当前地方债的监督问责存在较大缺陷。[①] 地方债的违法违规行为势必诱发债务泛滥，进而危及金融市场和宏观经济的稳定，加大中央政府的隐性兜底责任。一方面，地方债能否顺利偿付直接关系金融体系的稳定性，而这

---

① 参见成涛林、孙文基：《新型城镇化视角下的地方政府债务管理探讨》，载《南京社会科学》2015年第2期。

正是中央政府的政治责任。[①] 另一方面,当前省级政府发行政府债券还需要遵守国务院的限额审批,在央地事权与支出责任边界划分还不清楚的条件下,地方政府并非独立的财政实体,央地财政关系本质上是一体的。[②]

动员千遍,不如问责一次。习近平总书记在2017年召开的第五次全国金融工作会议上就强调,“各级地方党委和政府要树立正确政绩观,严控地方政府债务增量,终身问责,倒查责任”。可以看出,建立和完善地方债监督问责制度,既是防范地方债风险的有效制度,也是落实《预算法》规定的重要举措,更是当前债务治理的核心问题。

(一)“应当”还是“可以”:《预算法》的条文分析

2018年《预算法》第35条规定,国务院建立地方政府债务责任追究制度。从法律条文的目的性来看,这既是对国务院的授权,更是对国务院的限权,其自由裁量的属性应让位于法律强制性。换言之,国务院应当按照《预算法》的要求,本着忠实实施法律宗旨的正当方式,及时、科学地制定地方债责任追究制度,尤其在当前债务违法违规事件频发的情况下更有必要。但截至目前,针对地方债风险控制,国务院办公厅印发了国办函〔2016〕88号文,财政部印发了《地方政府性债务风险分类处置指南》(以下简称财预〔2016〕152号文);而对于地方债责任追究制度,虽然国发〔2014〕43号文和国发〔2014〕45号文都要求建立责任追究机制,却一直没有出台相应制度。

究其原因,一方面,可能是中央政府还没有意识到地方债违法违规问题的严重性,认为即使存在违法违规行为,当前的责任追究机制也能够有效化解;另一方面,也可能是地方债责任追究制度建构的难度较大,涉及

---

① 参见安立伟:《美国地方政府债务管理的民主思想分析与借鉴》,载《财政研究》2012年第9期。

② 参见黄韬:《央地关系视角下我国地方债务的法治化变革》,载《法学》2015年第4期。

人大政治体制安排以及官员利益固化问题。[①] 但是，从法律实施的角度来看，法律的生命在于实施，缺乏地方债责任追究制度的预算法难免会出现追责失灵的问题。

（二）地方债责任追究的实践情况

《预算法》的法律责任条款明确了地方违法举债或为他人债务提供担保的法律责任，但缺乏实施主体和实施机制，属于可问责性的静态列举，并未建立起动态的问责机制，导致地方债违法行为难以有效问责。在实践中存在以下问题：

1. 监督问责缺失有效实施主体。由于财政部与地方政府之间并无直接的隶属关系，财政部没有直接处理地方领导的管理权限，财政部发现违法举债、担保之后，均是通过与省级政府沟通之后交由后者处理。《预算法》第35条只规定财政部对地方债实施监督，并没有规定地方债的管理主体，财政实践中，地方债仍是多头管理，缺乏统一的管理主体，难以形成有效监管。[②]

2. 监督问责缺乏有效监督。一是对地方债违法行为的监督多是单向监督、内部监督。[③] 当前对地方债的违法行为，多通过行政机关内部，尤其是审计机关、财政部门专项监督或者执法检查监督，属于单向监督、内部监督，缺乏公民、社会组织的综合监督。二是监督问责多是行政处分、事后问责。缺乏人大追责的实施机制，难以应对责任主体、责任形式多元化的问题。[④] 同时，事后问责不能避免违法行为所产生的后果，难以将违法行为遏制在萌芽阶段。

---

① 参见赵静、陈玲、薛澜：《地方政府的角色原型、利益选择和行为差异——一项基于政策过程研究的地方政府理论》，载《管理世界》2013年第2期。

② 参见杨雅琴：《我国地方政府债务管理制度的演进及改革》，载《现代经济探讨》2013年第8期。

③ 参见程园园、田发：《地方政府债务预算透明度评估——基于广东、江苏、河南三省比较》，载《地方财政研究》2018年第2期。

④ 参见张海星：《地方债放行：制度配套与有效监管》，载《财贸经济》2009年第10期。

3. 责任条款缺乏配套措施。在当前地方政府财权与事权不匹配的财政体制下,《预算法》规定的“责令改正”难以有效遏制道德风险,但责任追究所规定的“撤职、开除”又未能区分违法情节、后果、责任人范围等因素,难以有效认定直接责任的主管人员和直接责任人。加之,实践中存在地方保护思想,导致实践中难以有效问责。[①]

(三)地方债责任追究的制度不足

设置预算责任的目的不是对于已经造成的损害进行补救,而是通过对行为人的制裁,促进预算编制科学化、民主化、法治化。如果违法违规事件频发而处理结果又与之不匹配,势必导致逆向激励、滋生机会主义,[②]进而产生借新债、还旧债的现象,周而复始地形成制度依赖。[③]

1.《财政违法行为处罚处分条例》部分责任条款失效的问题。地方债违法现象频发,凸显监督问责不力。当前对地方债的违法违规行为的处理,一直适用《财政违法行为处罚处分条例》的规定,由县级以上财政部门、审计机关作出处理、处罚决定,由监察机关或者任免机关给予行政处分,但针对国家机关及其工作人员的违法担保问题,该条例规定的责任明显低于《预算法》规定的责任。因为按照该条例第 10 条的规定,单位违法担保的,给予单位警告或者通报批评,对直接负责的主管人员和其他直接责任人员给予警告、记过或者记大过处分;造成损失的,给予降级或者撤职处分;造成重大损失的,给予开除处分。《预算法》第 94 条规定,对各级政府、各部门、各单位违法举借债务、提供担保的,责令改正,对负有直接责任的主管人员和其他直接责任人员给予撤职、开除的处分。依据新法优于旧法、上位法优于下位法原则,在 2018 年《预算法》生效之后,该条例

---

① 参见黄芳娜:《中国地方政府债务管理研究》,财政部财政科学研究所 2011 年博士学位论文,第 66 页。

② 参见《中国地方债务管理研究》课题组:《公共财政研究报告——中国地方债务管理研究》,中国财政经济出版社 2011 年版,第 68 页。

③ 参见胡奕明、顾祎雯:《地方政府债务与经济增长——基于审计署 2010~2013 年地方政府性债务审计结果》,载《审计研究》2016 年第 5 期。

的相关条款与上位法相冲突,已经丧失了适用的效力,地方债的违法担保问题就应该适用《预算法》的规定。但从财政部通报的几起地方债违法典型案例中,我们可以发现,部分省市未遵守《预算法》的规定。

2. 法律、行政法规优位性的缺失。2018 年《预算法》虽然对地方债违法情形进行了概括列举,也明确了责任适用情形,但预算违法行为缺乏执行主体、追责程序等配套规定,即使 2020 年修订的《预算法实施条例》第 94 条明确要求,不得"突破一般债务限额或者专项债务限额举借债务",却忽略了变相担保等违法情形,如果不突破债务限额,是否可以变相担保?而且对于"负有直接责任的主管人员"和"直接责任人"的范围,相关规定没有予以明确界定。地方债违法行为通常都是以地方政府常务会议等形式集体决定的,遇到责任追究时,往往无法找到具体的责任人,而只是将具体落实上级指令的下级部门予以处理,难免面临非议。

国发〔2014〕43 号文和国发〔2014〕45 号文虽然提出,各省、自治区、直辖市政府对本地区地方政府债务负责任,中央政府实行不救助原则,地方政府主要负责人要作为第一责任人,但追究责任的法律依据,以及追究责任的实施机制仍然缺乏法律和行政法规的规定。同时,国务院办公厅发布的国办函〔2016〕88 号文,要求各省级政府设立政府性债务管理领导小组,但根据审计署的报告,截至 2017 年 3 月,仍有部分省市未建立地方政府性债务协调机制。即使财政部印发了财预〔2016〕154 号文和财预〔2016〕155 号文,均规定违法举债、担保情节严重的,财政部可以暂停相关地区一般债券和专项债券的发行资格。但财政部的两个办法未能明确具体违法情形,而且财政部也只能就省级债券发行总量进行控制,省级以下债券总量分配仍依赖省级政府。可见,针对地方债责任追究,当前还未形成有效的法律法规体系,单纯地依赖下位法或者国务院、财政部的规范性文件,势必面临法律位阶不高、权威性不强、执行效果差等困难。尽管财政、监察、审计等部门可以依据相关法律法规执行预算问责,但若涉及人大预算监督、司法监督等体制问题，需要相关法律的明确和完善。①

3. 省级以下监督问责的内部化、行政化。秉承“开前门、堵后门、防止系统性风险”理念，2018 年《预算法》对地方债进行适度放开，本身就是对“一级政府一级预算”原则的落实，也是对地方政府预算独立权的尊重。②但将债券发行主体限定为省级政府，要求省级政府对本辖区债务负总责，却并未明确如何负总责，在中央不救助前提下，省级政府的“负总责”是否会导致省级政府的兜底责任？而且，省级以下地方政府不享有债券发行权，并不能阻止其利用融资平台、PPP 或者部门担保等规避管制。当前省级以下地方政府财政管理体制调整权限仍取决于省级政府。依据权责一致原理，如果地方政府被赋予债务权力，则理应受到相应债务责任的约束，地方政府才可以被看作“责任政府”。③ 地方政府债务权责分离与否，对债务风险生成及防范具有至关重要的作用。④ 否则，易产生非理性的机会主义行为，导致债务超常规增长。当前，地方债无论是数量还是违法违规行为，均呈现高发态势，已经表明目前的监督问责机制难以有效应对，亟须在体制机制上加以强化，这也是对《预算法》的落实。

反观我国对地方债违法违规行为的处理结果，可以发现，当前地方债的违法违规行为，多数是由各地专员办发现并上报给财政部，财政部往往只是将具体案件移送省级政府，由省级政府层层批转给下级政府，或者只是由省级政府将案件内部化处理。⑤ 这一方面反映出缺乏财政部直接处

---

① 参见马海涛、崔运政：《地方政府债务纳入预算管理研究》，载《当代财经》2014 年第 6 期。

② 参见楼继伟：《深化事权与支出责任改革 推进国家治理体系和治理能力现代化》，载《财政研究》2018 年第 1 期。

③ 参见崔军、朱志钢：《中国地方政府债务治理的路径安排：清理存量、创新体制、强化监管》，载《首都经济贸易大学学报》2011 年第 4 期。

④ 参见伏润民、缪小林：《地方政府债务权责时空分离：理论与现实——兼论防范我国地方政府债务风险的瓶颈与出路》，载《经济学动态》2014 年第 12 期。

⑤ 参见姚洋、张牧扬：《官员绩效与晋升锦标赛——来自城市数据的证据》，载《经济研究》2013 年第 1 期。

理地方政府违法违规行为的法律依据，另一方面也在一定程度上反映出地方保护主义现象。

（四）地方债责任追究制度的构建路径

责任有两种含义：一种为法律义务，指法律关系主体应为或者不应为一定行为的限制或者约束；另一种为法律责任，指不履行法律义务而应承担的不利法律后果。[①] 就法律义务而言，地方债关乎国家治理，在提升国家治理体系和治理能力现代化的语境下，国务院负有重要职责，《预算法》第35条授权国务院建立地方债责任追究制度的规定，当属国务院的法定义务。

建立和完善地方债责任追究制度可以考虑以下三条路径：

一是宏观路径。通过修订《预算法实施条例》，将地方债违法行为予以细化，区分不同的情形、后果和社会影响，明确责任人的范围。如果考虑到该条例的侧重点在于落实《预算法》的宗旨，则增加责任实施条款将势必造成该条例的条文数量增加，也与条例的总体理念不符。在当前该条例草案的基本内容难以达成共识的情况下，要求在该条例中规定责任追究制度，难以应对当前地方债违法行为的泛滥势头。

二是中观路径。通过制定地方债监督问责条例，将责任实施主体、实施机制等内容予以明确，将有效提升监督问责的制度效力。但如果考虑到当前中央和地方事权与支出责任难以划分，尤其是省级以下地方政府还未建立统一的地方债管理主体，地方债的监督问责难以克服地方保护的弊端，该条例的实施效力将大打折扣。

三是微观路径。通过修订《财政违法行为处罚处分条例》，将《预算法》中规定的责任条款明确写入该条例，细化违法行为、情节和责任人规定，修改相应的处理措施。如对于责任主体，可以由个人扩展到预算部门和单位。针对违法举债和担保行为，通过“行为列举＋兜底概括”模式，强

---

① 参见梁慧星：《民法总论》，法律出版社1996年版，第76～77页。

化问责的可实施性。在避免颁布新的行政法规的同时，将该条例修订作为落实《预算法》的规定，这也与《预算法》要求国务院制定地方债责任追究制度的初衷相吻合。

（五）地方债治理问责的多元化

通过对地方债责任追究制度三条路径的比较可以发现，微观路径契合当前地方债违法违规行为的主要方式，也符合立法成本与收益相当原则。但如果仅仅视地方债责任追究为国务院内部职权，单纯依赖行政问责，而忽视人大机关和社会的监督问责，则不利于发挥债务治理在国家治理中的重要作用。地方债问责是一种超越"违法问责"的责任机制，"代表着现代社会经济条件下责任作为一种系统性的制度结构所具有的整合和调节功能"。[①] 财政是国家的治理基础和重要支柱，作为现代财政制度的重要内容，地方政府债务既涉及中央和地方财政关系，又涉及政府与市场边界划分，更是以代议制民主制度为主导的预算民主规制政府的核心议题。[②] 责任追究不是目的，其只是促进债务治理体系和治理能力的手段。

2018年《预算法》秉承"控权法"理念，在赋予地方政府举债权的同时，要求各级地方政府债务预算议案经过人大常委会审批，通过预算法案的法律效力约束政府举债冲动，并对债务收支进行监督。[③] 此外，部分地方债责任追究理应纳入以人大为主体的代议制民主监督。党的十九大报告要求，构建全面规范透明、标准科学、约束有力的预算制度，代议制民主监督真正要起到实质性作用，核心问题还在于依赖债务治理法律责任体系，建立起多元化的治理机制。

一是对债务收入、支出、管理的规制，符合全面规范透明的预算要求。

---

① 史际春、冯辉：《"问责制"研究——兼论问责制在中国经济法中的地位》，载《政治与法律》2009年第1期。

② 参见邓淑莲、彭军：《地方政府债务风险控制的国际经验及启示》，载《财政研究》2013年第2期。

③ 参见杨志勇：《地方债治理的短期与中长期之策》，载《人民论坛》2015年第30期。

将地方债的管理全程分门别类地纳入一般公共预算和政府性基金预算管理，按照公益性资本支出要求，防止转入经常性支出。按照统一标准，通过“摸清家底”，区分直接负债和隐性负债，将其作为评价地方政府信用评级的重要参考，向社会进行公开，依赖市场监督倒逼地方政府预算硬约束。①

二是对债务预算绩效的规制，符合标准科学的预算要求。绩效预算是一种“以结果为导向，以绩效评价为关键，以分权为激励，以监督和责任为约束”的预算制度模式。② 地方债绩效预算以预算管理为基点，其实质是以可衡量的政府绩效来约束地方政府举债冲动，促进政府官员自觉高效地履行公共受托责任。一方面，通过对债务收支的经济性、效率性、效果性、公平性进行评价，作为下年度债务预算安排和官员晋升的重要参考，督促债务收支合法、有效。③ 另一方面，逐步实施权责发生制政府综合财务报告，将债务余额、利息核算、债务变动、财政平衡等真实信息反映出来，依靠社会资本监督反向助推债务治理效率。④

三是对债务责任形式的规制，符合约束有力的预算要求。财政问责主要分为三个层次：第一，政府内部的预算问责，即官僚问责；第二，专门机构如立法机构、审计部门的预算问责，属于横向问责；第三，公民参与和舆论的预算问责，属于社会监督。⑤ 值得关注的是，当前我们针对地方债责任追究范围除传统的行政、刑事和宪法责任外，还形成了独特的预算法责任，如针对债务违法违规行为，国务院和财政部采取的核减或者停止预

① 参见冯果、李安安：《中央代发地方债券的经济法分析——兼论政府间财政关系的法治化进路》，载《广东社会科学》2011 年第 4 期。

② 参见孟庆瑜：《绩效预算法律问题研究》，载《现代法学》2013 年第 1 期。

③ 参见尚虎平：《政府绩效评估中“结果导向”的操作性偏误与矫治》，载《政治学研究》2015 年第 3 期。

④ 参见戴传利：《我国地方政府债务融资监管立法模式选择问题研究》，载《江淮论坛》2014 年第 3 期。

⑤ 参见马骏：《治国与理财：公共预算与国家建设》，三联书店 2011 年版，第 160 ~ 189 页。

算资金拨付、返还资金、降低债务额度等行为也可以说是一种责任形式。人大针对政府不适当的决议、决定、命令可以予以改变或者撤销(《预算法》第20条、第21条),可以就预算重大事项或者特定问题组织调查(《预算法》第84条),以及特定事项提出询问或质询(《预算法》第85条)从而启动政治问责。

第三节 《预算法》中的中央与省级政府:以地方债治理为例

"省级"这一连接中央与地方并作为地方最高预算级次的主体,发挥着承上启下、上传下达的制度功能。由于我国的"分税制"改革只涉及中央与省级,名义上的"央地关系"往往演变为"央省关系"。国务院授权省级政府确定省级以下财政体制,省级预算单位可能交错充当了"规则制定者""政策执行者""纠纷裁判者""竞争参与者"四重法律角色。①

对于地方债的权限,无论是中央的"国债转贷""代发代还""自发代还",还是2014年《预算法》规定的"省发省还",承接主体均为省级政府,即使计划单列市政府可以自办发行政府债券,仍需省级政府批准。党的十九届三中全会重申了中央和地方"两个积极性",并要求赋予省级及以下机构更多自主权。虽然有学者认为,由于我国是执政党统一领导下的政治体制,中央与地方并非独立的实体关系,而在本质上是一体的,②但为何中央坚持不救助原则?而且在不救助的同时,中央仍坚持债务限额管理、审批各省举债额度,使应然层面的"财政分权"遭遇到了实然层面的"财政授权"。

如同之前财政部的"国债转贷"和"代发代还"极易演变为中央对地方

---

① 参见叶姗:《法律规制税收竞争何以可能——基于我国省级预算单位的四重法律角色》,载《比较法研究》2015年第1期。

② 参见黄韬:《央地关系视角下我国地方债务的法治化变革》,载《法学》2015年第4期。

债的兜底偿还,当前发债权限、额度分配、惩罚违约等职权专属于省级政府,而真正举借、使用、偿还的县市级政府却没有自主举债权。虽然部分省级政府也声称实施不救助原则,但省级政府的“统借统还”是否也会演变为省级政府的兜底偿还?名义上的地方债是否会演变为“省级债”?本部分在分析省级政府面临的三重困境基础上,试图引入整体治理(holistic governance)理论,[①]提出省级政府治理构造创新的规范化路径。

一、债务治理中省级政府的研究价值

从逻辑上讲,公共物品成本分担周期的长短不均引致了地方政府债务需求,当地方政府即期财政收入无法克服基础设施等长期投资所面临的代际成本分担难题时,举债就成为必然。[②] 进而,基于公共物品的时期受益原则和代际公平原则考虑,地方政府债务举借和资本性支出的代际分担就获得了理论正当性,[③]这也是国际通用的“黄金法则”将地方政府债务限于公益性资本支出而非经常性支出的核心要义所在。[④] 在债务预算软约束的情况下,中央政府的隐性担保也往往诱发地方政府的道德风险,呈现普遍较高的负债倾向,而伴随着经济增长的放缓,作为地方政府主要偿债来源的税收收入和“土地财政”,都面临巨大的偿还压力,[⑤]考验财政治理的智慧与能力,也考验国家治理体系和治理能力现代化水平。

在充分发挥地方政府主动性、积极性的同时,为约束其道德风险、防

---

① See Pollitt C. ,*Joined-up Government: A Survey*,Political Studies Review,Vol. 1,p. 34 – 49 (2003).

② See Temple J. , *The Debt/Tax Choice in the Financing of State and Local Capital Expenditures*,Journal of Regional Science,Vol. 34:4,p. 529 – 547(1994).

③ 参见[美]理查德·A. 马斯格雷夫、[美]艾伦·T. 皮考克主编:《财政理论史上的经典文献》,刘守刚、王晓丹译,上海财经大学出版社 2015 年版,第 103 页。

④ See Alesina A. & Tabellini G. ,*A Positive Theory of Fiscal Deficits and Government Debt*,Review of Economic Studies,Vol. 57:3,p. 403 – 414(1990).

⑤ 参见中国社会科学院财政税收研究中心“中国政府资产负债表”项目组、汤林闽:《中国政府资产负债表 2017》,载《财经智库》2017 年第 5 期。

范因债务失控而发生区域性和系统性风险，中央秉承谨慎态度，仅是将地方政府债务适度放开。典型案例表现在对《预算法》的修正过程中，一方面，二审稿和三审稿对地方政府债务态度明显不同。另一方面，2018 年《预算法》也只是明确了“开前门、堵后门，防止系统性风险”的思路，而在赋予地方政府举债权的同时，也对债务治理设置了诸多“紧箍咒”。①

诸多规定有助于将地方政府债务纳入规范化管理，但也在客观上强化了省级政府在债务举借上的专属权。一方面，《预算法》改变了传统的地方政府债务交由财政部“代发代还”“代发自还”等情形，授权省级政府在国务院规定的限额内可以自主决定发行政府债券。另一方面，《预算法》也排除了以往各级政府及其部门通过融资平台举借债务、融资担保等变相举债情形，明确了各级地方政府债务必须通过省级政府统一举借的要求。财政部随后出台了一系列“补丁式”的通知、实施意见、指导意见、暂行办法、管理办法和试点办法等规范性文件。② 这些规定虽然具有应急

① 如《预算法》第 35 条在授权地方政府举借债务的同时，就秉持审慎态度，主要从以下几个方面约束债务管理：一是举债额度限制在国务院确定的限额内；二是举债主体只限于省级政府；三是举债形式只限于发行地方政府债券；四是债务预算需要纳入预算调整，报请人大审批；五是债务支出限于公益性资本支出；六是明确要求建立债务风险评估和预警机制、应急处置机制以及责任追究制度。

② 按照财政部对省级政府及其财政部门关于地方政府债务管理内容的不同，可以将这些规范性文件划分为以下 3 种类型：第一种是对省级政府及其财政部门举借债务所作出的基本规定，目标在于协调债券发行问题。如《2015 年地方政府专项债券预算管理办法》（财预〔2015〕32 号）、《2015 年地方政府一般债券预算管理办法》（财预〔2015〕47 号）、《地方政府一般债券发行管理暂行办法》（财库〔2015〕64 号，已失效）、《地方政府专项债券发行管理暂行办法》（财库〔2015〕83 号，已失效）、《关于对地方政府债务实行限额管理的实施意见》（财预〔2015〕225 号）、《新增地方政府债务限额分配管理暂行办法》（财预〔2017〕35 号，已失效）、《地方政府土地储备专项债券管理办法（试行）》（财预〔2017〕62 号）、《关于试点发展项目收益与融资自求平衡的地方政府专项债券品种的通知》（财预〔2017〕89 号）、《地方政府收费公路专项债券管理办法（试行）》（财预〔2017〕97 号）、《试点发行地方政府棚户区改造专项债券管理办法》（财预〔2018〕28 号）等。第二种是对省级政府及其财政部门处理地方政府债务预算所作出的基本规定，目标在于落实债务预算管理问题。如财预〔2016〕154 号文、财预〔2016〕155 号文等。第三种是对省级政府及其财政部门关于地方政府债务运行的基本规定，目标在于防范和化解债务风险问题。如《财政部驻各地财政监察专员办事处实施地方政府债务监督暂行办法》（财预〔2016〕175 号）、《关于进一步规范地方政府举债融资行为的通知》（财预〔2017〕50 号）、《关于做好 2018 年地方政府债务管理工作的通知》（财预〔2018〕34 号）等。

性,但也在一定程度上增强了省级政府及其财政部门对地方政府债务管理制度的决定权。具体体现为两个方面:一是省级政府在债券发行、额度分配和债务限额上的决定权。财政部在重申省级政府(经省级政府批准,计划单列市可以自办发行地方政府债券)作为地方政府债券唯一发行主体的同时,明确了省级政府对省级以下地方政府新增债券规模、存量债务置换债券规模分配以及当年债务限额的审批权。二是省级财政部门统一管理地方政府债务的决定权。作为省级政府的组成部门,省级财政部门负责统一管理省级以下政府债务,在举债前负责做好债券发行的信息披露和地方各级政府的信用评级,在举债时负责制订全省债券发行计划,协调债券期限结构和发行时点,在举债后负责统一办理还本付息,并对未按时足额缴纳债券本息的市县可以采取扣回资金、披露违约信息等制裁方式。

作为联结私有财产转化为公共财产的桥梁,地方政府债务承载了市场与政府边界划分、中央与地方财权划分的逻辑。① 党的十八届三中全会提出,使市场在资源配置中起决定性作用和更好发挥政府作用,并将财政提升为国家治理的基础和重要支柱;党的十九大报告进一步要求赋予省级及以下政府更多自主权,试图通过现代财政制度提升国家治理体系和治理能力现代化。因此,厘清省级政府在地方政府债务治理上的法律地位,并以此构建适合我国国情的地方政府债务治理体系,既是地方政府债务管理的核心,又是我国财政管理体制改革的关键,更是国家治理体系和治理能力现代化建设的基础性工程。

二、省级政府的治理角色困境

2018年《预算法》虽然授予省级政府发行地方政府债券的权力,但仍

---

① 参见刘剑文、王桦宇:《公共财产权的概念及其法治逻辑》,载《中国社会科学》2014年第8期。

需遵照国务院批准的限额,报请省级人大常委会批准,而且并未明确省级政府在债务治理中的法律地位。可以看出,省级政府的举债权并非源于地方自治权,而是源于法律授权基础上的双重审批制。[①] 这种自上而下的财政分权管理体制决定了省级政府对地方政府债务管理体制的安排必然取决于上级政府,但反观我国省级政府在地方政府债务治理中的法律地位,理论和财税实践中对省级政府的角色认知还存在现实困境。

(一)央地财政分权的规范程度制约省级政府的法律地位

自1994年开始实施国务院《关于实行分税制财政管理体制的决定》(国发〔1993〕85号),我国逐步推进了"分税制"财政管理体制改革,中央与地方政府之间的财政关系进入了初步的法治化轨道。但限于"分税制"的初衷在于提高中央财政和国家财政收入"两个比重",而非明确央地事权与财权划分,导致"财权逐步上收、事权逐步下放",[②]省级以下各级政府面临财力短缺而支出责任增加的困境。即使在2018年《预算法》修正之前,我国在法律层面也并未放开地方政府举债权限,但各级地方政府通过融资平台、部门借贷等形式产生了大量的隐性债务,催使中央在1999年开始通过"国债转贷"形式为省级政府提供财力支持,2009年财政部开始启动地方政府债券"代发代还"模式,并逐步过渡到由省级政府"自发自还"的试点模式。[③] 可以看出,基于我国《宪法》所要求的"充分发挥地方的主动性、积极性的原则",中央对地方政府债务的态度从禁止到默认最后到逐步放开的过程,体现了中国财政管理体制改革的非制度化策略,[④]

---

① 参见华国庆、汪永福:《论地方债预算的制度逻辑与规范控制》,载《学术界》2015年第2期。

② 参见孔善广:《分税制后地方政府财事权非对称性及约束激励机制变化研究》,载《经济社会体制比较》2007年第1期。

③ 参见辜胜阻、韩龙艳、吴永斌:《我国地方政府债务的突出问题及其治理思路》,载《江海学刊》2017年第6期。

④ 参见王桦宇:《论财税体制改革的"两个积极性"——以财政事权与支出责任划分的政制经验为例》,载《法学》2017年第11期。

但也诱发了地方政府,尤其是省级政府“跑部钱进”的体制外支出,[①]以及中央政府承担隐性兜底责任的困境。作为“事实上的财政自主权”,这种通过地方财政实践不断强化自身地位而倒逼中央放松债务管制的举债权,是非正式制度下的妥协过程的产物,不是规范性的财政自主权,表面上体现为央地之间对于地方政府债务管理权责的不明确、不清晰,暗含的内容却是事权与财权划分得不明确、不清晰。[②]

地方政府债券由省级政府自主发行,本身就是在向市场宣告省级政府的独立性,本质上是地方政府债务管理体制分权化的体现,也是分税制财政管理体制改革的核心内容。2018 年《预算法》虽然规定,省以下地方政府不能自主发债,只能通过省级政府代为举借,而且即使省级政府具有统一举债权,债务总量、限额分配和债券发行等方面也要依赖国务院的审批,但这却是我国第一次通过法律形式赋予地方政府举债权,并通过一系列国务院和财政部的规范性文件予以明确,这些制度明显呈现由传统的行政控制向法规管理控制模式转变的基本特征。[③] 我国央地财政分权改革赋予了省级政府可以在法律明确授权的基础上行使举债权,显然是中央在综合考虑我国财政管理体制和国家治理水平基础上,对地方政府债务管理权限作出的巨大让步,也有别于以往中央对于地方政府债务的行政命令式管理,但仍呈现一定程度的行政控制型特点。

2018 年《预算法》在授权省级政府发行地方政府债券的同时,却未规

① 参见郭庆旺、贾俊雪:《地方政府间策略互动行为、财政支出竞争与地区经济增长》,载《管理世界》2009 年第 10 期。

② 参见熊伟:《地方债与国家治理:基于法治财政的分析径路》,载《法学评论》2014 年第 2 期。

③ 按照特蕾莎(Teresa)和克雷格(Craig)最早对世界各国地方政府债务控制模式的划分标准,可以归纳出行政控制、共同控制、市场原则和法规管理 4 种模式,我国对地方政府债务的控制明显体现出由行政控制向法规管理控制模式并重的转型特征。See Teresa M. , Craig J. , *Control of Subnational Government Borrowing*, in Teresa M ed. , Fiscal Federalism in Theory and Practice, International Monetary Fund, 1997, p. 156 - 172;刘继峰、曹阳:《我国地方政府债务法律监管研究》,载《法学杂志》2017 年第 8 期。

定其主体地位与管理权限，只在第 35 条授权财政部对地方政府债务实施监督。实践中，财政部既是债务管理制度、规则的制定者，也可以对债务总量实施规模控制、分省限额分配，在一定程度上代行了管理职权。这就造成法律制度与实践上的矛盾，即在法律授权上，省级政府只具有统一举债权而没有明确的管理权，而财政部只是法定监督主体而非管理主体。中央政府尤其是财政部可以单方面变更省级政府的管理权限，势必会冲击省级政府的财政自主权。

（二）省级政府的多重职能影响债务治理法律地位

当前我国“分税制”改革实际上只限于中央政府与省级政府之间，省级以下地方政府还未完全实行“分税制”，各省级政府主要参照国务院的“分税制”模式，采用“分税制”与“包干制”等分配体制。省级政府具有了设计省级以下财政管理体制的主导权力。[①] 即使国务院《关于推进中央与地方财政事权和支出责任划分改革的指导意见》（国发〔2016〕49 号）要求省级政府避免将过多的支出责任交由下级政府承担，但省级以下地方政府的财政事权与支出责任划分的决定权和争议裁决权依然专属于省级政府，[②]省级政府成为地方政府主要财力的集中者和支出责任的分配者。一方面，中央将省级以下收入分成办法交由省级政府处理，省级政府往往将主要行业、支柱产业等主要收入划归省级，或者在共享税的分享上占据主导地位。[③] 另一方面，当前我国对一般转移支付标准并未进行有效的分级测算，省级政府承担了中央财政一般转移支付在省级以下的分配者和执

---

① 参见马骏、侯一麟：《中国省级预算中的非正式制度：一个交易费用理论框架》，载《经济研究》2004 年第 10 期。

② 如在财政事权与支出责任争议的处理上，国务院《关于推进中央与地方财政事权和支出责任划分改革的指导意见》（国发〔2016〕49 号）规定，“已明确属于省以下的财政事权划分争议由省级政府裁定”。

③ 参见邓子基、唐文倩：《从新中国 60 年财政体制变迁看分税制财政管理体制的完善》，载《东南学术》2011 年第 5 期。

行者角色,这就意味着省级政府具有二次分配的权力。[①] 虽然为缓解基层财政困境,部分省份实施省直管县的财政管理体制,但这些措施反而增加了省级政府的财政权力。因此,具有特殊性地位的省级政府往往超越了本级政府的概念,俨然成了地方政府的代名词。

作为一级独立的政府层级,省级政府不可避免具有自身的利益追求,政府官员往往会千方百计地追求本级机构预算的最大化,追求对政府权力的有效控制,尽可能扩大本部门的规模。[②] 省级以下地方政府只能通过省级政府代为举借,并交由省级政府统一偿还,省级政府具有了对省级以下债务规模总量和分地区限额的控制权。财政事权、支出责任与财力、财权是对应的,如果仅仅依靠减少市县政府的财政事权而不增加其财力、财权或者不减少支出责任,省级政府依然可以将财力、财权上收或者将支出责任下放,进而增加下级尤其是更低层级政府的支出责任,从而恢复到变革之前的状态,进而导致更高的债务规模与财政赤字。[③] 在省级以下地方政府之间的财政事权与支出责任还不匹配的情况下,地方政府债务存量置换规模与增量额度的分配就对地方政府财力和财权的保障起到关键作用,支撑着地方经济的发展和公共物品的保障,由此也成为市县政府及其部门争取的对象。

在地方政府债务管理中,省级政府既是地方政府债务管理的受益者,又是参与债券规模分配的竞争者,还是地方政府信用的评价者和违约行为的制裁者。虽然部分省级政府(如四川、山东等省)陆续宣布,省级政府对市县政府债务也实行不救助原则。但作为债务规则的制定者、管理政策的执行者、债务资金的竞争者和债务纠纷的裁判者,省级政府具有多重

---

① 参见李万慧:《财政管理体制改革的现实因应:自治模式抑或命令模式》,载《改革》2012年第5期。

② See Niskanen W., *Bureaucracy of Representative Government*, Aldine-Atherton, 1971, p. 38.

③ See Ashworth et al., *Government Weakness and Local Public Debt Development in Flemish Municipalities*, International Tax and Public Finance, Vol. 12:4, p. 395 – 422(2005).

身份。[①] 正如上文所述,省级政府作为地方政府的代名词,明确债务管理权限有利于增强管理主体责任,但当前不规范的省级以下地方财政管理体制,易造成省级政府无法对省级以下地方政府实施债务预算硬约束,本质上就如同省级政府对省级以下各级政府的财政转移支付,[②]从而陷入省级财政信用为市县地方政府债务背书的困境。

(三)地方政府债务管理体制冲击省级政府的法律地位

由于2018年《预算法》实施之前,地方政府没有合法的举债权限,但又面临财政支出刚性压力,导致各级政府及其所属部门根据债务类型各负其责,基本上采用行政机关内部层级监管方式。即使《预算法》赋予了省级政府统一举借债务的权力,但由于省级以下地方政府的权责脱离,借、用、还的主体还不一致,极易诱发过度负债的道德风险。

在《预算法》未赋予地方政府举债权之前,省级层面设立预算处就可以正常开展债务管理活动,但在《预算法》赋予省级政府举债权之后,各级地方政府纷纷通过省级政府举借债务,债务存量化解与增量控制矛盾叠加,当前的管理体制设置就显得难以为继。[③] 经过对全国各个省级地方政府债务管理体制设置的考察,我们就可以发现一些问题。

一是省级政府债务管理主体不明确。虽然财政部要求省级政府的财政部门统一管理地方政府债务,多数省份将地方政府债务的具体管理职责交由省级财政部门下辖的预算主管部门。如湖北等15个省级财政部门(含1个计划单列市)就把债务管理权配置给预算处或预算局,并且这只是作为预算主管部门的诸多职责之一。少数省份将债务管理与金融管理合并,采用合署办公形式,如辽宁等5个省市。个别省份如江西等4个

① 参见温来成、仇赏月、王鼎:《中央不救助原则下地方政府债务管理的思考》,载《财政监督》2015年第6期。

② 参见张婉苏:《中央政府不救助地方政府债务的纠结、困惑与解决之道》,载《苏州大学学报(哲学社会科学版)》2016年第5期。

③ 参见王逸帅:《省级人大加强全口径预算审查监督的实证研究》,载《北京航空航天大学学报(社会科学版)》2017年第3期。

省级财政部门还未对债务管理主体作出明确规定。

二是省级政府债务管理层级比较低。如河北等14个省级财政部门(含3个计划单列市)参照财政部的设置模式,在预算处下设地方政府债务管理处,行政级别普遍为正处级。在中国的政治语境下,管理级别的高低决定了债务管理话语权的大小,对于动辄上千亿元的债务规模和市县政府的配额划分以及债务管理的诸多难题,这样的行政层级所遇到的困难可想而知。虽然部分省份在省级政府层面建立了地方债务管理沟通协调机制,如吉林、江苏、湖北等地,由省级主要领导担任组长,以财政、金融、发改委、审计等单位为成员组成政府债务管理领导小组,却不能解决专门管理主体权、责、利相统一的问题。

三是省级政府债务管理权责不清晰。2018年《预算法》第94条虽然对地方政府债务违法责任进行了明确规定,尤其是针对违规举债或者违法担保的,需要责令改正,对负有直接责任的主管人员和其他直接责任人员给予撤职、开除的处分,并且国发〔2014〕43号文和国发〔2014〕45号文还要求地方政府主要负责人要作为第一责任人。但当前债务违法行为的追责主体、责任实施和监督机制仍然缺乏法律和行政法规的规定,反映出省级政府的债务管理权责不清晰。从财政部陆续公布的各级地方政府及其部门的债务违法处理结果就可以看出,省级政府往往只是将财政部向其反映的违法举债问题批转给有关部门或者下级政府处理,导致责任追究"行政化",以及行政追责"大事化小、小事化了"。①

三、由管到治:省级政府的治理功能调适

承前所述,作为联结中央政府与地方政府的桥梁,省级政府的债务治

① 如2017年发生在山东、河南的违法举债担保行为,经财政部向省级政府反映后,两省都认定具体负责举借债务和担保的融资平台负责人为直接责任人,但也只是分别给予党内严重警告、诫勉谈话、行政降级等处分,远未达到《预算法》第94条规定的撤职、开除的明确要求。即使2018年《预算法》已经实施多年,但2018年湖南、广西等省、自治区的违法违规举债处理结果仍不符合《预算法》的相关规定。

理必然需要承载中央的意志,以体现《宪法》提出的"充分发挥地方的主动性、积极性"的前提——中央的统一领导。同时,2018 年《预算法》再一次通过法律形式明确提出"国家实行中央和地方分税制","分灶吃饭"的财政管理体制造就了地方政府相对独立的财政自主权。相对中央政府而言,省级政府成了省级以下地方政府的代名词,其会追求本地区利益的最大化;而相对省级以下地方政府而言,省级政府又成为本级政府的代言人,其势必会追求自身利益的最大化。因此,省级政府在地方政府债务治理中的现实地位,既承载了央地财政分权的逻辑,也承载了省以下财政分权的逻辑。对省级政府法律地位的探讨,就应当转换传统的债务管理为整体治理理念,从治理结构、机制设计、技术支撑等方面多元互动,[①]以实现《宪法》和 2018 年《预算法》的基本要求,符合地方政府债务治理的基本功能。

(一)"两个积极性":财政分权体制的基本方向

我国 1994 年"分税制"的实施确立了中央与地方政府分级财政管理体制,地方政府债务管理权的下放就成为"分税制"财政管理体制规范化的应有之义。[②] 受政治体制、政府治理水平和债券市场发育程度制约,不同国家呈现不同的债务管理体制,单一制的国家普遍采用较集权的管理模式,中央政府对地方政府债务的规模、用途、还款计划、风险控制等事项实行较严格的行政管理,地方举借债务需要得到中央政府的审批,或者满足中央政府制定的举债条件;联邦制国家则普遍采用相对分权的管理模式,通过制定债务管理法规、规则并依据制度约束地方政府。[③]

作为具有行政控制传统的国家,我国即使在向市场化和法治化转变

---

① 整体治理(holistic governance)强调,通过协调各层级政府及其部门之间、公共部门与私人之间的理念和行动,实现不同利益的协调治理,包括价值理念、组织结构等内容。See Pollitt C., *Joined-up Government: A Survey*, Political Studies Review, Vol. 1, p. 34 – 49(2003).

② 参见安立伟:《美国地方政府债务管理的民主思想分析与借鉴》,载《财政研究》2012 年第 9 期。

③ 参见冉富强:《我国地方政府性债务困境解决的法治机制》,载《当代法学》2014 年第 3 期。

的路径中，省级政府对地方政府债务的管理体制也难以避免制度变迁的路径依赖，不能脱离中央与地方财政关系、地方政府治理水平、债券市场发育程度等国情的制约。省级政府对地方政府债务的管理需要与国家的财政、金融政策相一致，与国家产业政策相衔接，必须保障中央法律法规在地方政府债务管理上占据主导地位。因此，省级政府在地方政府债务的治理理念上，应遵从"发挥中央和地方两个积极性"原则，以中央负责顶层设计为主，采用渐进式改革路径。

（二）"代名词"与"代言人"的利益统一：财政体制改革的基本要求

我国的"分税制"改革实际上仅涉及中央与省级政府，省级以下还严重依赖上下级政府之间的谈判和协调能力。由于目前省级政府具有确定省级以下财政管理体制的决定权，省级以下财政事权与支出责任的划分和裁决也依赖于省级政府，而且《预算法》还赋予了省级政府代替省级以下各级政府举借债务的专属权，真正使省级政府成了省级以下各级地方债务管理制度的设计者和主导者。国务院办公厅的国办函〔2016〕88 号文明确提出，当市县级政府存在特大或重大债务风险难以自救时，省级政府可依据市县政府申请予以适当救助。财政部的财预〔2016〕152 号文也提出，"省级政府可依据市县政府申请予以适当救助"。进而，从中央政府一系列规范性文件的表述中，我们可以明确地推导出以下逻辑：省级政府作为省级以下地方政府债务的统一管理者，必然成为地方政府债务潜在的最后还款人。

可以说，在法律上授予地方政府举债权以及在地方政府债务管理体制上的限制措施，体现了地方政府债务的区域性特征，[①]契合了"一级政府、一级财政"原则，也是出于对当前省级以下不规范的财政管理体制的考虑。《预算法》赋予省级政府举债权的规定，既是对其发行债券专享权

---

① See Alesina A. & Tabellini G. , *A Positive Theory of Fiscal Deficits and Government Debt*, Review of Economic Studies, Vol. 57:3, p. 403 – 414(1990).

的授权,也是对于其管理省级以下地方政府债务责任的限定,也正由此决定了在地方政府债务治理中,省级政府成为地方政府债务管理体制的核心。但如果作为省级以下地方政府债务的统一管理者,省级政府便需要承担兜底责任,则一方面可能会使其承担不可承受之重,另一方面则可能会激发省级以下地方政府的机会主义和道德风险,进而不利于债务危机的化解。地方政府债务的责任承担应考虑省级以下财政分权体制的差异,在不规范的财政管理体制下过度强调省级政府的兜底责任,可能会导致更大的财政赤字和更高的债务风险。

规范化的"分税制"财政体制要求在明确各级政府财政事权的基础上,保障其相应的财政收入,核心是对于包括举债权在内的应有财权的保障,①而在转轨期的省级以下财政管理体制中,财权与财力的保障都至关重要,而财权与财力体现在地方政府债务管理中,即债务管理制度制定的共同参与权。作为中央政府与地方政府的桥梁,在我国当前的财政语境下,省级政府既需要遵守国务院确定的债务规模限额、地方政府债务风险评估和预警机制、责任追究机制,以及财政部的具体管理规定,又需要确保自身成为中央宏观政策的参与者、执行者和地方债管理制度的制定者、指导者,还需要确保省级以下地方政府成为省级政府制定债务规则、分配债务限额的参与者以及资金使用和监督的执行者。

(三)治理体系和治理能力的现代化:债务治理的基本目标

在《预算法》授权地方政府举债之前,多头举债、多头管理问题突出,传统债务管理主要依据债务类型进行划分,隐性债务未能反映在政府预算体系之中,导致债务存量大、种类多、结构复杂、化解困难等问题。虽然2018年《预算法》已经限制地方政府通过省级政府统一发行债券形式新增债务,但前期利用地方债务开展的公益性投资和基础设施建设还需要财政后续的支持,隐性债务需要逐一甄别、置换。即使省级政府可以限制

---

① 参见张婉苏:《地方政府举债层级化合理配置研究》,载《政治与法律》2017年第2期。

市县政府的债务新增限额,但这并不意味着就能够有效遏制地方政府继续利用融资平台规避举债和担保的约束。当前债务存量居高不下、债务增量持续增加、隐性债务问题频发的现状就说明我国当前的债务治理还存在问题。作为省级以下财政管理体制改革的设计者和地方政府债务管理制度的主导者,省级政府的法律地位应立足于本辖区债务治理体系和治理能力的现代化,以制度完善为出发点,以债务稳健运行为突破口,以预算管理的民主化、法治化为落脚点,构建合法、有序、安全的治理体系。

一是承担地方政府债务管理制度制定与实施的协调功能。由于省级以下地方政府不具有发行政府债券的权力,而只能交由省级政府代为举借,债务能否发行、发行规模等权限都依赖省级政府,因此目前市县政府的举债权也并非地方自治权,而属于以省级政府为主导的行政审批权。一方面,省级政府需要承担地方政府债务管理制度的制定工作,明确地方政府及其部门的管理权限和职责。通过设计完备的管理制度和操作规程,构建债务举借、限额分配、信用评价、风险管理以及适债项目审批等具体规定,将债务管理纳入法治化轨道,必要时报请省级人大及其常委会审批,以民主化增强权威性、科学性。另一方面,省级政府需要承担地方政府债务管理制度的实施职能,通过构建省级以下各级地方政府对债务管理的层级控制模式,结合制度约束与行政控制,在举债权与举债责任之间建立动态的匹配过程,实行债务管理的权、责、利相统一。①

二是承担地方政府债务运行层面的协调功能。现有的地方政府债务,多数源于上级政府"以经济建设为中心"的政绩考核以及转移支付的配套资金,显性债务虽然可以纳入预算体系实行规范化管理,但包括地方

① 如有学者就认为,为了防范地方政府债务超常规增长,应建立与地方政府债务权力相匹配的责任约束机制,使之成为"责任政府"。参见伏润民、缪小林:《地方政府债务权责时空分离:理论与现实——兼论防范我国地方政府债务风险的瓶颈与出路》,载《经济学动态》2014 年第 12 期;周小付、李鹏:《政府举债权分解背景下的举债权和举债责任匹配》,载《河北学刊》2015 年第 6 期。

融资平台、PPP项目、政府购买服务以及养老金缺口、政策型融资担保等形式的隐性债务仍缺乏统一的统计口径，还没有纳入地方政府债务管理，这也是我国地方政府债务形式区别于其他国家的主要特点。[①] 作为政府力量和市场力量有效结合的中国式创新的PPP模式，[②]地方投融资平台多以国有土地出让收益为抵押，如果银行贷款政策收紧，地方债务易出现资金断裂并诱发金融风险。随着金融市场的发展，地方政府债券将逐步具备金融产品和信用工具功能，金融市场将是地方政府债券交易的重要平台，金融政策也已成为地方政府举债的主要限制工具，[③]如果地方政府债务不能顺利偿付，将直接影响金融体系的稳定，而对"土地财政"的依赖，则使资金供给随土地市场变化而波动，而且难以为继。[④] 加之，我国还不存在政府破产的法治传统和实践土壤，债务违约极易诱发系统性风险。因此，一方面，省级政府需要立足于债务运行的现状，以省级财政部门专业管理为主导，以发展改革部门、金融监管等部门的统合监管为辅助，做好隐性债务摸底、债券发行决策、资金监管和风险化解等工作。另一方面，作为地方政府债务统一还本付息责任的承担者，省级政府应立足于债务管理体制的稳健运行，通过省之间的资金调剂，必要时通过提供临时救助、拓宽财源、处置政府资产等财政重整措施来化解债务危机。

三是承担地方政府债务预算与政府预算体系的协调功能。地方政府债务纳入政府预算体系有助于预算的完整、透明，有利于同级人大和社会的预算监督。对于经由债券发行方式获得的新增一般债务和专项债务，需要分别考虑历年一般公共预算收入和政府性基金、专项收入数额，确保举借债务具有稳妥的偿债来源和偿债计划，符合债务安全的基本要求。

---

① 参见王立国、董微微：《中外地方政府债务管理比较研究》，载《城市问题》2014年第6期。

② 参见刘尚希等：《地方政府投融资平台：风险控制机制研究》，载《经济研究参考》2011年第10期。

③ 参见匡小平、蔡芳宏：《论地方债的预算约束机制》，载《管理世界》2014年第1期。

④ 参见毛晖、严笑羽：《化解地方政府性债务风险》，载《中国财政》2015年第21期。

作为地方政府债务的统一管理者，省级政府需要综合考虑一般公共预算与政府性基金的分工、一般债务和专项债务的区别、存量债务和增量债务的不同，实现短期债务预算和中长期债务预算的有效结合，以及地方债务预算与政府预算体系的有机衔接。

四、省级政府的治理构造创新

由于央地财政分权的规范程度、省级政府的多重职能以及地方政府债务管理体制的现实，省级政府在地方政府债务管理中的法律地位面临困难，但2018年《预算法》已经确立了地方政府的举债权，地方政府债务已经打开了前门，成为我国财政管理体制改革的里程碑。党的十八届三中全会更是将财政提升为国家治理的基础和重要支柱，作为现代财政制度的重要组成部分，地方政府债务应该立足于治理构造的创新，促进国家治理体系和治理能力的现代化。作为联结中央和地方政府并作为地方最高层级的政府管理机关，省级政府治理地位的实现，既需要从管理体制上落实"分税制"，又需要从治理模式上搭起制度篱笆堵后门，还需要从国家治理体系和治理能力现代化高度守住不发生区域性和系统性风险的底线。

(一)集中与分权管理体制的结合

在省级政府管理体制设置上，西方国家在普遍设立专门的省级债务管理机构集中管理地方政府债务的同时，通过法律法规明确省级以下地方政府的权利和义务，构建集中与分权相统一的管理体制。[①] 如加拿大的许多省级政府均设有管理地方政府债务的专门委员会，省级以下地方政府的举债行为需要获得省级政府的批准，省级政府可以对债务额度、类型、期限、支出用途以及地方政府债务余额上限作出限制，地方政府则必须按照省级政府要求实现预算平衡。当前我国省级以下的财政管理体制

① 参见樊丽明等：《中国地方政府债务管理研究》，经济科学出版社2006年版，第77页。

决定了地方政府在债务管理中还不具有相应的独立地位,其债务管理权取决于上级政府尤其是省级政府的意志,上级政府可以通过控制人事任免权和发动官员之间的竞争来间接地控制下级政府对于财政资源的支配和使用。[①] 只有适当协调集权与分权的关系,才能最大限度地提高国家治理效率。[②] 我国2018年《预算法》已经赋予了地方政府举债权,因此理应按照"适度集中、合理分权、分级管理"的原则,从地方债务管理机构、管理权限、监控指标以及责任承担等方面制定配套的行政法规。换言之,省级政府在地方政府债务管理体制上的创新需要从现实出发,立足《预算法》的逻辑,既要确保地方政府债务不突破省级政府的管控,又能调动各级地方政府的积极性。

一是构建集中与统一的管理主体。集中管理不但体现在省级政府意志占据主导地位,而且也体现在各级财政部门作为债务统一管理者的主导地位。[③] 集中与统一管理的主要目标在于提高省级政府和各级财政部门的控制能力,通过提升各级债务管理机构的行政级别,以便协调各级地方政府发债规模、结构和时间,减少恶性竞争,降低债务利息和财政负担,为地方政府债务管理提供制度保障、协调机制和沟通平台。建立起债务决策、执行、监督相配合,资金"借、用、还"相协调的债务管理体制,从源头上控制债务风险,落实责任追究制度。

二是构建分权与分层次管理主体。分权与分层次管理不但体现在省级以下各级政府的各负其责,而且也体现在各级政府所属部门的各负其责,还体现在权责的制度化、确定化。主要目标在于提高专门管理机构与业务管理机构的协调能力,确保债务管理与各级政府发展规划、宏观政策

① 参见周黎安:《转型中的地方政府:官员激励与治理》,格致出版社、上海人民出版社2008年版,第95页。

② 参见朱未易:《对中国地方纵横向关系法治化的研究》,载《政治与法律》2016年第11期。

③ 参见岳红举:《财政分权视角下地方债管理主体的构建》,载《地方财政研究》2018年第8期。

相衔接。除在省级层面成立地方政府债务管理委员会外，各级地方政府需要以财政部门为主导，以发改委、自然资源部、央行、原银保监会、证监会、审计署等部门为成员单位，负责地方政府的债务风险评估、债务预警、应急处置和责任追究等制度、机制的建立和完善，真正落实各负其责原则的基本要求。

三是明确地方政府债务的管理职权与职责。2018 年《预算法》第 35 条明确要求国务院建立地方政府债务责任追究制度，国务院的国发〔2014〕43 号文和国发〔2014〕45 号文也都提出建立责任追究机制，但是，一直没有出台相应的制度性规定。加之，2018 年《预算法》规定的法律责任缺乏实施主体和运行机制，导致当前违法违规举债行为屡屡发生却难以有效追究问责，即使各地参照《财政违法行为处罚处分条例》的相关规定执行，却面临责任较轻、条款失效等问题。① 中央除针对各省债务实行限额控制外，还没有将债务预算单列，尤其是没有针对各省债务破坏预算收支平衡的法律责任作出明确规定。2018 年《预算法》的规定既是对国务院的授权，也是对国务院职责的明确，国务院应逐步建立针对债务违法违规行为的问责制度，修订和补足《预算法实施条例》的缺陷，明确责任实施主体和配套措施，尤其是明确作为地方政府最高层级的省级政府的主体地位、执法权限以及追责机制，从而落实"谁举债，谁负责"的原则。

（二）市场约束与政府层级控制模式的结合

在地方政府债务治理模式的设置上，西方国家普遍采用相对分权的治理结构，通过制定地方政府债务管理法规、规则并依据制度来约束地方

---

① 按照《财政违法行为处罚处分条例》第 10 条的规定，对单位违法担保的，给予警告或者通报批评，对直接负责的主管人员和其他直接责任人员给予警告、记过或者记大过处分；造成损失的，给予降级或者撤职处分；造成重大损失的，给予开除处分。而按照《预算法》第 94 条的规定，对各级政府、各部门、各单位违法举借债务、提供担保的，责令改正，对负有直接责任的主管人员和其他直接责任人员给予撤职、开除的处分。可以看出，该条例规定的责任形式明显低于《预算法》的规定，在 2018 年《预算法》生效之后，该条例的相关条款与上位法相冲突，已经丧失了适用的效力，地方债的违法担保问题就应该适用 2018 年《预算法》的规定。

政府。联邦制国家的省级政府一般以市场约束机制为主,省级以下地方政府则更多采用以层级政府控制为主的约束方式。如美国的州政府可以自主决定本州范围内政府债务的日常管理制度,不需要征得联邦政府的同意就可以自主发行市政债券,并自行承担本级政府债务偿还责任。而在日本和法国等单一制国家,省级政府的债务治理则采用以层级政府控制为主、以市场约束为辅的模式,加拿大的省级政府债务采用市场约束模式,而省级以下地方政府债务则通过省级政府采用层级政府控制模式。[①]虽然我国具有单一制的体制传统,但随着"分税制"财政体制改革的推进,地方政府已经发展为具有独立税收和独立决策权的主体。《预算法》赋予省级政府统一举债权的规定,既是对地方政府债务分权管理模式的确认,也是对省级政府自行决定是否举债、举债多少、举债项目的安排,以及对于本辖区地方债务制定日常管理办法等债务治理模式的授权。这就要求在省级层面实行以市场约束为主导、以层级政府控制为辅助的治理模式,而在省级以下地方政府层面,则实行以市场约束和层级政府管理并重的治理模式。

一方面,在债务治理的市场约束模式上,省级政府既要按照国务院确定的债务限额发行债券,又要遵循财政部对债务的监督,还要对省级以下地方政府的债务实行通借通还、统一管理。这就不但要求在中央层面通过法律法规明确债务统计标准、发行规模测算、债务风险防范等内容,利用完善的债券市场规则来控制债务资金供给,确保地方政府债务只能作为财政补充性来源,而且要求在省级层面根据各地债务风险、财力状况等因素测算并控制地方债务发行规模、结构和发行时间。相较中央政府以国家稳定为目标而将地方债务监督权交由财政部行使,省级以下地方政府债务则以地方政府多样化的资本支出为目标,理应交由市场决定并由

① 参见[美]乔纳森·雷登等:《财政分权与硬预算约束的挑战》,《财政分权与硬预算约束的挑战》翻译组译,中国财政经济出版社2009年版,第74页。

地方政府尤其是省级政府自主管理。① 同时,地方政府债务是私有财产权向公共财产权转化的结果,债务规模的增加势必会产生对社会资本的挤出效应,导致对市场的替代,进而在抑制长期经济增长的同时,增加纳税人的整体负担。② 换言之,地方政府债务暗含了市场与政府的分野,承载了市场对政府在财政资源配置中的约束机制。构建市场约束型的债务治理模式可以有效避免省级政府为省级以下地方政府代发代还债务而导致的变相担保和逆向激励。

另一方面,在债务治理的层级控制模式上,省级政府必须契合省级以下财政管理体制的特点,提高规则透明度和债务自主权,实现省级以下各级政府在债务治理中权、责、利的统一。因为信息的不对称,省级以下地方政府的层级控制有助于弥补债务治理中的信息缺陷,解决当前存量债务和增量债务叠加以及债务风险控制和化解难题。③ 但这并不意味着省级政府就可以单纯依赖行政命令控制下级政府,而仍应通过信息披露、信用评级、分市县举债规模、适债项目审核、债券发行、偿还以及对下级政府债务管理的指导和考核等具体制度来规范债务管理,这不仅是其职权,更是其责任。如果地方债务出现危机,可以通过责任追究、缩减人员编制、处置政府资产甚至提高地方公共服务收费等形式来提高政府、人大和公民对债务治理的约束和监督,④从而实现债务治理的科学化、规范化,真正使各级政府尤其是政府主要负责人把政府债务作为一个硬性指标纳入官员的政绩考核之中,以实现 2018 年《政府工作报告》中提出的“省级政府对本辖区债务负总责,省级以下各级地方政府各负其责”的基本要求。

---

① 参见姜宏青、王硕:《我国地方政府债务管理制度实证研究》,载《华东经济管理》2012 年第 10 期。

② 参见[美]保罗·萨纽尔森、[美]威廉·诺德豪斯:《经济学》(第 18 版),萧琛译,人民邮电出版社 2008 年版,第 277 ~278 页。

③ 参见王帆:《新〈预算法〉下地方政府债务风险防控职责及划分》,载《地方财政研究》2016 年第 3 期。

④ 参见周娅等:《新西兰的地方政府债务管理》,载《中国财政》2008 年第 11 期。

(三)民主治理与法律治理的结合

长期以来,我国针对地方政府债务的治理,依赖中央和地方政府之间事实上的“上下级关系”,立足行政监管,从政治权威去控制地方举债行为,往往陷入预算软约束困境。① 作为私有财产权向公共财产权转化的结果,地方政府债务治理并不意味着市场机制对债务治理过程的退出,不能仅仅依赖充分发挥中央和地方的“两个积极性”,还应该充分发挥市场和政府的“两个积极性”。而作为国家治理体系和治理能力的重要内容,地方政府债务治理应当遵从现代财政理念,改变由政府作为单一管理主体的传统做法,逐渐转型为由市场、民众、社会和政府等多元主体交互共治的债务治理结构。②

一是行政治理向民主治理转型。地方政府债务治理与民主治理程度密切相关,民主治理程度越高,对其进行硬预算约束的可操作性越强;反之亦然。2018 年《预算法》确认地方政府的举债权,本质就是向市场宣告地方政府的独立责任,但当前地方政府债务交由省级政府统借统还的管理体制,实质上仍是以省级政府信誉为担保,反而可能产生市县政府逆向刺激的道德风险,无法调动地方政府提高债务治理的积极性。地方政府债务以地方财政信用和资产为担保,民众获取信息的成本更低,也就更关注于资金配置的有效性和分配的公平性。当省级政府肩负省级以下地方政府债务统一管理的主体责任时,就应当督促其改善债务治理结构,提升治理体系和治理能力现代化水平。首先,逐步实施地方政府债务预算的单独编列,③经由预算的公开倒逼下级地方政府审慎举债,并在资金支出上遵从人大和民众的意志。其次,逐步完善地方政府债券市场化定价机

① 参见黄韬:《央地关系视角下我国地方债务的法治化变革》,载《法学》2015 年第 4 期。

② 参见尹启华、陈志斌:《国家治理视域下我国地方政府债务管理制度的演进及启示》,载《当代财经》2016 年第 6 期。

③ 参见王婕、孟凡达:《我国地方政府债务预算管理展望》,载《现代管理科学》2018 年第 4 期。

制，通过政府综合财务报告的公开、透明来提升市场信用评价的可信度，并适时增加专项债券发行比例，建立与项目资产、收益相对应的市政收益债券制度，经由市场配置资源的决定性作用倒逼地方政府增强财政收支平衡能力。再次，逐步完善地方政府债务支出的正面清单，将债务支出限定于基础公益性项目而非竞争性领域来规制政府对市场的替代。最后，逐步完善债务违约、违法违规举债担保的法律责任和追责机制，实行经济责任与政治责任并重，建立终身问责、倒查责任制度，通过地方性法规、规章增强制度权威性、严肃性，防止隐性债务的泛滥。

二是行政治理向法律治理转变。当前我国针对地方政府债务的治理框架主要依赖以国务院《关于实行分税制财政管理体制的决定》为主导的一系列行政性规定，本质上仍为政府内部的层级控制。反映到省级以下财政管理体制中，体现为省级政府确定地市级事权与支出责任划分，地市级又确定所属县级的事权与支出责任划分，财力上收与支出责任下放、财力与支出责任不匹配诱发了下级政府尤其是基层政府在体制外追逐财力的冲动，即使在2018年《预算法》赋予地方政府合法的举债权后，仍不能避免地方政府采用规避法律规则的交易模式，导致隐性负债问题频发。可以说，不规范的财政事权与支出责任是当前举债规模扩大的根本原因。[①] 作为地方政府支出责任的对应权力，举债权是规范化的“分税制”体制下各级政府应有的事权，理应在划分政府间事权与支出责任的基础上，赋予地方政府包括举债权在内的应有财权。虽然当前我国针对地方政府债务治理，采用了“摸着石头过河”的政治策略，但非制度化的治理措施往往面临效力不高、政出多门、朝令夕改等问题。一方面，我国应当采取以立法形式划分政府间事权与支出责任的做法，通过宪法明确基本原则和划分框架，即使在宪法尚不具备修订条件的情况下，也应当通过政府间事权与支出责任划分法来规范省级以下地方政府的债务事权与支

① 参见毋晓雷：《地方债务风险及防控》，载《宏观经济管理》2013年第1期。

出责任。[①] 另一方面,作为现代财政制度的核心内容,地方政府债务应当属于基本的财政制度,理应遵守《立法法》第 11 条规定,通过制定“地方政府债务法”对地方政府债务治理职权、责任以及债务余额等内容进行规范和细化。

2018 年《预算法》虽然赋予了地方政府举债权,但省级以下地方政府的举债权只能附属于省级政府,通过省级政府的统一举借方可实现,在本质上只是授权省级政府发行地方政府债券的专属权力。中央虽然赋予了省级政府统一举借债务的权力,却未明确其法律地位和权限职责,但通过国发〔2014〕43 号文和国发〔2014〕45 号文声明了中央实行不救助原则,而且要求省级政府对本辖区债务负总责。作为承接中央与地方并作为地方治理的最高政府层级,省级政府的债务治理既是地方政府债务管理体制改革的关键,也是现代财政的核心内容。

“开前门、堵后门,确保不发生区域性和系统性风险”,是 2018 年《预算法》赋予地方政府举借债务权力的基本前提,也是当前地方政府债务治理的基本路径。地方政府债务治理承载了中央与地方、政府与市场分权化的逻辑,已经成为国家治理体系和治理能力现代化的基本组成部分,[②] 势必要求传统的债务管理转向债务治理,并内置于国家治理体系,突出中央与省级、省与省级以下、政府与市场等主体的多元互动。既要遵守《宪

① 2016 年国务院《关于推进中央与地方财政事权和支出责任划分改革的指导意见》(国发〔2016〕49 号)就明确提出,“要将中央与地方财政事权和支出责任划分基本规范以法律和行政法规的形式规定,将地方各级政府间的财政事权和支出责任划分相关制度以地方性法规、政府规章的形式规定”。2018 年 1 月 27 日国务院办公厅颁发了《关于印发基本公共服务领域中央与地方共同财政事权和支出责任划分改革方案的通知》(国办发〔2018〕6 号);7 月 19 日,国务院办公厅《关于印发医疗卫生领域中央与地方财政事权和支出责任划分改革方案的通知》(国办发〔2018〕67 号)也提出,“将地方各级政府间的财政事权和支出责任划分相关制度以地方性法规、政府规章的形式规定,加强法治化、规范化建设,确保行政权力在法律和制度的框架内运行”。可见,采用先易后难、稳妥推进的方式逐步解决中央与地方财政事权和支出责任划分,将是当下我国财税领域改革的主导路径,但分领域的推进也有助于为政府财政事权和支出责任的规范化、法律化提供经验积累和制度借鉴。

② 参见许聪:《省级人大预算监督权力考察——以 30 个地方预算监督条例(决定)为基础》,载《财政研究》2018 年第 10 期。

法》规定的“中央统一领导”，又要充分发挥“地方主动性、积极性”；既要发挥市场在财政资源配置中的决定性作用，又要发挥政府的有效作用；既要立足于央地财政分权，又要落实省级以下“分税制”改革；既要合理配置债务管理职权与责任，又要合理划分财政事权与支出责任。

第四节　《预算法》中的财政部门：以预算监督为核心

在我国当前的预算法体系内，作为预算的编制者、执行者和监督者，财政部门面临双重委托代理关系，即财政部门与人大之间存在委托代理关系的同时，又与预算部门之间存在委托代理关系。① 由于预算信息的不对称会引发道德风险和逆向选择，在加剧预算部门内耗的同时，大大降低预算资源的配置效率。因此，对预算编制和执行的监督机制一直是热点话题，但对具体预算部门的研究，目前还比较缺乏。

一、“预算监督”是“监督预算”的前提

通常意义上的预算监督，只讨论代议机关与政府之间的预算权力配置，而只将各级政府作为预算法的独立主体。作为各级政府的组成部门，部门预算和单位预算由于没有独立的财政收入与财政支出，不将其视为独立的预算主体，不具有独立存在的价值。② 但我国实行以部门预算为主导的公共预算改革，形成了以部门预算为主导的预算编制、执行和决算等程序。由于在预算编制过程中，“一下”时财政部门的预算控制数额具有强制性，导致预算部门的“两上”服从于“一下”，作为联结各级政府与预算部门之间的纽带，财政部门具有了预算资源的分配权。加之，各级财政部

---

① 参见[英]特伦斯·丹提斯、[英]阿兰·佩兹：《宪制中的行政机关——结构、自治与内部控制》，刘刚等译，高等教育出版社2006年版，第120页。

② 参见熊伟：《财政分税制与地方预算自主权》，载《武汉大学学报(哲学社会科学版)》2015年第3期。

门还肩负资金拨付、预算调整与调剂、绩效评价以及纠偏制裁等职能，承载了包括人大、审计和其他监督主体所不具有的信息优势，成了唯一能够适时介入预算管理全过程的专门监督主体，被学者称为“其他监督主体充分发挥效能的基础”。[①]

由此，财政部门对其他预算部门和单位的监督，也就具有了独立存在的价值，如果忽略中国的部门预算实践，而概括性地讨论预算监督，势必会脱离中国的国情，不利于构建中国的财税法理论，势必也会影响财税理论的现实价值。本部分试图从财政部门的预算监督权责切入，梳理当今世界预算监督的基本框架，结合中国的预算实践，提出适合中国财税发展路径的复合型预算监督模式。

二、《预算法》对财政部门的具体要求

财政部门是我国预算管理体制运行中的关键部门与枢纽机制。在我国《预算法》的预算主体结构与预算职权结构中，财政部门居于核心预算机构地位，行使核心预算机构的职能。[②] 财政部门不仅是预算收入的征收主体与组织征收主体，也是预算支出的具体执行主体；不仅是预算的具体编制主体，也是预算的具体执行主体；不仅是预算管理主体，也是预算监督主体，经常面临人大和预算部门的双重指责。[③] 财政部门既是实施《预算法》的责任主体，也是监督《预算法》实施的职权主体。清晰地界定财政部门的预算主体地位、预算管理职权、预算监督职责，是财政部门依法履职的前提与条件。

《预算法》中“财政部门”一词共出现 50 次。其中，“国务院财政部

---

① 王奎泉、石磊：《财政监督的博弈分析比较及制度优化——以浙江省为例》，载《财政研究》2015 年第 3 期。

② 参见於莉：《省会城市预算过程的政治——基于中国三个省会城市的研究》，中央编译出版社 2010 年版，第 38 页。

③ 参见河南省财政厅政研室调研组、何晞等：《焦作市预算管理制度改革调查》，载《财政研究》2009 年第 4 期。

门”一词出现14次,“各级政府财政部门”(含“地方各级政府财政部门”“县级以上各级政府财政部门”)一词出现8次,“省、自治区、直辖市政府财政部门”一词出现3次,“设区的市、自治州政府财政部门”一词出现3次,“县、自治县、不设区的市、市辖区政府财政部门”一词出现2次。其中,有28个条文直接规定了“财政部门”的职责与职权,若干条文通过对预算和决算的编制、审查、批准、监督以及预算的执行和调整所作出的法律规定和所提出的法律要求,直接或者间接地为财政部门的预决算行为提供了法律约束。① “财政部门”在预算法中出现的频次之高,以及财政部门所涉预算行为的重要性,均说明财政部门在我国预算体系中所处的地位极为特殊,而这在世界各国的预算法律制度中较罕见,如表2-2所示。

表2-2 《预算法》关于财政部门预算管理权责的表述概要

条目	内容概要
第14条	公开预算;说明重要事项
第25条	编制和执行预算;提出预算预备费、预算调整方案;报告执行情况
第26条	听取各部门预算执行情况
第31条	财政部部署预算草案编制具体事项
第32条	财政部制定收支分类科目、支出标准、绩效目标等规定
第34条	财政部统一管理中央债务
第35条	财政部监督地方债
第42条	财政部制定结转、结余资金管理办法
第44条	财政部门提交预算草案的初步方案
第52条	批复预算,抄送人大机构
第53条	组织执行预算
第57条	拨付、管理和监督预算支出
第59条	支配本级国库库款

① 参见孙开:《公共预算监督机制问题研究》,载《财政研究》2007年第10期。

续表

条目	内容概要
第60条	办理退付
第62条	组织预算收入、分析和报告本级政府
第64条	提出预算预备费的动用方案
第65条	管理预算周转金
第66条	省级政府的一般公共预算赤字报财政部备案
第69条	送交预算调整初步方案
第72条	财政部规定预算调剂事项
第74条	财政部部署决算草案编制的具体事项
第76条	审核和纠正各部门决算草案
第77条	编制决算草案,经审计后,报本级政府审定
第78条	提交决算草案
第80条	批复决算
第88条	监督检查预算编制、执行,并向本级政府和上一级财政部门报告预算执行情况
第90条	听取各部门预算执行情况
第97条	编制政府综合财务报告,报本级人民代表大会常务委员会备案

(一)财政部门的预算管理职责

财政部门的预算职责来自《预算法》的直接规定。通过对《预算法》中涉及财政部门的相关职责的整理,可以归纳总结出财政部门须履行预算公开、说明、编制、提交初步审查、执行、分析、批复、拨付、退付、报告、备案、报备、管理、监督、纠错、监督检查、审核17项具体预算职责。预算职责既是财政部门履行法定职责的具体要求,也是监督和检查等履职情况的具体依据,反映出多重角色交织状态,[①]如表2-3所示。

① 参见[美]阿曼·卡恩、[美]W.巴特利·希尔德雷思:《公共部门财政管理理论》,孙开等译,格致出版社、上海人民出版社2008年版,第168页。

表 2－3　《预算法》中财政部门的预算管理具体职责表述

职责项目	具体条目	具体内容
预算公开职责	第 14 条	公开经批准的预算、预算调整、决算、预算执行情况的报告及报表
说明职责	第 14 条	财政转移支付安排、执行的情况以及举借债务的情况等重要事项
编制职责	第 25 条、第 31 条、第 74 条、第 77 条、第 97 条	具体编制预算、决算草案； 具体编制预算调整方案； 编制政府综合财务报告
提交初步审查职责	第 44 条、第 69 条、第 78 条	在法定期限内将预算草案、决算草案、预算调整方案提交法定机关进行初步审查
执行职责	第 25 条、第 53 条、第 62 条	具体组织预算执行； 具体负责预算执行； 依法组织预算收入
分析职责	第 62 条	加强对预算执行的分析
批复职责	第 52 条、第 80 条	在法定期限内批复预算、转移支付预算，批复决算
拨付职责	第 57 条	及时、足额拨付预算支出资金
退付职责	第 60 条	及时退付依法需要退付的入库资金
报告职责	第 25 条、第 88 条	定期向法定机关报告预算执行情况
备案职责	第 66 条	省级政府预算执行中增列赤字备案
报备职责	第 97 条	将政府综合财务报告报送法定机关备案
管理职责	第 34 条、第 57 条、第 63 条、第 65 条	具体负责对中央政府债务的统一管理； 预算支出管理； 预算周转金管理
监督职责	第 35 条、第 57 条	监督地方政府债务； 监督预算支出
纠错职责	第 76 条	纠正各部门不合法的决算草案
监督检查职责	第 88 条	监督检查部门、单位的预算编制与执行
审核职责	第 76 条	审核各部门决算草案

(二)财政部门的预算管理职权

《预算法》赋予财政部门预算职责的同时,也赋予了财政部门相当多的预算职权,其中一些职责与职权是重合的,既是预算职责,也是预算职权。通过对《预算法》赋予财政部门相关预算职权的整理,可以归纳总结出财政部门具有管理权、监督权、支配权、建议权、动议权、知情权、审核权、纠错权、监督检查权、规则制定权 10 项预算职权。这些职权是财政部门履行预算职责的基本保障,也是不可推卸的责任,如表 2-4 所示。

表 2-4 《预算法》中不同层级财政部门管理职权

职权项目	职权主体	具体条目	具体内容
管理权	国务院财政部门; 政府财政部门; 本级政府财政部门	第 34 条 第 62 条 第 65 条	统一管理中央政府债务; 管理预算支出; 各级预算周转金
监督权	国务院财政部门	第 35 条	对地方政府债务实施监督
支配权	本级政府财政部门	第 59 条	支配各级国库库款
建议权	财政部门	第 62 条	向本级政府提出预算执行建议
动议权	本级政府财政部门	第 64 条	提出各级预算预备费的动用方案
知情权	国务院财政部门; 本级政府财政部门	第 66 条 第 90 条	知晓省、自治区、直辖市一般公共预算年度执行中增列的赤字; 知晓政府各部门预算执行情况
审核权	本级政府财政部门	第 76 条	审核部门决算草案
纠错权	各级政府财政部门	第 76 条	纠正本级各部门不合法的决算草案
监督检查权	各级政府财政部门	第 88 条	监督检查本级各部门及各单位预算的编制、执行
规则制定权	国务院财政部门; 国务院财政部门; 各级财政部门; 国务院财政部门	第 32 条 第 42 条 第 57 条 第 72 条	制定政府收支分类科目、预算支出标准和要求; 制定部门、单位结转、结余资金使用办法; 制定预算支出资金拨付办法; 拨付、管理和监督预算支出; 制定预算资金调剂办法

(三)财政部门对部门、单位预算编制、执行进行监督检查的法律要求

依据《预算法》的规定,财政部门在履行预算职责与行使预算职权中,除对预算支出、政府债务等进行预算管理、监督、检查外,对各部门的预算编制、执行进行监督检查也是财政部门的重要预算工作职责。《预算法》对部门、单位的预算编制与执行行为的具体法律要求极为明确,这些要求是财政部门开展预算监督的标准与尺度,如表2-5所示。

表2-5　《预算法》关于财政部门对预算编制、执行的监督检查规定

法律要求	具体条目	内容概要
部门须编制一般公共预算	第6条、第7条	一般公共预算包括各部门预算和税收返还、转移支付
部门预算的构成	第8条	本部门及其所属各单位
预算原则	第12条	统筹兼顾、勤俭节约、量力而行、讲求绩效和收支平衡
支出须以预算为依据	第13条	支出以经批准的预算为依据,未列入预算的不得支出
部门预算公开	第14条	政府采购向社会公开,并对重要事项作出说明
部门与单位预算行为职责	第26条	编制预算、决算草案;组织和监督预算执行;定期向本级政府财政部门报告预算的执行情况;上缴预算收入,安排预算支出
在规定时间内编制预算草案	第31条	各级政府、各部门、各单位编制预算草案
预算草案的编制要求与依据	第32条	遵守政府收支分类科目、预算支出标准和要求,以及绩效目标管理等,根据职能和事业发展的需要以及存量资产情况,编制预算草案
部门不得违法举债、违法担保	第35条	除发行地方政府债券外,不得以任何方式举借债务;除法律另有规定外,不得提供担保
收入须全部列入预算	第36条	政府收入全部列入预算,不得隐瞒、少列
支出须勤俭节约	第37条	贯彻勤俭节约原则,严格控制机关运行经费和楼堂馆所等基本建设支出

续表

法律要求	具体条目	内容概要
依规办理结转、结余资金	第42条	按照财政部规定办理
预算执行主体地位与责任	第53条	预算执行主体是各部门、各单位,对执行结果负责
依法征收预算收入	第55条	不得多征、提前征收或者减征、免征、缓征应征的预算收入,不得截留、占用或挪用预算收入
全部收入须上缴国库	第56条	全部收入应当上缴国家金库,不得截留、占用、挪用或者拖欠
支出受预算约束且须支出真实,支出须进行绩效评价	第57条	按照预算执行,不得虚假列支;各级政府、各部门、各单位应当对预算支出绩效评价
收支实行收付实现制	第58条	各级预算的收入和支出实行收付实现制
不得违法和未经同意支配和处置国库库款	第59条	各级国库库款的支配权属于本级政府财政部门
全部收支实行国库集中收付	第61条	实行国库集中收付
加强收入与支出管理	第63条	不得截留或者动用应当上缴的预算收入,不得擅自改变预算支出的用途
预算资金调剂须依规进行	第72条	预算调剂按照财政部规定
按规定时间编制决算草案	第74条	每一预算年度编制决算
决算草案编制须依法进行	第75条	决算草案应当与预算相对应,按预算数、调整预算数、决算数分别列出
审核决算草案	第76条	财政部门审核部门决算草案

续表

法律要求	具体条目	内容概要
在法定时间内批复决算	第 80 条	20 日内批复决算
监督检查单位预算执行,依法纠正违反预算行为	第 90 条	财政部门听取部门预算执行情况,依法纠正违反预算的行为

三、全面绩效管理对预算监督的目标约束

国发〔2014〕45 号文将现代预算制度目标确立为“全面规范、公开透明”。党的十九大报告将其提升为“全面规范透明、标准科学、约束有力”,并要求全面实施绩效管理。随后中共中央和国务院出台了《关于全面实施预算绩效管理的意见》,要求预算和绩效管理实现一体化,力争 3 ~ 5 年内基本建成预算绩效管理体系。这就为预算监督的功能拓展指明了方向。财政部门的预算监督势必需要从传统的预警、监控功能,重点转向绩效评价乃至纠偏制裁功能,[①]监督过程也就不能只限于事后监督,而成为贯穿于预算编制、执行与决算等预算管理全过程的约束机制。

(一)预算绩效监督的含义

首先,“全面”既是预算完整性的内在要求,也是预算绩效监督的必要条件,只有将政府收入与支出全部纳入预算管理,才能统筹预算收支平衡,建立和完善中期财政规划乃至中期预算管理,最终体现财政民主。其次,“规范”既是预算法定性的基本要求,也为预算部门和单位提供了评价标准与尺度,有利于提升预算绩效监督的有效性、科学性。如关于预算法定原则的要求,《预算法》第 13 条就将预算支出和预算调整纳入人大审批的法定程序,明确要求未经人大审批,不得支出和调整,从而在落实财政

① 参见王晟:《财政监督理论探索与制度设计研究》,经济管理出版社 2013 年版,第 35 ~ 36 页。

民主的同时,也为财政部门的预算监督提供了法律依据。再次,"透明"既是预算公开的核心要义,更是预算绩效监督有效落实预警监控功能的基本前提。只有公开透明,才能有效避免预算编制不科学所引发的频繁调整、预算决算变动过大等问题,才能有效缓解财政部门与其他预算部门的资金分配冲突,以及社会公众的责难。① 最后,作为党的十九大报告新增的预算建设目标,"标准科学、约束有力"不仅是预算编制的基本要求,更是预算执行、决算以及绩效评价的刚性标准,而作为其技术性支撑,全面绩效管理的引入则在提升预算监督科学性的同时,也为今后绩效评价结果与预算安排和政策调整挂钩奠定了基础。

与此同时,全面绩效管理的"全面"也就不能只限于一般公共预算、政府性基金预算、国有资本经营预算和社会保险基金预算等实体预算的全覆盖,还应当包括编制、执行、决算等预算程序的全过程;而且不仅包括预算支出绩效评价,还应当包括预算收入绩效评价等全方位管理。中共中央、国务院印发的《关于全面实施预算绩效管理的意见》就要求,将政府收支预算纳入全面绩效管理,增强财政可持续性,从而为收入绩效控制提供了方向。全面绩效管理的"绩效"不但可以为预算监督的预警监控功能提供技术指标参考,解决预算资源分配不透明问题,而且还可以成为纠偏制裁的重要依据,并以预算收入、管理与支出全程的绩效控制,形成闭路循环体系。只有以全面绩效管理引领预算监督,实施全过程预算监督,才能推动预算与绩效管理的一体化。

虽然以上几方面对预算绩效监督的定位有所不同,也各有侧重,但总体上仍呈现明显的绩效功能转型要求。值得注意的是,随着党的十九大报告对现代预算制度目标定位的提升,预算监督的重点也从微观事务的监督检查向宏观领域的监督评价转变,从一般监督向绩效监督转变。这

---

① 参见河南省财政厅政研室调研组、何晞等:《焦作市预算管理制度改革调查》,载《财政研究》2009 年第 4 期。

一点完全可以从财政部内设机构调整得出结论,如“监督检查局”变更为“监督评价局”,新增了预算绩效评价职能。

(二)预算绩效监督的内部控制

党的十八届四中全会将政府内部权力制约作为行政约束的重点,明确要求“分事行权、分岗设权、分级授权,定期轮岗,强化内部流程控制”。财政部门虽然初步建立了嵌入业务流程的预算绩效监督机制,但有学者认为,还存在与审计监督职能交叉、专职机构与业务部门信息不对称、事后监督与突击检查并存等诸多缺陷。① 以至于 2019 年财政部“三定方案”对内设机构作出重大调整,并设立地方监管局,试图从微观事务管理转向宏观政策实施的状态监督。但需要明确的是,对预算执行情况和财政收支检查职能的淡化,并非取消财政部门对预算执行情况的监督功能,而只是更加突出对预算支出的绩效评价和重大财税政策贯彻实施的监督。

首先,内部控制应围绕现代预算制度目标,针对不同预算制定相应的绩效评价指标,完善制度体系、执行程序和实施细则。《预算法》将政府预算体系分解为“四本预算”,并要求建立统筹衔接机制,2020 年《预算法实施条例》进一步明确了各个预算的收支范围。作为绩效评价的组织者和监控者,财政部门就需要完善定性与定量相结合的共性绩效指标框架,而作为预算支出绩效评价的具体执行者,预算部门则需要在相关行业、领域构建分层次的核心绩效指标和标准体系,实现预算绩效管理的全覆盖。

其次,内部控制应立足于部门和单位预算的绩效控制,重点对资源分配、资金使用和地方政府债务等领域实施全过程绩效管理,形成纵横交错的绩效监督机制。在纵向方面,加强预算模块化管理,对支出安排、政府

---

① 参见唐大鹏、王璐璐、武威:《预算分权下政府内部控制概念框架及实现路径》,载《财政研究》2017 年第 6 期。

采购、项目进度、债务收支等实行分级管理,形成绩效管理的自我完善机制。在横向方面,推行"互联网+监督"模式,将预算监督嵌入预算决算和国库支付系统模块,推动政府内部信息共享,实现数据联动和动态监控。

最后,内部控制应立足于全面绩效管理,构建专门监督与业务监督机构之间相互制约、相互协调的体制机制。财政部制定了《关于加强财政内部控制工作的若干意见》《财政部门监督办法》等规范性文件,试图按照内部控制目标差异细分责任分工,初步建立了嵌入业务流程的绩效监督内控机制。但有学者认为,独立性是预算监督客观性和有效性的前提,是预算监督的本质特征,①作为专门监督与业务监督机构之间的"缓冲器",②第三方机构因其专业性、独立性地位,可以有效缓解预算再监督难题。财政实践中应积极引入第三方绩效评价机制,形成政府外部评价、内部评价与第三方评价"合作共治"的体制机制,并通过绩效评价结果与预算安排和政策调整挂钩,倒逼各级政府将其纳入政府绩效和干部政绩考核体系,从而增强预算绩效管理的硬约束。

四、财政部门预算监督的功能主义逻辑

按照经典财政理论的理解,财政具有分配、调节和监督的三大职能,三大职能的实现离不开财政部门的具体实施,尤其是对涉及财政收支的有关经济活动进行监督检查。同样,财政监督的部分内容也需要通过财政业务活动来完成,如通过国家预算、财务计划的编制、审核进行的事前监督,通过审查预算、编制决算而进行的事后监督。所以,财政部门的预算分配、调节和监督职权在预算法案获得人大审批之后,就成为预算部门获取预算资源的权力,也成为财政部门的相对义务。就此种意义而言,由

① 参见孙开:《公共预算监督机制问题研究》,载《财政研究》2007 年第 10 期。

② 赵早早:《中国地方政府财政部门购买第三方机构预算绩效评价服务研究:模式演进与未来发展》,载《财政研究》2019 年第 10 期。

于支出主体与受体之间存在特殊的预算法律关系,不能简单地界定财政部门的预算职权属于"权力"还是"义务",而应当根据具体财税实践具体应用。

(一)构建新型财政监督运行机制

按照建立预算编制、执行和监督之间相互制约、相互协调运行机制要求,将全部财政收支活动纳入财政监督,构建纵向与横向相结合的新型财政监督运行机制,实现财政监督方式从监督检查向监督管理服务型转变,从一般监督向绩效监督转变。财政监督运行机制的基本框架由监督主体的职能结构、纵向监督运行机制、横向监督运行机制和财政监督信息系统四个部分构成。① 构建运行机制的基本框架,一要实行预算编制权、执行权和监督权相分离。二要建立以预算编制、执行和执行后的监督评价为核心的纵向财政监督运行机制。三要建立预算编制部门、预算执行部门和监督部门之间的横向财政监督运行机制。四要加快财政信息化建设,建立预算编制审核系统、预算执行监控系统和财政监督预警系统,为财政监督运行机制提供技术支持。②

(二)建立事前、事中、事后监督相结合的监督机制

为了适应公共财政对财政管理和财政监督新要求,应将财政监督贯穿于财政资金运行的每一个环节,建立起事前监督预警、事中跟踪问效、事后检查考评"三位一体"的财政监督工作方式。在事前监督阶段,应当通过例行审查、听证会等各种形式审核用款计划、费用开支,针对财税政策,应综合考虑社会成本和社会收益、近期影响和长远影响、可行性和合理性等因素。在事中监督阶段,主要将预算监督贯穿于财政资金收支的每一个环节,并针对预算执行和财政管理中的重要事项进行重点监督,如按照预算绩效评估标准,及时分析和纠正预算偏差,保障预算实施的合规

---

① 参见贺邦靖主编:《国外财政监督借鉴》,经济科学出版社2008年版,第103页。

② 参见王云霞:《治理范式下我国预算权法律规制的困境与突破》,载《现代经济探讨》2017年第2期。

有效。[①] 在事后监督阶段，主要利用事后预算绩效考评的结果，作为以后预算编制、优化财政支出结构、提高财政支出效率的重要参考，可以考虑将考评结果作为下一年预算安排的依据。[②]

（三）建立财政监察机构行使财政监督权

我国当前的财政监督除原有人大、监察、审计部门的预算监督外，还需要建立专门监督机构，以形成业务监督与专门监督相结合、内部监督与外部监督相结合的监督体系。值得注意的是，当前执行预算监督的机构设置不合理、不健全，存在结构性问题，内部监督问题突出。如现有财政监督机构主要负责监督规范的制定、解释、补充、宣传，无力执行具体规范的监督，而其他业务机构在经办具体业务的同时，不能超脱、专业、持续地执行具体规范的监督。[③]

针对上述不足，建立专门监督主体、依靠具有一定的组织形式和活动手段的专门机构——财政监察机构显得非常必要。财政监察机构的职能专门化和不直接经营分配工作的超脱地位，使其可以承担这一部分的监察职能。财政监察范围不能只限于财政收支，而应当关注预算实施落实党和国家发展政策的程度，包括对违反发展规划和财政法律法规行为的揭示和治理。这是由财政职能的广泛性和深入性所决定的，也是由财政职能基于私有财产权转化为公共财产权的特殊性所决定的。[④]

（四）提升财政部门监督目标层次

财政作为部门预算的内部监督主体，具有人大、审计等其他部门所不具有的信息优势。目前，财政对部门预算的监督主要是对某些微观的突

---

① 参见贺邦靖主编：《财政监督文集》，中国财政经济出版社2007年版，第126页。

② 参见马海涛：《完善财政监督体系的若干思考》，载《中央财经大学学报》2009年第10期。

③ 参见唐大鹏、王璐璐、武威：《预算分权下政府内部控制概念框架及实现路径》，载《财政研究》2017年第6期。

④ 参见许一鸣、陈志宁：《强化财政监察的几个认识问题》，载《财经理论与实践》1990年第1期。

出问题进行专项治理,如财税物价大检查、清理“小金库”、清查预算外资金等。不可否认,这些措施对完善部门预算具有重要的作用。但我们更应认识到,在市场经济体制和公共财政的框架下,财政监督除发挥其在微观领域的监督作用外,还应体现其更高层次的作用,即通过监督促进预算优化资源配置、公平收入分配和调控经济三大职能的实现。① 如果财政部门的预算监督不到位,这些宏观目标都将无法得到保障,部门预算的实施也就失去了方向。要改变传统保守的财政监督观念,即认为财政监督只是对违反预算规章制度的人员和行为进行处罚,片面地把财政监督与预算管理割裂开来,应着眼宏观层面,把财政监督作为促进预算职能实现的手段。② 为适应深化部门预算改革的需要,部门预算监督方式要相应地进行转变,由周期型监督转向即时型监督、由粗放型监督转向细致型监督、由秘密型监督转向公开型监督。

(五)行政型财政监督模式向立法型财政监督模式过渡

现阶段,我国财政监督工作效率不足,这与行政型财政监督模式有关。行政型财政监督的显著特点是监督机构隶属于政府,或者隶属于政府某一部门。从理论上讲,我国财政监督的力量应包括人大监督、审计监督、财政部门的财政监督、司法监督和舆论监督等。但实际上,真正起明显作用的目前只有审计监督和财政部门的财政监督。

独立性是财政监督的本质特征,也是财政监督的客观性和有效性能够实现的前提。③ 要使代理人的主要精力从处理代理人集团的内部关系上,转移到维护委托人利益即实现财政的三大职能上来。具体而言,应该将各级审计部门划归人民代表大会领导,人大作为委托人对政府行使监

---

① 参见[美]理查德·A.马斯格雷夫、[美]佩吉·B.马斯格雷夫:《财政理论与实践》,邓子基、邓力平译校,中国财政经济出版社2003年版,第18页。

② 参见王淑杰:《政府预算的立法监督模式研究》,中国财政经济出版社2008年版,第36页。

③ 参见孙开:《公共预算监督机制问题研究》,载《财政研究》2007年第10期。

督检查和绩效考核权的机构，使社会公众由理论委托人变成真正的委托人。[①] 只保留财政部门的财政监督机构作为政府的内部控制机构，形成外部监督和内部控制相结合的双重监管体制、架构。[②]

五、中国特色复合型预算监督模式的构建

就委托代理理论而言，政府预算监督是公共受托责任关系基于经济监督的要求而进行的经济控制活动。公共财政学认为，政府存在的必要性源于市场失灵，即政府提供市场机制所不能满足供给的公共物品。在本质上，政府通过政府预算提供公共物品和服务是政府接受公众委托与授权，承担的公共受托责任。作为一种委托代理关系，政府预算具有特殊性。[③] 首先，政府预算所体现的委托代理关系层次复杂，代理链条长，容易产生"逆向选择"和"道德风险"等代理问题。[④] 其次，政府预算所体现的委托代理关系出现"所有人虚位"，导致纳税人"理性忽视"和"激励不足"等问题。[⑤] 最后，预算资源产权的非排他性、非可分割性和消费商的非竞争性，以及代理人追求自身利益的最大化，在一定程度上削弱了激励的内在动力，出现"激励不足"问题，导致公共资源在运行中的损失与浪费。[⑥]

党的十八届三中全会提出，财政是国家治理的基础和重要支柱，科学的财税体制是优化资源配置、维护市场统一、促进社会公平、实现国家长

---

① 参见李越冬等：《最高审计机关在维护财政政策长期可持续性领域的经验与启示——基于48个国家最高审计机关的审计实践》，载《审计研究》2015年第3期。

② 参见马向荣：《我国财政监督模式架构的过渡：行政型与立法型》，载《改革》2008年第4期。

③ 参见安秀梅、徐颖：《完善我国政府预算监督体系的政策建议》，载《中央财经大学学报》2005年第5期。

④ 参见[美]理查德·A.波斯纳：《法律、实用主义与民主》，凌斌、李国庆译，中国政法大学出版社2005年版，第131页。

⑤ 参见陈家刚：《参与式预算的理论与实践》，载《经济社会体制比较》2007年第2期。

⑥ 参见马骏：《中国公共预算改革：理性化与民主化》，中央编译出版社2005年版，第128页。

治久安的制度保障,并将实施全面规范、公开透明的预算制度作为预算改革的根本目标,从而为预算体制确定了新的功能定位和改革方向。[①] 2018年《预算法》以规范政府收支行为及建立健全全面规范、公开透明的预算制度为根本宗旨,将现代公共预算理念融入预算法律规范中,逐步实现由政府预算向公共预算的转变。[②]

预算过程中的委托代理问题的解决方法有两个:一是设计和建立激励机制;二是设计和建立监督机制。[③] 因此,在当前尚未解决"激励不足"问题的情况下,应当依靠建立和完善政府预算监督制度和监督体系,通过有效的内外监督机制,使代理人对公共资源的来源、使用和结果承担起相应的公共受托责任。接受其委托人——社会公众及其代理人、立法机构的授权和监督,从而保障公共资源使用的经济性、效率性和有效性。

(一)立法监督与行政监督相结合

在立法监督方面,我国已经形成了全国人民代表大会及其常务委员会、地方各级人民代表大会及其常务委员会对预算和决算全口径综合监督体系。人大财经委以及有关专门委员会依据《宪法》《全国人民代表大会议事规则》《各级人民代表大会常务委员会监督法》《全国人民代表大会常务委员会议事规则》《全国人民代表大会组织法》《地方各级人民代表大会和地方各级人民政府组织法》《预算法》对预算和决算进行专门监督,人大常委会预算工作委员会依据法定职责进行相应的工作监督。在行政监督方面,各级政府及其相关部门对于预算和决算进行综合监督,审计部门进行专门监督,如图2-2所示。

---

① 参见高培勇:《论国家治理现代化框架下的财政基础理论建设》,载《中国社会科学》2014年第12期。

② 参见蒋悟真:《中国预算法的政治性和法律性》,载《法商研究》2015年第1期。

③ See Caiden N., *A New Perspective on Budgetary Reform*, Australia Journal of Public Administration, Vol. 48:1, p. 51-58(1988).

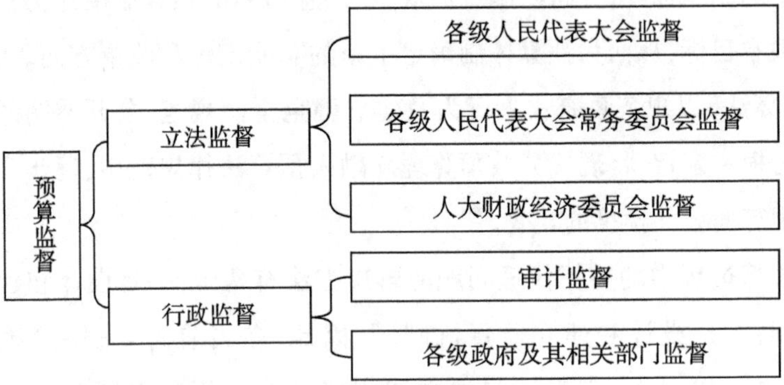

图 2-2 立法监督与行政监督运行机制

(二)外部监督与内部监督相结合

基于预算管理的特殊属性,我国预算监督可以从各级政府部门内部和外部进行划分。各级人大及其常委会的法律监督和公民、法人、社会组织的社会监督,以及审计部门依据《宪法》《审计法》《预算法》所进行的独立性审计监督,共同组成了预算外部监督体系。①

在政府内部监督方面,各级政府作为预算部门的上级,在法律地位上具有当然的监督职能,部门预算需要在政府职能要求之内进行编制和执行,也应当服从和服务于政府目标。② 在财政系统内部,上下级财政部门既有业务指导关系,也有工作监督关系。在财政系统外部,各级财政部门可以对各级预算部门和单位进行预算监督,而这也被《预算法》等法律法规所明确,如图 2-3 所示。

① 参见叶青:《如何实行全过程的预算监督》,载《经济研究参考》2015 年第 34 期。

② 参见[英]特伦斯·丹提斯、[英]阿兰·佩兹:《宪制中的行政机关——结构、自治与内部控制》,刘刚等译,高等教育出版社 2006 年版,第 122 页。

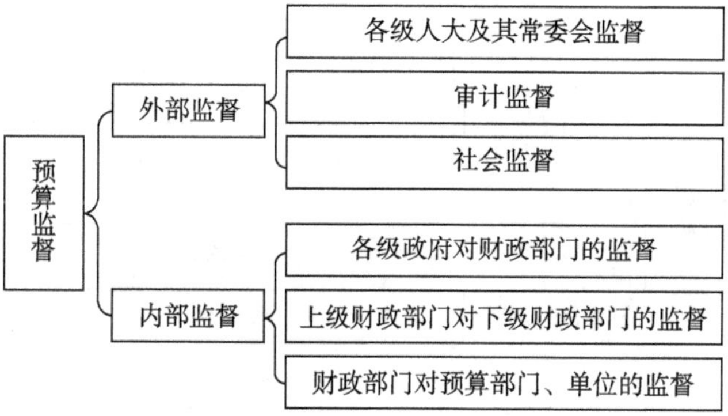

图2-3 外部监督与内部监督运行机制

(三)实体监督与程序监督相结合

基于预算运行过程既是预算实体权力运行的过程,也是预算程序权力运行的过程,预算监督需要从实体监督和程序监督两个方面来展开。

在实体监督方面,体现为预算收入类别监督,即对一般公共预算收入、政府性基金预算收入、国有资本经营预算收入、社会保险基金预算收入等预算收入进行全口径监督,同时还包括对各类收入的设立、征收进行监督。[①] 在征管监督方面,通过国库账户、财政专户、收支两条线、国库集中收付等制度实施管理监督。在预算支出方面,通过预算绩效目标的提前设定,进行预算编制,细化预算科目和项目,将预算支出的实体监督,经由科目的细化和绩效制度目标来予以实现。[②] 在程序监督方面,《预算法》规定,各级预算的编制、执行应当建立健全相互制约、相互协调的机制,这为预算程序监督提供了法律依据,[③]如图2-4所示。

---

① 参见杨志勇:《健全政府预算体系问题研究》,载《地方财政研究》2011年第4期。

② 参见吴俊培、程文辉:《基于不完全信息博弈模型的预算效率激励机制设计》,载《财政研究》2018年第11期。

③ 参见王银梅、楚雪娇、张亚琼:《分权制衡机制与政府预算约束》,载《宏观经济研究》2013年第7期。

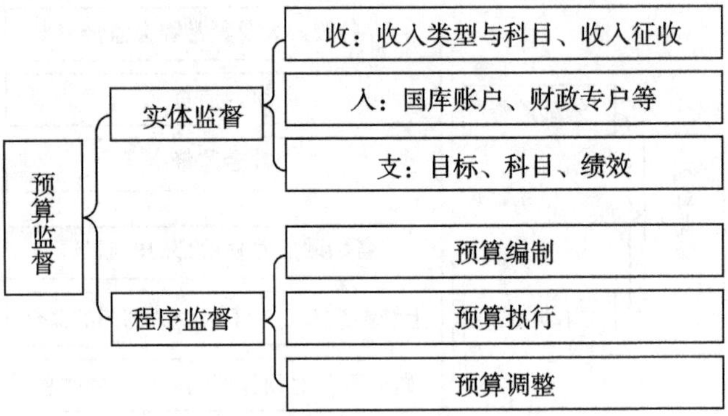

图2－4 实体监督与程序监督运行机制

(四)行为监督与组织监督相结合

预算实施的过程需要在预算运行的重点领域嵌入组织化监督程序，体现预算管理的公法属性，①并侧重从公权力机关内部展开预算监督。中国特色预算监督体系的一个显著特征就是行为监督与组织监督相结合，并使组织监督融入组织行为的全过程，如图2－5所示。

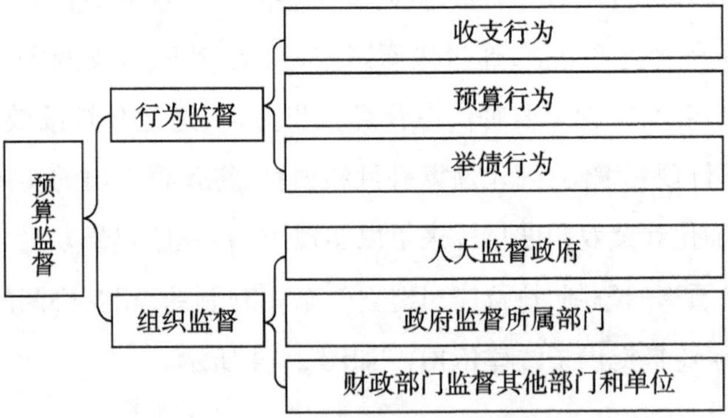

图2－5 行为监督与组织监督运行机制

(五)常规监督与重点监督相结合

由于预算管理涉及财政实践的方方面面，预算监督也存在常规监督

① 参见蒋悟真:《我国预算法修订的规范分析》,载《法学研究》2011年第2期。

和重点监督的区分。在常规监督方面，主要体现为将预算管理过程纳入常规监督流程。在重点监督方面，针对预算收入，我国已经形成较完善的税收法律法规，但针对地方债，则需要进行重点监督。[①] 在预算支出方面，绩效预算已经成为预算监督的又一重点领域，经济新常态下，财政支出刚性与收入增长缓慢的矛盾，决定了财政支出绩效将是今后预算监督的重中之重，[②]如图 2－6 所示。

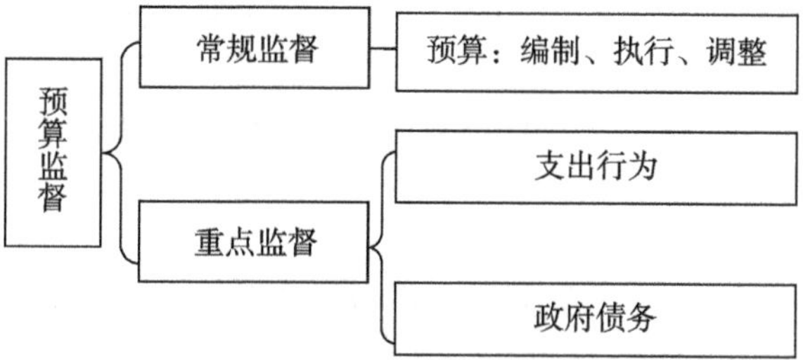

图 2－6　常规监督与重点监督运行机制

（六）状态监督与绩效监督相结合

由于 2018 年《预算法》已经将公共预算作为预算管理的宗旨和理念，并贯穿于法律文本之中，今后监督重点也将围绕预算的公共性和同一性，实施预算绩效管理。

预算状态监督主要体现在预算收支管理方面，即将财政赤字纳入预算收支管理，实施不同的预算收支平衡标准。[③] 一般公共预算实施中期财政规划和收支平衡，政府性基金预算实施以收定支的预算平衡，国有资本经营预算和社会保险基金预算要求收支平衡，如图 2－7 所示。

---

① 参见岳红举：《财政分权视角下地方债管理主体的构建》，载《地方财政研究》2018 年第 8 期。

② 参见郑方辉、廖逸儿：《论财政收入绩效评价》，载《中国行政管理》2017 年第 1 期。

③ 参见于树一：《经济新常态下发挥“四本预算”整体功能的探讨》，载《财贸经济》2016 年第 10 期。

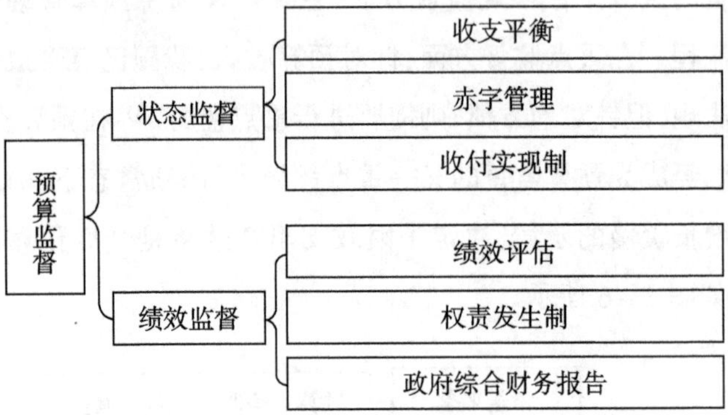

图2-7 状态监督与绩效监督运行机制

第五节 本章小结

通过对预算权体系理论的深入研究,抽象出预算权私法属性的内涵,并从私法属性创新预算治理构造,可以把公法主体的预算权力纳入民主治理领域,建立起根治官员腐败的制度机制,有利于建立公民预算权利制约国家预算权力的法治过程,把权利与权力的相互配合、相互制约纳入法治化轨道,为促进现代预算制度的转型提供法律保障和制度支撑。

传统预算治理构造主要以预算管理权的合理配置为中心,秉承“以权力制约权力”理念,立足预算管理主体内部的权力制约与协调,容易导致预算权力内部化、封闭化和行政主导等困境,也难以有效指导参与式预算实践。由政府预算向公共预算的转型,契合了预算治理体系和治理能力现代化要求,亟须将预算权利纳入预算治理构造并展开研究,构建“以权利制约权力”机制。①

地方债管理主体的构建既是地方债管理的核心,也是财政体制改革

① 参见许安拓:《预算权的相互制衡是我国行政管理体制改革的关键》,载《中国行政管理》2009年第2期。

的关键，但《预算法》只明确了财政部对国债的管理权和对地方债的监督权，却没有规定地方债的具体管理主体及其法律地位。省级政府的债务治理既是地方政府债务管理体制的核心，也是“分税制”财政管理体制改革的关键。中央与地方的财政分权不能替代省级以下地方政府的财政分权，现行理论和财税实践对省级政府的角色认知还存在困难，难以满足“中央政府不救助”“省级政府负总责”的基本要求。

党的十九大将现代预算制度目标提升为“全面规范透明、标准科学、约束有力”，并要求全面实施绩效管理，推动预算与绩效管理的一体化。这拓展了预算监督的功能，促使监督检查转向监督评价和绩效监督。作为部门预算改革之后的“二次革命”，预算绩效管理是对财政支出绩效评价的扬弃，成为政府治理理念和方式的根本变革。通过分析财税体制改革过程，发现以部门预算为主导的公共预算改革，使财政部门对预算部门和单位的监督成了其他监督主体发挥效能的基础和前提。基于绩效管理与预算管理的一体化，将绩效管理嵌入实体监督与程序监督、状态监督与组织监督，匹配财政部门相应的预算职权与职责，并相应调整内部控制机制，便成为绩效监督有效实施的前提与关键。

基于以上认知，笔者认为，针对地方债，制度变革的方向是在厘清省级政府管理地位的前提下，由管到治，分别发挥中央与地方、政府与市场的“两个积极性”，在管理体制上明确主体权利、义务与责任，在治理模式上实行市场约束与政府层级控制相结合，在治理方式上实施民主治理与法治治理相结合，渐进式推进财政事权与支出责任相匹配的地方政府债务治理构造。针对预算监督，虽然财政部门的绩效监督具有人大、审计机关等其他组织不可比拟的比较优势，但鉴于行政内部的监督有待完善，如何协调财政部门直接监督与人大组织间接监督关系、如何确保绩效监督成果与预算安排和政策挂钩等问题亟待解决，亟须构建复合型预算监督模式。此外，《预算法》在 2018 年修正后，将财政部门的执法检查权移交审计部门，必然涉及其与审计部门预算监督关系，有效协调财政监督与审计监督,构建绩效监督的复合型模式,并基于绩效与预算管理的一体化,绩效监督应当匹配“全面规范透明、标准科学、约束有力”的预算目标,辅之以各个部门相应的职权与职责,并相应调整内部控制机制,真正发挥《预算法》的“监督法”功能。

第三章　预算功能间的制约与协调

财政是国家治理的基础和重要支柱，作为财税体制改革的基础，预算管理体制改革既是新一轮改革的突破口，更是实现预算功能转变并匹配国家治理体系和治理能力现代化的核心问题。[①] 经过重新修订，2018 年《预算法》确立了包括一般公共预算在内的复式预算构造，并明确其他三本预算“应当与一般公共预算相衔接”，突出了一般公共预算的主导和桥梁作用。[②] 在财税实践中，我国以四本预算的公共属性为衔接前提，构建规范化参考体系，将政府性基金预算中的部分财政资金转入一般公共预算，由此便形成了政府性基金预算与一般公共预算之间的统筹衔接问题，也导致后者既调整传统的特定目的税和一般税收收入，也调整行政事业性收费等非税收入，更包含具有一定专用属性的政府性基金，呈现公款公用、专款专用、专款公用、公

---

① 参见高培勇：《论国家治理现代化框架下的财政基础理论建设》，载《中国社会科学》2014 年第 12 期。

② 参见于树一：《经济新常态下发挥“四本预算”整体功能的探讨》，载《财贸经济》2016 年第 10 期。

款专用等功能适用问题,复式预算功能定位不清晰。①

本质上,复式预算的核心功能便是对不同性质的政府收支活动实行分类以采取不同的控制方式,②这便与修订后预算法的功能主义趋向相契合,③可以称为功能主义法律转向。预算功能间的制约与协调机制,是指公共财产资源在预算功能主义使命指引下所呈现的不同配置模式,具体表现为资金管理的公用性,还是专用性,是以收定支,还是以支定收。构建定位清晰、分工明确的政府预算体系,一方面有助于厘清政府职责,分类控制财政收支;另一方面有助于避免预算资金这种公共财产对公民和市场财产权的侵犯,确保财政权和财产权之间的适度平衡。

预算功能间的制约与协调机制重在确保政府预算体系之间的衔接配合,在不同功能定位的四本预算之间建立相互衔接、相互配合的协调机制,形成体系化的政府预算。正如《预算法》第 5 条所要求的,其他三本预算在保持完整、独立的基础上,需要与一般公共预算之间建立统筹衔接的机制,既体现了一般公共预算的托底性和桥梁作用,也体现了对其他三本预算不同功能的确认,只是各本预算在财政国家性、公共性、发展性等方面的侧重点有所不同。④ 具体而言,一般公共预算在收入上以税收为主,在支出上承担基本公共服务和人员、机构的基本运行经费,强调资金公用性;政府性基金预算在收入上以专用性资金为主,在支出上承担特定公共服务,强调以收定支、收不抵支时自动削减;国有资本经营预算在收入上以国务院确定的国有资本收益范围为限,在支出上主要承担国有企业发展、补充一般公共预算和社会保险基金预算等职能,强调收支平衡、不列

① 参见张斌:《全口径预算改革的目标、措施与基本框架》,载《地方财政研究》2014 年第 8 期。

② 参见焦建国:《确立、强化复式预算的基础地位与功能统一国家财政》,载《财政研究》2003 年第 5 期。

③ 参见陈治:《预算法的功能主义趋向及其限度》,载《法学家》2019 年第 6 期。

④ 参见邓力平:《中国特色社会主义财政、预算制度与预算审查》,载《厦门大学学报(哲学社会科学版)》2014 年第 4 期。

赤字;社会保险基金预算在收入上则以保险人缴费为主,在支出上专款专用,凸显支出刚性,只能接受其他预算收入的调入,而不能调出,进而实现收支平衡。

正是基于公共财产资源呈现不同的功能属性,本章以政府性基金和资源税为切入点,通过分析预算收入中普遍存在的专用性资金,试图构建这些资金在不同预算功能之间的制约与协调法律机制,并分析《预算法》对专用性资金的规制效力,进而分析财政收入约束究竟依赖于税收法定还是预算法定的规制效力,财政支出安排究竟采用特定目的税的方式还是预算决策方式,以及两者的功能协调,并阐释背后的理论依据。一方面,政府性基金需要遵守《预算法》要求的收支平衡,在收不抵支时需要自动削减支出,而当财税实践将其转入一般公共预算后必然遇到专用性与公用性的冲突,还会导致专用性功能对政府性基金征收的规制效力减损,侵犯基金缴纳义务人的权利。另一方面,资源税等特定目的税,需要遵循税法要求的特定支出用途,不同于一般的公用税,如果不参照一般公共预算统一安排而"专款专用",势必导致预算固化、碎片化,是否会减损预算管理的支出约束功能?但如果实施"专款公用",又违背税法规范。两者的核心均在于,当前税法与预算法之间存在功能抵牾,以及由此引发的效力冲突。本章节试图通过个案分析以回应以上问题。

第一节　政府性基金预算与一般公共预算的统筹衔接

为构建定位清晰、分工明确的政府预算体系,《预算法》明确要求包括政府性基金预算在内的特定预算与一般公共预算相衔接,而为解决专用性资金对预算统筹安排的功能冲突,国发〔2014〕45 号文和国发〔2015〕35 号文要求加大预算统筹力度,对政府性基金预算中暂未列入基金目录的资金转入一般公共预算,计划在 3 年内完成预算统筹衔接工作。

一、专用性抑或公用性

为完善政府预算体系，提高资金使用效率，2018 年《预算法》第 5 条明确要求政府性基金预算与一般公共预算统筹衔接。自 2015 年起，财政部和国务院先后将政府性基金预算中的地方教育附加、水土保持补偿费等 16 项资金转列为一般公共预算，逐步实现统筹使用，并在 2017 年预算草案报告中，将新增建设用地土地有偿使用费等 3 项政府性基金调整转列为一般公共预算。

健全和完善政府预算体系有利于优化支出结构、提高资金使用效率，并且政府预算编制完整性与透明度的提高，也有利于人大和公民开展预算监督，确保一般公共预算用于改善民生等与老百姓切身利益息息相关的支出，进而提高政府基本公共服务保障能力。而这也引发了本部分所要探讨的三个问题：其一，政府性基金预算能否统筹到一般公共预算？其取决于预算管理资金的专用性还是公用性？其二，目前的统筹衔接措施是否合法？尤其是在 2018 年《预算法》将政府性基金的设立依据限定为"法律、行政法规"[①]之后，统筹衔接行为是否具有规避法律规定的嫌疑？其三，转入一般公共预算之后的资金性质是否发生改变？如何确保继续征收行为符合财税法定原则？

对政府性基金基本属性和功能的探讨，是研究分类预算管理的前提和关键。政府性基金虽不能等同于税，但也不能简单归为费的范畴；虽具有财政功能、宏观调控功能，但也不能忽视基金缴纳主体的财政负担；虽与一般公共支出具有相同的经济社会发展职能，但更侧重特定公共事

① 《预算法》第 9 条第 1 款规定："政府性基金预算是对依照法律、行政法规的规定在一定期限内向特定对象征收、收取或者以其他方式筹集的资金，专项用于特定公共事业发展的收支预算。"依照反向解释方法，没有"法律、行政法规"设立依据的预算资金，就缺乏纳入政府性基金预算的法律依据，详细分析见下文。

业。[①] 现有研究和实践忽略了 2018 年《预算法》对政府性基金预算的规制。片面地提出将政府性基金转为专项税，或者转入一般公共预算后予以取消，或者将结转数额较大的基金转入一般公共预算并统筹使用。将政府性基金转入一般公共预算，易导致脱离专款专用的预算原则，增加企业和居民负担，而且可能肢解政府性基金预算，导致政府性基金预算与一般公共预算的相互替代，违反《预算法》规定的预算完整、独立原则。基于此种考虑，本节试图在分析政府性基金现状的基础上，厘清政府性基金与税收、行政事业性收费等非税收入的边界，确立政府性基金预算的功能定位，并以此审视和调整现行的统筹衔接措施，为建立和完善定位清晰、分工明确的政府预算体系提出理论依据和政策建议。

二、政府性基金与政府性基金预算

（一）政府性基金预算亟待统筹

作为我国政府预算体系的重要组成部分，政府性基金预算始见于 1996 年国务院通过的《关于加强预算外资金管理的决定》（以下简称国发〔1996〕29 号文）。该决定提出将养路费等 13 项数额较大的政府性基金纳入财政预算，实行专款专用。财政部随后出台了《政府性基金预算管理办法》（以下简称财预字〔1996〕435 号文），自 1997 年开始设立政府性基金预算。至此，政府性基金预算作为政府预算体系的重要组成部分初步建立。但随着政府性基金预算的扩展，预算所包含的资金不但有财政部门历年公示的政府性基金（以下简称目录基金），还有大量未列入基金目录清单的政府性基金（以下简称非目录基金），直接导致政府性基金与政府性基金预算脱节，产生了理论上和实践上的难题。

一是目录基金与非目录基金性质混同。将预算外资金纳入政府性基

① See Temple J., *The Debt/Tax Choice in the Financing of State and Local Capital Expenditures*, Journal of Regional Science, Vol. 34:4, p. 529 – 547 (1994).

金预算管理,在一定程度上可以有效遏制政府,尤其是地方政府对企业和个人财产权的肆意侵犯。因为相较之前的预算外资金管理模式,把此类财政收支纳入预算管理,就等于在一定程度上改变了国家取钱、分钱、用钱的方式,可以实质性地改变国家的治理模式。[①] 但同时也应该看到,大量的预算外资金纳入政府性基金预算管理,出现了目录基金与非目录基金性质混同局面。[②] 如财政部《关于从土地出让收益中计提教育资金有关事项的通知》(财综〔2011〕62 号)第 4 条明确规定教育资金属于政府性基金,但在财政部历年公布的《全国政府性基金目录清单》中却不见其踪影。此外,吉林省 2014 年的《政府性基金目录清单》中还赫然罗列了政府住房基金、彩票公益金、车辆通行费等 7 项非目录基金;宁夏 2015 年《政府性基金目录清单》中还包含"电力需求侧专项资金";江苏省还在 2016 年《政府性基金目录清单》中的水利建设基金下,设立"防洪保安资金"和"农业重点开发建设资金",这说明部分省级财政部门混淆了目录基金与非目录基金之间的性质差别。

二是政府性基金的功能定位不清。首先是目录基金相互之间功能定位不清。如水利建设基金与国家重大水利建设基金,两者在中西部地区重大水利工程建设方面具有相同的支出方向;城市公用事业附加与城市基础设施配套费,两者在企业驻地的道路、下水道、路灯等基础设施和卫生公共事业等支出方面高度重合。其次是目录基金与非目录基金之间的功能定位不清。如教育费附加、地方教育费附加同属于目录基金,和从土地出让收益中计提的教育资金一样,都没有明确的支出范围,进而导致三者的支出范围存在交叉。同样情况还发生在水利建设基金、国家重大水利建设基金和从土地出让收益中计提的农田水利建设资金中。最后是政

---

① 参见王绍光、马骏:《走向"预算国家"——财政转型与国家建设》,载《公共行政评论》2008 年第 1 期。

② 参见冯俏彬:《国家治理视角下的政府性基金管理研究》,载《地方财政研究》2015 年第 7 期。

府性基金与税收之间的功能定位不清。如城镇维护建设税专款用于城市的公用事业和公共设施的维护建设,不但与城市公用事业附加用于城市基础设施的维护支出相同,而且与城市基础设施配套费用于城市基础设施和公用设施建设方向重复,而后两者的支出范围本就高度重叠。

以收定支的预算管理原则,在客观上会影响行政机关产生获取更多收入的倾向,特别是一些既负责征收,又负责支出,还负责预算监督的部门,视政府性基金为部门自有资金,对预算统筹衔接改革持抵触情绪。[①] 正如尼斯坎南所言,作为自利的利益最大化者,官员为了追求地位、权力和收入,必然千方百计追求本机构预算的最大化,尽可能扩大本部门的规模。[②] 一方面,政府性基金预算的专款专用,限制了资金的统筹使用,不能随着政府职能转变调整支出结构,逐渐固化为部门利益,降低了资金使用效率,增大了部门违规风险。另一方面,将部分属于税收属性的财政收入纳入费的范畴,会形成巨大的征管漏洞,可能会避开税法的规制。[③] 由于政府性基金的设立实行行政审批制,事实上是以行政审批代替了立法程序,这在一定程度上会刺激一些行政部门为设立政府性基金而展开对国务院和财政部的政治游说,并导致大量的非税收入以政府性基金之名堂而皇之地被纳入政府性基金预算体系。

作为我国财政体制改革的产物,政府性基金预算虽然将部分预算外资金纳入了预算管理,但大量以政府性基金之名存在的资金项目,缺乏专款专用的理论基础和现实必要性,并且与政府性基金的功能定位存在偏差,迫切需要纳入以税收为主体的一般公共预算,并统筹使用。

(二)政府性基金预算的功能定位

基于市场供给公共服务失灵原理,现代国家往往依托国家政治权威、

---

① 参见张斌:《全口径预算改革的目标、措施与基本框架》,载《地方财政研究》2014 年第 8 期。

② See Niskanen W. , *Bureaucracy and Representative Government*, Aldine-Atherton, 1971, p. 38.

③ 参见许善达等:《中国税权研究》,中国税务出版社 2003 年版,第 8 页。

资产(资源)所有权或者向市场提供某种特殊服务,并以此为理由,向企业及个人征收各种收入作为提供公共服务的对价,税收、政府性基金与行政事业性收费等多种财政收入形式因此而出现。

1. 政府性基金与税收。国家占有经济资源究竟采取什么形式,取决于其提供的公共服务性质。[①] 其中,对于形成于当年的社会消费利益的公共产品支出,通常交由具有强制性、确定性、无对价的税收来负担;而对于收益不直接发生在当年的准公共产品支出,由于初始投资规模大、建设周期长,政府性基金则成为重要支撑。当前,我国正处于工业化和城镇化快速发展阶段,交通、水利、城市基础设施和文化、生态保护等特定公共事业发展难以通过税收等一般公共预算统筹解决,这就决定了政府性基金作为税收的辅助载体将长期存在。

相较向不特定对象征收且用于满足政府一般性支出而纳入一般公共预算的税收,政府性基金是为满足特定公共事业发展需要,而对特定群体所设定的特定给付义务。基金缴纳主体与特定公共事业之间因存在潜在的受益对价(如公法义务的免除、生产生活便捷、环境改善或者生产可持续发展等)而具有对称性。虽然对于每一个公共事业使用者来说,受益程度与其所支付的基金负担并没有直接的联系,但对于一个特定群体来说,该群体负担与受益总是“近似接近受益原则”。[②] 所以,国家提供公共服务的普遍性或特定性,决定了国家占有社会资源是采用具有公用性的税收形式,还是采用具有专用性的政府性基金等形式。征收对象不特定、支出用途公用性、缴纳主体与其受益之间不存在对价性,成就了一般公共预算的公共财政特质;而征收对象特定性、支出用途专用性、缴纳主体与其受益之间存在潜在对价性,则成就了政府性基金预算的特殊性。[③]

---

① 参见高培勇主持:《中国税费改革问题研究》,经济科学出版社2004年版,第4页。

② [美]理查德·A.马斯格雷夫、[美]佩吉·B.马斯格雷夫:《财政理论与实践》,邓子基、邓力平译校,中国财政经济出版社2003年版,第234页。

③ 参见杨志勇:《健全政府预算体系问题研究》,载《地方财政研究》2011年第4期。

2. 政府性基金与行政事业性收费等非税收入。政府性基金也有别于行政事业性收费等非税收入，前者的缴纳义务人虽然与基金目的之间具有潜在的受益性，但为避免逐个征收可能造成的过高交易费用而采取强制性征收形式，体现了国家征收私人财产的本质；后者征收对象虽然特定，但缴费主体与其受益具有直接对价关系，缴费主体具有可选择的空间，收费也是合理补偿管理和服务的成本，而这部分管理和服务成本已经纳入一般公共预算范围内进行统一结算，所以费用收入无须单独核算，纳入一般公共预算即可。在支出方面，行政事业性收费收入交由一般公共预算统筹使用，无须规定特定的用途。此外，政府性基金也有别于变卖国有资产、资源或者经营利润而形成的非税收入，后者具有租的性质，是基于国家公共产权获得的非税收入，本质上具有国有性质，理应纳入一般公共预算统筹使用。

综上所述，政府性基金秉承的是使用者付费原则，在特定公共事业受益者和成本承担者之间建立了适度的对价。将政府性基金纳入政府性基金预算不但具有逻辑上的合理性，而且具有法理依据，体现了公民财产权利与国家财政权力的平衡。政府性基金专项用于特定公共事业发展，基金缴纳义务主体也是基金的特定受益主体。政府性基金预算在权力机关保障预算收支平衡的同时，通过控制政府公权力的行使来约束政府预算支出，使之符合民众意志，体现了对基金缴纳义务主体财产权利的保护。由此，政府性基金预算就具有了如下基本属性：

一是预算收入特定性，而非普遍征收性。政府性基金为了解决特定公共事业所产生的外部性，而采用使用者付费原则将外部成本内部化。二是预算支出特定性，而非一般公用性。资金的专用性决定了政府性基金难以纳入公共预算统筹使用，而是依据成本补偿原则，通过专款专用，优先发展国家支持的公共事业。三是利益关联性，而非无偿性或者直接对价性。基金的缴纳义务主体和特定公共事业之间存在潜在的利益对价,不是国家单方的权力行为,而是国家与特定群体之间合意互动的过程。[①] 四是国家政策性,而非固定性。特定公共事业发展方向是基于国家政策的考量,国家根据不同发展阶段、发展重点选择支持或者退出,并经由成本核算、目录公示、适时停征等机制,确保符合非营利原则。五是财政辅助性,而非主导性。政府性基金预算是在一定期限内,国家基于一般公共预算难以支撑特定公共事业发展下的次优选择,财政收入并非其主要目的,而是其附随目的,从而确保一般公共预算的主导地位。

进言之,立法者规定财产内容和限制财产权限的大小,取决于财产客体所具有的服务于福利、生态等公共利益的义务和保障个人自由的功能强弱。[②] 虽然政府性基金缴纳主体与受益之间具有特定的关联性,但并不能抹杀政府性基金对私人财产权征收的本质。依照反向解释方法理解《预算法》第9条,没有"法律、行政法规"设立依据的预算资金,就缺乏纳入政府性基金预算的法律依据。据此理解,纳入政府性基金预算管理的资金,其设立必须具有法律和行政法规的依据,最低法律位阶也得是国务院的行政法规。

三、统筹衔接措施的法治化检视

虽然财政部和国务院先后将包括6项目录基金在内的19项政府性基金统筹到一般公共预算,但统筹到一般公共预算的政府性基金,在设立时仍须遵守《预算法》第9条的规定,即以法律、行政法规作为设立依据。财政部和国务院做出的统筹行为,只是对支出方式的改变,这和政府性基金的设立所需要的依据属于不同的法律关系,理应遵守不同的法律规定,我们可以从财政部的相关做法中得出结论。例如,财政部《关于取消、停征

---

① 参见胡兰玲、曹玉雯:《我国政府性基金设立制度研究——以国家重大水利工程建设基金为视角》,载《河北法学》2014年第2期。

② 参见郭维真:《中国财政支出制度的法学解析:以合宪性为视角》,法律出版社2012年版,第16页。

和整合部分政府性基金项目等有关问题的通知》(财税〔2016〕11 号)只是把新菜地开发建设基金、育林基金的征收标准降为零而非取消,因为这两种基金设立的依据是法律而非财政部的规定,所以财政部无权取消。

(一)统筹衔接措施考量

1. 预算统筹与资金设立属于不同的法律关系。《预算法》第 28 条规定,政府性基金预算的收支范围,按照法律、行政法规和国务院的规定执行。也即对于政府性基金预算收支范围调整的法律位阶,最低可以是国务院制定的规范性文件。但按照政府性基金预算管理的资金在设立法律位阶上,最低也得是行政法规,因而两者属于不同的法律关系,需要遵循不同的法律规定。

当前将 11 项政府性基金统筹到一般公共预算的行为,不是由国务院发布规范性文件,而是交由财政部来实施,虽然财政部提到"经国务院批准",却没有记载国务院授权决定的规范性文件,属于比较明显的空白授权,尚未达到《预算法》第 28 条规定的要求。依据财政民主原理,财政决策应置于尽可能低的政府级别,"更小的单位如能完成任务就具有优先的自治权,上级组织只有在下级团体力有未逮时,始有处置任务"。[①] 政府性基金预算收支范围的调整依据与政府性基金的设立依据在《预算法》中被明确予以区分,但在统筹衔接实施过程中,本应由国务院规范性文件调整的预算收支范围,却被财政部文件所替代,而对于基金设立所需要的最低法律位阶——行政法规,至今未能出台。虽然在行政层级上,国务院可以撤销和变更财政部的决定和决议,但在此问题上却有悖于财政民主原则,可能触及财政部的预算管理权。而对财政部来说,调整政府性基金预算收支范围的行为,则可能触及本应属于国务院的预算管理权。

2. 统筹措施应符合《预算法》要求。国务院的国发〔2015〕35 号文将水土保持补偿费等 5 项资金统筹到一般公共预算的行为,表面上改变的

① 葛克昌:《税法基本问题(财政宪法篇)》,北京大学出版社 2004 年版,第 188 页。

只是其具体支出要求,但客观上却规避了《预算法》第 9 条的规制效力。而财政部《关于完善政府预算体系有关问题的通知》(以下简称财预〔2014〕368 号文),以及 2017 年将新增建设用地土地有偿使用费等 3 项资金统筹到一般公共预算的行为,则应分为两个法律关系来看。一方面,将农田水利建设资金等非目录基金统筹到一般公共预算的行为,没有满足《预算法》第 28 条的规定要求,即预算收支范围调整所需要的最低法律依据——国务院的规定。另一方面,财政部将余下的 6 项目录基金统筹到一般公共预算的行为,除没有满足《预算法》第 28 条的规定要求外,还会衍生出统筹后的资金性质认定问题,即这些资金是否应继续保留在政府性基金目录之中。①

(二)统筹衔接后的资金性质考量

1. 预算统筹后资金性质的变更。如果统筹到一般公共预算后,此 6 项目录基金的性质仍属于政府性基金,则政府性基金所具有的专款专用特质会与一般公共预算统筹使用的性质相矛盾。之所以在一般公共预算之外单独设立政府性基金预算,就是为了保证政府性基金预算优先用于满足国家特定的政策目的和社会目的。如果将目录基金统筹到一般公共预算而仍然保留其政府性基金的名义,则政府性基金的专用性特质与一般公共预算资金公用性特质,在理论上会出现互不兼容的困境,不但影响财政资金的统筹使用,也有悖于政府预算体系的统筹协调理念。所以,从理论和实践上看,有必要将统筹到一般公共预算中的 6 项目录基金进行性质转换,使其成为一般性非税收入或者税收。如果不进行性质转换,则

---

① 准确地讲,在一般公共预算之中还有"教育费附加"的性质认定问题。根据国务院《征收教育费附加的暂行规定》(国发〔1986〕50 号)第 2 条、国务院《征收教育费附加的暂行规定》(国务院令第 60 号)第 5 条,以及财政部《关于教育费附加纳入预算后有关预算管理问题的通知》(〔90〕财预字第 69 号,已失效)的规定,教育费附加的开征和纳入一般公共预算的时间,早于政府性基金预算的建立时间,自政府性基金预算建立之后,也一直未能纳入政府性基金预算管理,但却一直登记在财政部和各省级财政部门的政府性基金目录清单之中。教育费附加的性质为政府性基金,却不纳入政府性基金预算管理,对此问题鲜有学者与实务界人士提出疑问,不能不说是一大遗憾。

需要通过相关法律、行政法规或者原审批机关将该6项政府性基金予以取消。

将此6项目录基金统筹到一般公共预算,就会丧失政府性基金的性质而成为一般性非税收入,一方面,可能会降低《预算法》对政府性基金预算的规制效力,弱化政府性基金的预算管理职能;另一方面,还可能会降低政府性基金预算对于地方政府专项债务的偿还能力(如图3-1所示)。

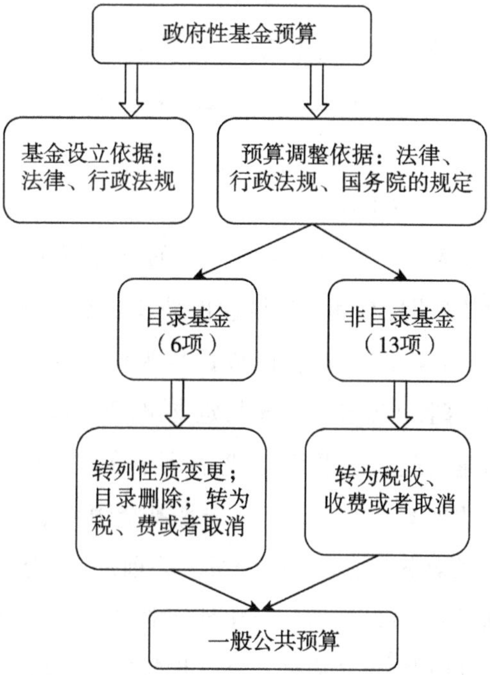

图3-1 政府性基金预算与一般公共预算衔接机理

2. 统筹后继续征收的不当之处。统筹衔接后的6项目录基金中,除育林基金的征收标准降为零外,其他5项仍继续征收,国务院与财政部并未取消或者停征。按照财预〔2014〕368号文第2条第4款的要求,“政府性基金预算安排支出的项目,一般公共预算可不再安排或减少安排”。可以看出,政府性基金预算与一般公共预算有大量重复支出的现象,说明政府性基金支出与一般公共支出的定位存在交叉重叠。①

虽然在我国工业化、城镇化快速发展阶段，交通、水利、城市建设等基础设施和教育、生态环境保护等公共服务问题，难以通过一般公共预算统筹解决，但与税收作为一般公共财政主体收入相比，为这些公共服务的提供所征收的政府性基金仍只能处于辅助性、补充性地位。如果以减少一般公共支出来抵消政府性基金支出的影响，那么政府性基金收入将与一般公共收入没有质的差别。政府性基金预算的制度设计是各方利益权衡和博弈的结果，是政府性基金无法通过一般公共预算统筹安排的原因所致。② 换言之，政府性基金支出如能与一般公共预算支出相互替代，政府性基金即丧失课征的必要性，也丧失课征的合法性。

四、统筹衔接的路径构建

政府性基金预算与一般公共预算之间的统筹衔接，本质上是对资金专用性和公用性的甄别，有利于厘清政府性基金预算与一般公共预算的边界，优化公共财政支出结构，保障以民生为核心的基本公共服务。同时，政府性基金预算收入专款专用于特定支出，不但有利于在基金缴纳主体与其受益之间建立适度的平衡，而且有利于在基本民生和特定公共事业之间保持适度的平衡。本书针对政府性基金预算亟待统筹的现状，探讨了政府性基金预算的功能定位，分析了当前的统筹措施，得出如下结论：统筹衔接的前提是预算资金的公用性而非专用性，从而确立以税收为主体支撑基本公共服务、以政府性基金支撑特定公共事业的预算体系；统筹衔接的目的是确立政府性基金预算的专款专用功能，而非取消或者肢

① 事实上，政府性基金预算和一般公共预算由于统筹协调不到位，经常出现两本预算都对相同项目支出作出安排。参见刘家义：《国务院关于2015年度中央预算执行和其他财政收支的审计工作报告》，载中华人民共和国审计署官网，http://www.npc.gov.cn/zgrdw/npc/xinwen/2016-06/29/content_1992584.htm。

② 参见杜坤：《财税法定视域下全口径预算的实施困境及其走向》，载《浙江工商大学学报》2015年第5期。

解政府性基金，以及防止两本预算的相互替代；统筹衔接的结果是建立相互配合、相互协调的资金衔接机制，而非目前简单的统筹使用、继续课征，防止加重社会负担；统筹衔接的措施需要符合《预算法》的要求，既要确保预算的完整、独立，又要增强政府预算体系的协调性，为构建定位清晰、分工明确的政府预算体系奠定基础。

基于上述结论，笔者认为，应从以下四个方面来构建统筹衔接的法治化路径。

1. 遵守《预算法》规定，确保合法统筹。从资金的必要性来看，由于我国财政支出刚性与收入减少所产生的财政赤字较大，加之历史遗留问题较多，政府性基金预算统筹到一般公共预算后，短期内部分资金难以立即取消或者停征，还有继续课征的必要性。但从财税法治角度而言，需要防止 3 种误区：一是防止当前出现的基金部门化倾向，阻碍预算的统筹衔接。二是防止为了规避《预算法》第 9 条对基金设立所要求的法律限制，刻意将政府性基金预算统筹到一般公共预算。三是防止在统筹衔接措施上，违背《预算法》第 28 条的规定。换言之，统筹衔接需要立足于政府性基金预算的功能定位，在确保预算完整、独立的前提下，将不符合专款专用属性的资金统筹到一般公共预算，经由立税、清费、整合等措施，做到合法统筹。即使不能立即取消或者停征，也要设定征收期限，建立逐步退出机制。

2. 结合财税改革，确保"税、租公用"。对于主要支出范围定位于文化、教育、公益等方面的具有税收性质的预算资金，应该结合税制改革，逐步转化为相应税收。由于这些支出具有较强的公共属性，理应纳入一般公共预算统筹解决，这也是以税收为主体的公共财政的基本功能。例如，主要支出于教育、文化事业建设等社会公共需要的教育费附加、地方教育附加和文化事业建设费等预算资金，体现了政府基本公共服务保障职能，这部分管理和服务成本理应纳入一般公共预算范围统筹解决。统筹到一般公共预算后，不再专款专用，也就丧失了作为政府性基金的资格，需要在政府性基金目录中相应删除，并按照“税收法定”原则进行税收立法，最终向教育税、文化事业建设税的立法路径过渡。[①] 同时，对于收支规模较大、调控能力较强、市场不能解决的部分收入项目，逐步进行税收立法。如残疾人就业保证金、森林植被恢复费的收支数额较大，就体现了国家特定的政策和社会目的，具有较强的公共引导职能，可以参照车辆购置税和环境保护税的先例进行税收立法。[②] 而对于经由国有资产、资源经营所获得的收入来说，由于其本质上属于国家所有权的收益，因此本就应当服务于基本公共支出，体现公用性，纳入一般公共预算统筹安排。[③]

3. 结合政府职能转变，确保“清费减负”。国家提供公共事业应秉持“辅助原则”，须在社会和个人凭自己的努力都无法获得时，方得为之。[④] 首先，对于市场经济能够自主解决的公用事业，应该发挥市场在资源配置中的决定性作用，政府不宜介入。如国家电影事业发展专项资金的收支规模较小、调控能力有限，相关市场已经相对成熟，如果继续实行政府投资，既与市场在资源配置方面起决定作用的现代市场理念不符，也与政府职能转变的精神相悖。其次，对于已经完成特定历史政策目标、收费理由已经基本消失的资金项目，应完全取消。最后，对于专用政策效果不理想、调控能力差但符合成本补偿原则的非目录基金，可以统筹到一般公共预算并予以保留，建立起收费项目的核定、收费标准的定期评估和动态调整机制。如船舶港务费、无线电频率占用费等收入远远超出支出决算数，

---

① 参见于树一：《经济新常态下发挥“四本预算”整体功能的探讨》，载《财贸经济》2016 年第 10 期。

② 如车辆购置税就是直接从车辆购置附加费转变而来，后者是根据《车辆购置附加费管理办法》（财工字〔1996〕440 号，已失效）、《交通和车辆税费改革实施方案》（国发〔2000〕34 号）征收的专项用于国家公路建设的政府性基金，但经过“费改税”以后成为车辆购置税。又如，环境保护税，也是将具有专款专用属性的排污收费项目进行费税转换，参见《环境保护税法》第 2 条。

③ 如烟草企业上缴的专项收入、铁路资产变现收入等资金已经转入一般公共预算，而国有土地使用权出让金等资金由于涉及财税体制改革等问题，短期内难以统筹使用，但从长期来看，随着房地产税等财税改革的进展，终将脱离政府性基金预算管理体系。

④ 参见陈新民：《法治国公法学原理与实践》（上），中国政法大学出版社 2007 年版，第 332 页。

亟须进行收费评估和调整。由于这些收费项目体现了成本补偿原则，其目的在于引导和指引市场行为，符合国家政策和发展目标，征收目的特定对于支出目的没有拘束力，[①]完全可以纳入一般公共预算统筹安排。

4. 结合政府性基金目录清单，确保合法课征。政府性基金目录清单制度的建立，对提高基金征收透明度、规范政府收支行为和保障公民、企业财产权，无疑具有巨大的推动作用。政府性基金目录清单制度也与政府性基金预算的功能定位相吻合，有助于确立《预算法》的“控权法”理念，体现了现代财税法的财政法定原则。国务院和财政部多次要求建立和完善收费基金目录清单制度，并将基金项目名称、设立依据、征收标准、征收程序、法律责任等，通过政府网站、公共媒体、收费场所实行常态化公开。对具有政府性基金性质却又未能公示在目录清单中的基金来说，不仅需要按照《预算法》第9条的规定，提升课征依据，而且需要公示在政府性基金目录清单之中，避免目录基金与非目录基金混同。从某种意义上说，政府性基金目录清单可以作为预算统筹衔接的突破口，经由政府性基金的立法完善，做到于法有据、依法征收，推动政府性基金预算统筹衔接的法治化，保证财政成为国家治理的基础和重要支柱，“成为行政机构生命之源”。[②]

第二节　立法设立抑或行政审批：政府性基金的法律规制

一、专项收入如何规制

作为专项收入的一种，政府性基金属于对特定群体征收并专项支出

① 参见吴旭东、张果：《我国政府性基金的性质、规模与结构研究》，载《财经问题研究》2014年第11期。

② 参见［美］肯尼思·F. 沃伦：《政治体制中的行政法》，王丛虎等译，中国人民大学出版社2005年版，第172页。

于特定用途的财政收入，具有专用性。《预算法》除明确政府性基金预算的专用属性外，还要求与一般公共预算衔接。而国发〔2014〕45 号文和国发〔2015〕35 号文要求将部分包括政府性基金在内的专项收入纳入一般公共预算实施统筹使用，"专款专用"与"专款公用"的矛盾由此出现。

目前，在我国政府收支分类科目内，不但存在一般公共预算中的专项收入，而且存在大量的政府性基金，且均存在专款专用的基本特征。此类专项资金的设立依据，既有法律、[1]行政法规，[2]也有大量的财政部规章、[3]地方性法规，[4]资金的支出用途的限制依据更是如此。

由于是专项收入，政府性基金的征收与支出便涉及预算收入与预算支出之间的法律冲突：一是征收依据，关于此类专项收入的设立依据存在法律、行政法规与预算法案的争论。究竟是按照诸如税收法定原则的要求规制资金征收，还是按照预算法案征收？毕竟在税收之外，还存在大量的非税收入。二是支出依据，究竟是"专款专用"，还是"专款公用"？究竟是转列到一般公共预算实行统筹支出还是专项安排（包括一般公共预算内原有的专项收入），抑或是保留在政府性基金预算继续专款专用？三是收入与支出之间的法律联系。专款专用具有哪些法理支撑？是否会侵犯预算法案的统一性？预算法案是否对专项收入的设立和征收产生规制效力？以上问题亟待解决。

议会无法像审议征税法案一样充分审议预算草案，"收入预算只是对

---

[1] 典型情况如教育费附加，征收依据是《教育法》，名义上属于政府性基金，但不在政府性基金预算管理之内，而是纳入一般公共预算中的专项收入进行管理。

[2] 典型情况如废弃电器电子产品处理基金，征收依据是《废弃电器电子产品回收处理管理条例》。

[3] 大量的专项收入和政府性基金均依据财政部的行政规章设立，典型情况如矿产资源保护费、城市公用事业附加、民航建设费、民航发展基金等。

[4] 典型情况如海南省高等级公路车辆通行附加费，虽然经过财政部的备案确认，但设立的最初依据却是 2008 年《海南省机动车辆通行附加费征收管理暂行规定》，但经过海南省人大的重新立法，2011 年《海南经济特区机动车辆通行附加费征收管理条例》将其征收依据提升为地方性法规。

特定年度内国家收入的预估，既非命令征收机关应当获取预算金额之收入，亦非准许征收机关只获取预算金额之收入即为已足”。而何为“强制性收入”却没有严格意义上的界定。与此相对应，“缺乏法律依据的自由性收入，完全可以依据收入预算而征收”，[①]但“自由性收入”又该作何解释？“强制性”与“自由性”存在哪些边界？正如以政府性基金为代表的专项收入虽然在强制性层面不如税收，但在自由性层面又不同于行政事业性收费，所以才引发学界对于税收与预算关系的争论。如日本的北野弘久试图通过“税收法定三阶段论”，将税收的征收与适用作为税收法定的最高阶段。“应从纳税者的立场立足于税的征收与使用两方面统一的观念来把握租税概念的含义，如果不这样就不能真正地维护纳税者的人权。”[②]国内也有学者持相同观点，认为预算权也属于纳税人权利，纳税人对征税的同意权必然传导到财政支出层面，即税款的同意权。[③]

然而，纳税人毕竟不是全部的国民，政府的财政收入既包括税收，也包含大量的非税收入，尤其是诸如政府性基金等既具有一定的“强制性”，又具有适度的“自由性”，如果按照税收法定原则征收缺乏法律依据约束，支出时又不能涵盖所有国民，则收入与支出就会呈现一种割裂状态。

二、政府性基金设立的两种规制路径

属于最多人的公共事务常常是最少受人照顾的事务。[④] 基于公共物品的外部性，难以经由市场机制有效供给，近现代国家莫不通过公共财政介入的方式来弥补市场供给的失灵。国家一方面向市场征收税收以维持

① 参见蔡茂寅：《预算法之原理》，台北，元照出版有限公司2008年版，第9～10页、第56～64页。

② 参见［日］北野弘久：《税法学原论》，陈刚、杨建广等译，中国检察出版社2001年版，第76～81页。

③ 参见吕铖钢：《公共财产与私有财产分离下的财税法一体化》，载《财政研究》2018年第12期；陈治：《减税、减负与预算法变革》，载《中国法学》2019年第3期。

④ 参见［古希腊］亚里士多德：《政治学》，吴寿彭译，商务印书馆1965年版，第48页。

基本公共服务成本，另一方面又利用成本补偿原则向特定受益人征收行政事业性收费以维持特定公共服务成本，从而在市场和政府之间形成互补关系。由于政府的财政收入最终源于对私人财产权的侵犯，只是侵犯强度存在差异，从而诞生了两种不同的法律规制路径：税收实行立法设立制，行政事业性收费实行行政许可基础上的审批设立制，两者被共同纳入一般公共预算统筹使用，以体现公共财政理念。① 对政府性基金的法律规制，现有理论研究与实践主要集中于两种规制路径——立法设立制与行政审批设立制。

对政府性基金的法律规制，现有理论研究与实践主要集中于以下两个方面：第一，现有文献关注了资金项目与税、费、租的关系，并分化出两种规制路径——立法设立制与行政审批设立制。(1)基于政府性基金的税收属性而认为应当参照税收立法。如部分学者认为，我国的政府性基金可以分为附加税类、资源税类、环境税类等类型。② 吴旭东、张果认为政府性基金与特定目的税具有相同的价值追求。③ 因此，在设立依据上，陈融提出政府性基金应纳入权力机关的设立和审批范畴，以立法作为设立依据。④ 熊伟认为，应将立法设立依据确定为法律，最起码是行政法规；⑤ 但陈发源则坚持认为，应限定为法律而非行政法规。⑥ (2)基于政府性基金的收费或租的性质坚持行政审批设立制。如贾康、刘军民认为，政府性

① 参见郭维真：《中国财政支出制度的法学解析：以合宪性为视角》，法律出版社2012年版，第16页。

② 此类具有代表性的观点，参见程行云：《政府性基金管理现状、存在的问题和清理规范建议》，载《价格理论与实践》2013年第7期；冯俏彬：《国家治理视角下的政府性基金管理研究》，载《地方财政研究》2015年第7期。

③ 参见吴旭东、张果：《我国政府性基金的性质、规模与结构研究》，载《财经问题研究》2014年第11期。

④ 参见陈融：《我国政府性基金法律问题探讨》，载《政治与法律》2013年第1期。

⑤ 参见熊伟：《专款专用的政府性基金及其预算特质》，载《交大法学》2012年第1期。

⑥ 参见陈发源：《我国政府性基金法律制度研究》，安徽大学2012年博士学位论文，第31页。

基金是国家针对基金受益主体征收的一种费用。[①] 冯俏彬则将土地出让金等纳入政府性基金预算管理的资源租也视同为政府性基金。[②] 财政部也认为，政府性基金预算资金与政府性基金概念等同，[③]以至于一直参照行政事业性收费的行政审批制来设立政府性基金。[④] 第二，现有研究成果普遍认可政府性基金具有优先发展或者限制特定行为的社会功能，但对其基本功能认知存在差异并呈现两种不同的规制路径和改革思路。一种主要集中于财政学界。如孙忠欣认为，政府性基金是地方政府的主要财政来源；管治华、蒋长流坚持预算资金应优先保障县级财政发展，推进城镇化建设。[⑤] 但对当前我国政府性基金收入增长过快、侵蚀税基、分化税源、增加企业和居民负担的情况，孙志认为，应该坚持专款专用；[⑥]唐仲、张绘还认为，应该转为专项税并最终取消政府性基金预算。[⑦] 另一种主要反映在法学界。有的学者认为，政府性基金是特定受益主体缴纳的旨在优先发展特定公共事业的财政资金，在缴纳主体与其受益之间具有特定的法律关联性。[⑧] 岳红举、单飞跃还认为，政府性基金不应替代税收的公共财政职能，政府性基金预算也不能替代一般公共预算职能，其只能支持和

---

① 参见贾康、刘军民：《非税收入规范化管理研究》，载《税务研究》2005 年第 4 期。

② 参见冯俏彬：《供给侧改革视角下的我国收费制度研究》，载《中共中央党校学报》2016 年第 3 期。

③ 典型的案例反映在财政部历年发布的政府性基金预算收入与支出数据都统称为“政府性基金收入与支出”，载中华人民共和国财政部官网，http://www.mof.gov.cn/gkml/caizhengshuju/。

④ 财政部《政府性基金管理暂行办法》（财综〔2010〕80 号）第 3 条和《政府非税收入管理办法》（以下简称财税〔2016〕33 号文）第 9 条均将政府性基金设定为行政审批制。

⑤ 参见管治华、蒋长流：《新型城镇化建设中县级财政保障压力与缓解对策》，载《财政研究》2015 年第 7 期。

⑥ 参见孙志：《关于政府性基金问题的思考》，载《中国财政》1998 年第 5 期。

⑦ 参见唐仲、张绘：《政府预算的衔接性：理论探索、实践与反思》，载《地方财政研究》2016 年第 5 期。

⑧ 持有此种观点的主要是法学界学者，他们认为，政府性基金具有专款专用属性。参见熊伟：《财政法基本问题》，北京大学出版社 2012 年版，第 296 页；田开友：《政府性基金课征的法治化及其制度路径》，载《湘潭大学学报（哲学社会科学版）》2015 年第 5 期。

发展与特定缴纳主体具有潜在受益的特定公共物品和服务。[①]

理论与实践的脱离也反映在理论指导财税实践方面的短板上,具体表现在两个方面。一方面,当前国务院和财政部只关注于政府性基金统筹使用的必要性,而未能考虑资金征收的法律依据。另一方面,如果继续按照行政审批制,财政部今后完全可以依据财税〔2016〕33 号文赋予自己的审批权,开征政府性基金,纳入政府性基金预算后再转入一般公共预算统筹使用。此类措施是否会导致政府性基金预算与一般公共预算的相互替代?目录基金与非目录基金的设立依据不同,一并转入一般公共预算,是否存在规避法律限制的嫌疑?[②] 对于这些问题,当前理论界和实务界鲜有讨论。

从语义上理解,政府性基金预算与一般公共预算能否统筹衔接,取决于预算资金体现公用性还是专用性,但公用性与专用性的背后是法律规制的异同,因为不同的资金筹集方式承载着不同类型的支出,由此引发不同的规制方式及规制强度。[③] 那么,对政府性基金的法律规制是采取立法制抑或审批制,是专款专用还是专款公用,这不仅决定了政府性基金的课征依据,直接影响政府性基金预算能否与一般公共预算统筹衔接,还将决定当前乃至今后中国财税制度的改革路径。

基于此,本节首先分析政府性基金与税收、行政事业性收费的不同属性,比较公共物品供给的不同法律规制机理;其次采用法教义学分析方

① 参见岳红举、单飞跃:《政府性基金预算与一般公共预算统筹衔接的法治化路径》,载《财政研究》2018 年第 1 期。

② 2015~2017 年,国家先后将政府性基金预算中的 19 项资金转入一般公共预算逐步统筹使用,其中包括 6 项全国政府性基金目录基金和 13 项非目录基金。因为按照财政部历年公布的《全国政府性基金目录》划分标准,只有 6 项资金公示在目录之中,其余 13 项资金不在公示之列,但按照政府性基金预算管理。目录基金与非目录基金的设立虽然都实行行政审批制,但按照财政部(财税〔2016〕33 号文)规定,目录基金的设立依据明显高于非目录基金,前者需要满足国务院和财政部的规定,而后者只需满足国务院和省级人民政府及其财政、价格主管部门的规定即可。

③ 参见郭维真:《中国财政支出制度的法学解析:以合宪性为视角》,法律出版社 2012 年版,第 16 页。

法,分析2018年《预算法》对政府性基金预算的法律规定,尤其是第9条对预算资金设立和支出的法律限制,抽象出政府性基金的法律规制路径;最后结合中国财税实践,认为政府性基金应实行立法设立制,实行专款专用,并对今后政府性基金的改革提出现实路径。

三、规制方式与规制程度的抉择

(一)公共物品供给的法律规制差异

2015年修正的《立法法》将税种的设立、税率的确定和税收征管等基本制度限定为法律,初步确立了我国的税收法定原则。相较税收的立法设立制度,我国对政府性基金的征收却选择了一条不同的规制路径,政府性基金自其诞生便被设定为行政审批制,以至于被贴上"乱收费"标签,长期脱离于预算管理并逐渐演变为地方政府的"第二财政"。[①] 对政府性基金的概念和属性界定,实务界也一直是含混不清的。1996年国务院在国发〔1996〕29号文中,将养路费等13项财政资金纳入财政预算的同时,第一次确认此类财政收入属于政府性基金。财政部依据财预字〔1996〕435号文,初步建立了政府性基金预算,但未界定政府性基金的属性与范围。2010年,财政部制定了《政府性基金管理暂行办法》(财综〔2010〕80号),对政府性基金作了初步界定,即"各级人民政府及其所属部门根据法律、行政法规和中共中央、国务院文件规定,为支持特定公共基础设施建设和公共事业发展,向公民、法人和其他组织无偿征收的具有专项用途的财政资金"。该暂行办法无疑为政府性基金的审批设立制度提供了规范性支持,但也是对此类非税收入尾大不掉势态的默认[②](具体设立依据如表3-1所示)。值得注意的是,政府性基金在为国家筹集特定财政资金的同时,也是对私人财产权及其收益的一种强制性分配,以至于有学者认为,

---

① 参见张馨:《再论第三财政——"双元财政"视角的分析》,载《财政研究》2013年第7期。

② 参见贾康:《中国财政体制改革之后的分权问题》,载《改革》2013年第2期。

政府性基金是在我国税收立法权灵活性不够、基本公共服务和特定公共服务开支太大情况下，为弥补财政缺口而筹集的财政资金，严格来讲就是税收。①

表 3－1　全国政府性基金项目的设立依据（2014 年）

政府性基金项目	最高设立依据	政府性基金项目	最高设立依据
农网还贷资金	财政部《关于印发农网还贷资金征收使用管理办法的通知》（财企〔2001〕820 号）	小型水库移民扶助基金	《关于辽宁、浙江、山西省从电价中提取资金解决水库移民困难问题的批复》（发改价格〔2007〕3366 号）
山西省煤炭可持续发展基金	《关于同意在山西省开展煤炭工业可持续发展政策措施试点意见的批复》（国函〔2006〕52 号）	国家重大水利工程建设基金	财政部、国家发展改革委、水利部《关于印发〈国家重大水利工程建设基金征收使用管理暂行办法〉的通知》（财综〔2009〕90 号）
海南省高等级公路车辆通行附加费	财政部、国家发展和改革委员会、交通运输部、监察部、审计署《关于公布取消公路养路费等涉及交通和车辆收费项目的通知》（财综〔2008〕84 号）	车辆通行费	《收费公路管理条例》第 7 条
转让政府还贷道路收费权收入	交通部、国家发展改革委、财政部令 2008 年第 11 号	船舶港务费	《长江干线船舶港务费征收办法》（交通运输部令 2012 年第 5 号）
港口建设费	《港口建设费征收办法》（国发〔1985〕124 号）	无线电频率占用费	《无线电管理条例》第 21 条
散装水泥专项资金	《关于〈散装水泥专项资金征收和使用管理办法〉的通知》（财综〔2002〕23 号）	水土保持补偿费	财政部、国家发展改革委水利部、中国人民银行《关于印发〈水土保持补偿费征收使用管理办法〉的通知》（财综〔2014〕8 号）

① 参见孙忠欣主编：《政府非税收入制度建设与理论探索》，中国财政经济出版社 2011 年版，第 16 页。

续表

政府性基金项目	最高设立依据	政府性基金项目	最高设立依据
新型墙体材料专项基金	国务院批转国家建材局等部门《关于加快墙体材料革新和推广节能建筑的意见》的通知(国发〔1992〕66 号)	国家电影事业发展专项资金	《电影管理条例》第 48 条
文化事业建设费	国务院《关于进一步完善文化经济政策的若干规定》(国发〔1996〕37 号)	民航发展基金	财政部《关于印发〈民航发展基金征收使用管理暂行办法〉的通知》(财综〔2012〕17 号)
地方教育费附加	《教育法》第 57 条	旅游发展基金	财政部、原国家旅游局《关于印发〈旅游发展基金管理暂行办法〉的通知》(财行〔2001〕24 号)
新菜地开发建设基金	《土地管理法》第 47 条(已被修改)	铁路建设基金	国务院《关于提高铁路货运、煤炭、天然气价格的通知》(国发〔1992〕37 号)
新增建设用地土地有偿使用费	《土地管理法》第 55 条	大中型水库移民后期扶持基金	国务院《关于完善大中型水库移民后期扶持政策的意见》(国发〔2006〕17 号)
育林基金	财政部、原国家林业局《关于印发〈育林基金征收使用管理办法〉的通知》(财综〔2009〕32 号)	农田水利建设资金	财政部、水利部《关于从土地出让收益中计提农田水利建设资金有关事项的通知》(财综〔2011〕48 号)
森林植被恢复费	《森林法》第 37 条	三峡水库库区基金	《长江三峡工程建设移民条例》第 45 条
水利建设基金	财政部、国家发展和改革委员会、水利部《关于印发〈水利建设基金筹集和使用管理办法〉的通知》(财综〔2011〕2 号)	中央特别国债经营基金财务收入	《关于加强国债专项资金财政财务管理与监督的通知》(财基字〔1998〕619 号)

续表

政府性基金项目	最高设立依据	政府性基金项目	最高设立依据
南水北调工程基金	国务院办公厅《关于印发〈南水北调工程基金筹集和使用管理办法〉的通知》(国办发〔2004〕86号)	航道养护费	原交通部、原国家计委《关于对航行国际航线船舶征收长江口、珠江口航道养护费的通知》(交财发〔1997〕129号)
残疾人就业保障金	《残疾人保障法》第33条	核电站乏燃料处理处置基金	财政部、国家发展改革委、工业和信息化部《关于印发〈核电站乏燃料处理处置基金征收使用管理暂行办法〉的通知》(财综〔2010〕58号)
政府住房基金	《住房公积金管理条例》第18条	可再生能源发展基金	《可再生能源法》第24条
城市公用事业附加	《关于征收城市公用事业附加的几项规定》(〔64〕财预王字第380号)	船舶油污损害赔偿基金	《海洋环境保护法》第66条
国有土地收益基金	国务院办公厅《关于规范国有土地使用权出让收支管理的通知》(国办发〔2006〕100号)	电力改革预留资产变现收入	财政部、中国人民银行、国家税务总局《关于修订2007年政府收支分类科目的通知》(财预〔2007〕24号)
国有土地使用权出让金	《城镇国有土地使用权出让和转让暂行条例》第14条	废弃电器电子产品处理基金	《废弃电器电子产品回收管理条例》第7条
农业土地开发资金	国务院《关于将部分土地出让金用于农业土地开发有关问题的通知》(国发〔2004〕8号)	计提的教育资金	财政部、教育部《关于从土地出让收益中计提教育资金有关事项的通知》(财综〔2011〕62号)

续表

政府性基金项目	最高设立依据	政府性基金项目	最高设立依据
大中型水库库区基金	国务院《关于完善大中型水库移民后期扶持政策的意见》(国发〔2006〕17号)	城市基础设施配套费	原国家计委、财政部《关于全面整顿住房建设收费取消部分收费项目的通知》(计价格〔2001〕585号)
彩票公益金	《彩票管理条例》第28条	—	—

注:由于国务院和财政部在2015～2017年将其中19项资金转入一般公共预算,为便于结合主题展开分析,本章未选取最新的基金项目,但不影响数据的有效性,因为转入一般公共预算后,多数资金仍正常征收,而没有从法律位阶上提高征收依据。另外,本表中未列出教育费附加收入,其属于政府性基金,但一直按照一般公共预算管理,这也恰恰表明,简单的资金统筹行为,并不代表资金征收的合法性。另外,部分基金如新某地开发基金、城市公用事业附加等已被取消,相应的设立依据条文也已被修改。

然而,将政府性基金简单等同税收,会导致两个方面的问题:一是容易导致税收立法标准的混乱。按照税收法定原则的要求,政府性基金的征收对象、征收客体、征收标准、征收管理等基本要素需要法律规定,而只依赖税收立法规制将难以应对技术性、细节性难题,这也是对中国税收立法能力的挑战。在当前连基本税种都依赖行政立法的现实条件下,这无异于画饼充饥,反而不利于税收法定原则的实施。二是容易导致政府性基金预算与一般公共预算的相互替代。因为按照《预算法》第9条第2款规定,政府性基金预算的编制实行以收定支、专款专用,如果将政府性基金等同税收,势必需要按照一般公共预算的要求统筹使用而不是专款专用。那么,政府性基金预算也就没有存在的必要了,这就与《预算法》第5条第2款所提出的保持政府性基金预算完整、独立的要求相悖。

纵然,政府性基金与税收一样,同属于国家对私人财产的征收,但就所涉资金的公共性而言,两者并无本质差别,都构成公民的财政负担。①就公共物品的供给而言,采用政府性基金方式还是税收方式,取决于公共

① 参见王雍君编著:《公共预算管理》,经济科学出版社2010年版,第21页。

物品的性质。[①] 一般公共物品由于非竞争性、非排他性而只能依赖于税收这种具有无偿性、强制性、固定性的征收形式。征收对象不特定、支出用途公用性成就了一般公共预算的公共财政特质，也使税收成了现代国家对私人财产权限制程度最高的方式。[②] 同样，也就决定了对税收的规制强度和规制方式应采用立法制，经由议会立法的方式来设立税种、税率和税收征收管理等基本制度，而不能交由行政立法或者行政规章来解决。

相较税收提供一般公共物品的规模效应而言，特定公共物品如果全部交由税收提供则显得难以为继，也不符合其法理基础。一方面，与市场经济相伴而生的市场失灵、垄断、信息不对称、收入差距等问题，支配政府职能从传统的公共物品供给发展到收入再分配，以及对特定风险的防范和维持经济稳定等职能。[③] 社会基础设施、教育、通信和社会福利等特定公共物品支出规模不断扩大，单纯依赖税收难以支撑，这也与我国当前经济发展阶段所遇到的财政支出矛盾相吻合。另一方面，单纯依赖于税收供给特定公共物品也会遇到法理上的难题。由于特定公共物品要么只具有竞争性而无排他性，可能存在拥挤效应和过度使用的情况；要么只具有排他性而无竞争性，可能存在供给不足或供给过剩的情况。[④] 拥挤效应和过度使用以及供给不足和供给过剩的现象，都源于特定公共物品虽然如同一般公共物品一样具有外溢性，但前者的外溢性小于后者。如果不能在使用者与付费者之间建立一定程度的对称性，特定公共物品的成本难以经由使用者付费而径直交由税收支撑，则有违税收的公平理念，也难以获得民意的支持。

所以，现代社会公共管理和服务的提供还普遍采用行政事业性收费

---

① 参见高培勇主持：《中国税费改革问题研究》，经济科学出版社2004年版，第4页。

② 参见刘剑文：《落实税收法定原则的现实路径》，载《政法论坛》2015年第3期。

③ 参见[美]维托·坦茨：《政府与市场：变革中的政府职能》，王宇等译，商务印书馆2014年版，第341页。

④ 参见[美]埃莉诺·奥斯特罗姆：《公共事物的治理之道：集体行动制度的演进》，余逊达、陈旭东译，上海三联书店2000年版，第44～46页。

制度。就现代市场与政府的关系而言,凡是公共物品可以通过市场机制提供的,政府就具有辅助地位,政府应遵守"辅助国原则",[①]相应地,使用者付费原则就具有优先地位。只有当国民认为已经超越市场所能承受的能力,出现一定程度的竞争性、排他性时,才需要国家的介入。行政事业性收费就是建立在使用者和受益者之间直接的对价关系基础上,以合理标准补偿社会公共管理和特定公共服务的成本,市场主体可以在认为成本过高的情况下选择不使用,从而使其对私人财产权的侵犯控制在受益者可接受的范围和程度。因此,行政事业性收费也就具有了直接对价性、可选择性和需要成本定期评估等特点。进而在法律规制上,各国普遍采用行政审批制,通过立法机关明确授权行政机关以命令、规定等方式,经由行政许可、收费听证等程序来确定收费主体、对象和标准等要素以及成本核算、项目公示、定期评估等机制,使之符合行政效率原则。由于行政事业性收费所耗费的公共管理和服务成本体现为普遍性质的公共服务,财政收入纳入一般公共预算,财政支出也理当通过一般公共预算统筹解决,无须规定特定的用途。[②]

既然税收、行政事业性收费以及政府性基金等财政收入都是国家基于公共服务附加于私有财产权上的金钱给付义务,从而决定了税收必须采用立法制方能符合税收法定原则,行政事业性收费只能采用行政审批制方能符合行政效率原则,两者纳入一般公共预算管理方能体现公共财政理念。而对于政府性基金,则需要依据其基本属性以及对私人财产权附加义务的强度来确定法律规制的程度与方式,方才符合正当性。

(二)政府性基金概念的中国语境

囿于理论和实务很少关注政府性基金属性、功能定位的研究,学界一般比照德国的"特种公课"概念进行解读。[③] 但笔者认为,即使"特种公

---

① 参见葛克昌:《税法基本问题(财政宪法篇)》,北京大学出版社2004年版,第188页。

② 参见李冬妍:《打造公共财政框架下全口径预算管理体系》,载《财政研究》2010年第3期。

③ 即使"特种公课"概念与我国政府性基金概念具有较大相似性,但还是存在理论上和实务中的差别。参见刘剑文、熊伟:《税法基础理论》,北京大学出版社2004年版,第19~20页。

课”与政府性基金概念具有一定的相似性，可以适当借鉴，但财税法治本就具有特定国别性，政府性基金的概念在我国已有较长的存续时间，《预算法》已经明确将政府性基金预算作为四本法定预算之一。[①] 此外，我国当前正处于工业化和城镇化快速发展阶段，交通、水利、城市基础设施和文化、生态保护等公共事业的发展难以通过税收等一般公共预算统筹解决，从而决定了政府性基金及政府性基金预算作为中国特色财政发展的重要载体，将在我国财政管理的舞台上长期扮演重要角色。[②] 如果削足适履，将导致理论与现实脱节。所以，笔者仍主张使用政府性基金概念，并加以特定化、具体化。

与税收相比，政府性基金是对于特定群体所课征的公法上的金钱给付义务，基金缴纳主体与特定公共事业发展具有潜在的受益对价，如公法义务的免除、生产生活的便捷、环境的改善或者生产的可持续发展，[③]秉承的是受益者付费原则，在公共事业受益者和成本承担者之间建立适度的对价。当特定公共物品的成本过高时，市场主体具有可选择的空间，这就与特定公共物品的属性天然契合，反而更能体现财政公平原则，也有利于特定公共物品的供给。所以，政府性基金与税收在道德上没有优劣之分，只是职能作用不同。

基于政府性基金是对特定对象征收并专项用于特定公共事业的财政收入，基金缴纳义务主体和公共事业受益主体之间具有潜在的对称性。那么在基金缴纳义务主体和特定公共事业之间建立法律上的勾连便成为可能，从而使政府性基金预算支出符合缴纳义务主体的意志和利益。所以，政府性基金区别于税收和行政事业性收费，应当具有如下基本属性：一是被课征群体与其受益之间存在潜在的关联性。二是国家政策性。通过专款专用，

---

① 参见李冬妍：《打造公共财政框架下全口径预算管理体系》，载《财政研究》2010 年第 3 期。

② 参见邓力平：《中国特色社会主义预算管理监督理论与实践》，载《财政研究》2017 年第 12 期。

③ 参见胡兰玲、曹玉雯：《我国政府性基金设立制度研究——以国家重大水利工程建设基金为视角》，载《河北法学》2014 年第 2 期。

优先发展国家支持的公共事业，而不能流入公共预算统筹使用。三是财政辅助性，财政收入并非政府性基金的主要目的，而仅能成为其附随目的。①

政府性基金虽然在负担与受益之间存在潜在的对称性，不如税收的无偿性但高于行政事业性收费的直接对价性；虽然只是对特定对象财产权的侵犯，强制性略逊于税收，但高于行政事业性收费的可选择性；虽然具有特定的政策性，课征强度低于税收的固定性，但高于行政事业性收费的成本定期评估。继而，相较行政事业性收费对私人财产权的侵犯强度与规制程度、方式的比例性，政府性基金的设立如果也依据审批制，将导致私人财产权的实质性侵害，背离财政民主原则。因此，对政府性基金设立的法律规制只能参照税收立法，经由立法设立制度来获得课征正当性，经由政府性基金预算管理来获得支出与管理民主性（如图3－2所示）。

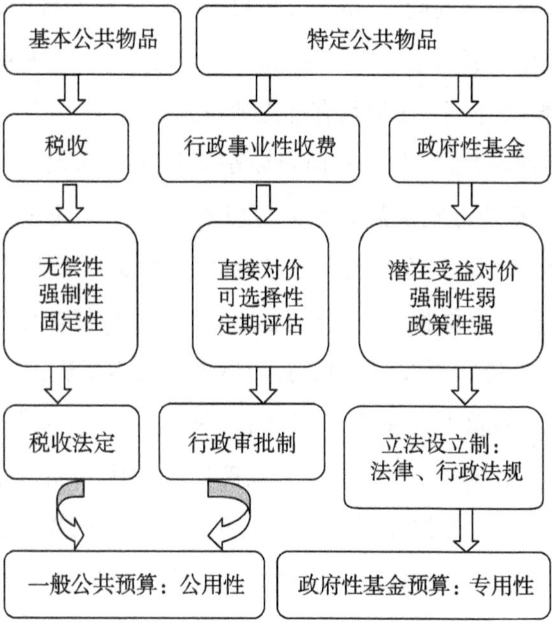

图3－2　供给公共物品财政工具的法律规制机理

---

① 参见辜仲明：《特别公课之规范概念及基本原则》，台北，中原大学2001年硕士学位论文，第99页。

四、《预算法》对政府性基金的规制效力

(一)《预算法》第9条的法教义学分析

《预算法》第9条分别设置两款规定,明确了政府性基金的设立依据、征收对象、征收方式和支出用途,以及预算编制原则等。从语义上理解,该条第1款是对政府性基金预算管理的定位,界定了预算管理的内容,包括预算资金的收入与支出。该条第2款是对政府性基金预算编制原则的限制。但从更深层次的功能理解,该法条还具有对预算资金项目的法律规制效力,即其预算管理资金项目的设立依据,在法律位阶上必须是法律或者行政法规。因为依据反向解释方法,如果没有法律或者行政法规依据的资金项目,就没有存在于政府性基金预算的空间,从而该条文在规范政府性基金预算管理的同时,将资金项目的设立依据涵摄于该法条之中,具有了规制资金项目设立的法律效果。申言之,政府性基金预算项目设立的法律依据在位阶上,法律具有优先地位,只有在法律规制不具备的条件下才适用行政法规的规定,从而行政法规处于辅助地位,而且最低的法律依据也只能是行政法规。由此可以看出,与《立法法》对税收的规制相比,《预算法》第9条对政府性基金预算项目设立依据的规制强度明显降低,前者要求税收立法遵循税收法定和法律保留原则,即使授权于行政法规也应遵守授权明确原则,而后者既明确了法律也明确了行政法规,两者都具备政府性基金预算项目的设立效力。尤其是在法律层面,可以说,《预算法》第9条限定了政府性基金预算项目设立的法律、行政法规依据,同时也排除了依照其他规范性文件征收、收取和以其他方式筹集的资金项目,进而为政府性基金预算项目的立法设立制度扫清了障碍。

从体系解释角度看,政府性基金预算正是对具有专款专用预算特质的财政资金的收支管理,对于政府性基金概念的解释,也应该探寻法律规

范的立法意图所欲涵盖的内涵和外延,采用扩张解释方法。[①] 概言之,政府性基金的概念不但应当包括政府性基金预算中狭义的政府性基金,即财政部历年公布的《全国政府性基金目录清单》中的目录基金,还应当包括广义的政府性基金,即具有政府性基金基本属性的非目录基金。而且,也只有从扩张解释的角度才能厘清以下矛盾:一是冠以"政府性基金预算"名义的预算却包含大量非目录基金的问题,解决了设立依据不同的矛盾。二是财政部历年公布的《全国政府性基金目录清单》中并未包含专项资金但省级财政部门却公示在列的矛盾。[②]

(二)预算统筹衔接须符合《预算法》的规范意旨

财政部和国务院在 2018 年《预算法》生效之后,先后将政府性基金预算中的 19 项资金统筹衔接到一般公共预算之中,虽然有助于提高这些资金的使用效率,也有利于与一般公共预算支持基本公共服务的功能相衔接,[③]但对于该行为来说,有违《预算法》的相关规定。

1. 政府性基金的设立与政府性基金预算收支范围的调整不应混淆。政府性基金的设立是对特定对象财产权附加的公法上的义务,虽然其支付与受益之间具有法律上的关联性,[④]但并不能抹杀其对私人财产权的侵犯,政府性基金的设立仍然需要贯彻财政民主原则。按照《预算法》第 9 条的要求,只有在法律条件不具备的情况下才适用行政法规的规定,即遵循法律优先原则。即使法律或行政法规授权财政部制定具体征收管理办

---

① 参见[德]卡尔·拉伦茨:《法学方法论》,陈爱娥译,商务印书馆 2003 年版,第 133 页。

② 根据笔者收集到的资料显示,吉林省 2014 年的《政府性基金目录清单》中还罗列了政府住房基金、彩票公益金、车辆通行费等 7 项专项资金,宁夏 2015 年《政府性基金目录清单》中还包含电力需求侧专项资金,江苏省还在 2016 年《政府性基金目录清单》中的水利建设基金下设立防洪保安资金和农业重点开发建设资金。但是,随着财政部对全国政府性基金的逐步规范,截至 2021 年 8 月,包括中央在内的各级财政部门均建立了专门的政府性基金目录清单,诸如电力需求侧专项基金等也随之取消。

③ 《预算法》第 6 条规定,一般公共预算是对以税收为主体的财政收入,安排用于保障和改善民生、推动经济社会发展、维护国家安全、维持国家机构正常运转等方面的收支预算。

④ 参见刘剑文、熊伟:《税法基础理论》,北京大学出版社 2004 年版,第 31 ~ 32 页。

法，也应当在法律或行政法规中明确征收主体、客体、标准、期限以及支出等基本要素，禁止空白授权，财政部更不能擅自设立政府性基金。这既是对政府性基金征收行为所设立的法律规制，也是对特定主体财产权的法律保障，更是规制国家侵犯私人财产权的第一道门槛。而《预算法》第28条关于预算收支范围调整的内容，[①]是对国家获得财政收入之后预算收支的分类管理，[②]不能替代政府性基金的设立要求。财政部和国务院先后将19项政府性基金转入一般公共预算的措施，只是改变了这些资金的预算管理方式，并不能改变这些资金征收设立的法律规制要求。所以，将政府性基金的设立与政府性基金预算收支范围调整相混淆，显然违反《预算法》第9条的规定。

2. 政府性基金预算管理体系应当完整、独立。《预算法》第9条已经对政府性基金预算作出了清晰定位，即特定公共事业的发展应依赖于特定主体的支付，秉承使用者付费原则，并专款专用，从而与一般公共预算、国有资本经营预算和社会保险基金预算之间建立起定位清晰、分工明确的政府预算体系，这也为《预算法》第5条所确认。[③] 该条文已经明确政府性基金预算是我国政府预算体系之一，虽然在该条第2款中要求政府性基金预算与一般公共预算相衔接，但要求衔接的条文位于要求保持完整、独立的条文之后，根据法律解释方法，应根据法律条文的结构安排以文义解释为先。[④] 显然，从该条文的结构看，衔接的前提首先是保持政府性基金预算的完整、独立，这也符合条文的逻辑。只有保持政府性基金预算完

① 《预算法》第28条规定，政府性基金预算的收支范围，按照法律、行政法规和国务院的规定执行。

② 典型情况如中央特别国债经营基金收入、烟草企业上缴的专项收入以及债务收入等收入只具有预算分类科目的功能而不存在对于私人财产权的剥夺。

③ 《预算法》第5条第1款规定，预算包括一般公共预算、政府性基金预算、国有资本经营预算、社会保险基金预算。该条第2款规定，一般公共预算、政府性基金预算、国有资本经营预算、社会保险基金预算应当保持完整、独立。政府性基金预算、国有资本经营预算、社会保险基金预算应当与一般公共预算相衔接。

④ 参见杨仁寿：《法学方法论》，中国政法大学出版社1999年版，第139页。

整、独立，才能保障特定公共事业发展所需资金，这也符合我国当前政府预算管理体系的现状。在将19项政府性基金转入一般公共预算后，财政部将其列为非税收入科目中的专项收入，如果是继续专款专用，则可能破坏一般公共预算的公用性，也与我国当前力图解决税费专用性的意图相违背。① 但如果是统筹使用于一般公共支出或者减少一般公共支出用以抵消政府性基金支出的影响，不但有悖于政府性基金的专款专用预算特质，而且易导致政府性基金预算与一般公共预算相互替代，最终两者没有任何差别，那么政府性基金预算也就没有存在的必要了，这显然不符合《预算法》的相关规定。

3. 政府性基金的设立与运行应符合现代财税法治理念。当前我国政府性基金的设立依据层级较低，普遍采用行政审批制，就连取得法律和行政法规课征依据的政府性基金，也只是法律和行政法规的空白授权。② 由于缺乏对征收基本要素的明确界定，导致征收与管理的混乱。只有通过提升征收依据，明确征收对象、标准、期限等基本要素，保障特定主体的财产权，方能获得民意的支持和法律的尊崇，否则，可能产生《预算法》第92条关于违法设立政府性基金项目的法律责任。③ 财政部在2018年《预算法》实施之后，依然通过财税〔2016〕33号文将政府性基金的征收依据设定为国务院和财政部的规定，这就明显违反了上位法的规定。同时，财政部和国务院将政府性基金转入一般公共预算的行为，并不能限制这些资金对特定群体财产权的征收效果，反而会无限制地扩大。因为政府性基金专款专用于特定公共事业发展，本就具有时效性，需要根据成本核算定期评估，或者增加或者减少或者取消相应支出。如果将政府性基金统筹

① 国发〔2014〕45号文提出，逐步取消城市维护建设税、排污费、探矿权和采矿权价款、矿产资源补偿费等专款专用的规定，统筹安排这些领域的经费。

② 参见田开友：《政府性基金课征的法治化及其制度路径》，载《湘潭大学学报（哲学社会科学版）》2015年第5期。

③ 《预算法》第92条第4项规定，违反规定设立政府性基金项目的，责令改正，对负有直接责任的主管人员和其他直接责任人员追究行政责任。

使用于一般公共支出并长期征收,则会违背《预算法》第9条"以收定支"的法律限制。

五、立法设立制度的演进路径

政府性基金作为我国特色的财政工具,就其功能而言,推动了诸如水利、电力、铁路、民航等基础设施和环境保护、生态建设乃至教育事业的快速发展。[①] 但就其本质而言,政府性基金是国家基于政治权力对特定对象所附加的公法义务,虽然政府性基金的支付主体与其受益具有潜在的对价,但仍不能掩盖其强制性征收的本质。

(一)立法设立制度的确认

即使国家将政府性基金逐步纳入政府性基金预算管理,并成为政府预算体系的重要组成部分,但政府性基金的立法设立与课征之后的预算管理属于不同的法律关系,具有不同的法律功能。前者在于规制国家对私人财产权的侵犯,需要遵守《预算法》第9条关于政府性基金设立的法律依据,经由立法设立制度来获得课征效力。法律应处于优先地位,只有在法律条件不具备的情况下才适用行政法规的规定,也只有在法律或行政法规明确授权的条件下,下位法才能就征收管理的技术性、应变性或专业性问题进行规范,[②]且不能违反上位法的规定和原则。后者在于在政府性基金预算管理中落实财政民主原则,需要遵守《预算法》第9条关于政府性基金专款专用于特定公共事业的要求,经由人大批准来获得民主正当性。如果漠视2018年《预算法》对政府性基金设立依据的规制要求,继续沿用行政审批制,那么未经民意检验的政府性基金将与合法的基金一道,进入政府性基金预算并交由人大审批,不仅从根源上脱离了人大对财

① 参见陈发源:《我国政府性基金法律制度研究》,安徽大学2012年博士学位论文,第33~34页。

② 参见黄茂荣:《法学方法与现代税法》,北京大学出版社2011年版,第332页。

政收入来源的控制，而且易脱离税法的规制。① 同时，政府性基金的预算管理也有助于保障资金专款专用于特定公共事业，从技术层面限定政府性基金的支出方向，确保基金支付主体与其受益之间获得适度的平衡，既取之于特定对象又用之于特定对象，不致违背受益者负担原则。② 换言之，政府性基金的立法设立有助于提升立法效力、提高遵从度，进而为落实以收定支的预算管理提供收入保障；政府性基金的预算管理有助于提高财政透明度、增强绩效性，进而为基金课征立法提供民意支持。两者既相互制约又相互协调，统一于财税法治与财税民主，共同推动政府性基金与政府性基金预算的民主化、科学化。

（二）授权立法的明确

经由以上分析可以看出，对政府性基金设立的法律规制应实行立法制而非审批制，应纳入政府性基金预算专款专用，而非一般公共预算统筹使用。虽然从长远看，通过制定"非税收入法"可以从法律位阶上提升政府性基金的征收依据，但从短期来看，授权性立法将仍是政府性基金法律规制的现实选择。通过法律、行政法规来明确政府性基金设立的基本要素，如征收对象、客体、标准、期限以及支出、责任等内容，即使需要授权下位法制定具体的征收管理等实施办法，也应当秉承授权明确原则。③

第三节　预算收入与支出协调的公共财产法逻辑：以资源税为例

《预算法》经过 2014 年的修订，在第 55 条重申依法及时、足额征收预

---

① 参见许善达等：《中国税权研究》，中国税务出版社 2003 年版，第 8 页。

② See Blackwell C. et al., *Styles: Local Government Compliance with Ear-marked Tax Regulation*, Public Finance Review, Vol. 34:5, p. 212 – 228 (2006).

③ 参见刘剑文：《论财政法定原则——一种权力法治化的现代探索》，载《法学家》2014 年第 4 期。

算收入的同时,新增了“各级政府不得向预算收入征收部门和单位下达收入指标”条款,可以说是对党的十八届三中全会关于税收法定原则的落实。中共中央办公厅《关于人大预算审查监督重点向支出预算和政策拓展的指导意见》重申了预算审查的重点由赤字规模和预算收支平衡转向支出预算和政策拓展。自此,我国的预算收入由原来的强制性指标转变为预期性任务,在财政法权结构中,预算权与征税权之间演变为纯粹的分离模式。①

一、预算法如何规制预算收入

正如资源税等属于秉持“使用者付费原则”的特种目的税,其往往同环境保护税的“污染者付费原则”一样,呈现收支平衡性的特质。虽然国发〔2015〕35 号文为优化资金配置效率,提高预算统筹水平,要求取消包括城市维护建设税等专项收入的专款专用规定,并推动立法修改,消除预算法定原则对税收征收的规制效力。但无论是税收法律还是预算法案,都是经过民主同意的法律或法规范,②完全可以作为国家取得收入的依据。虽然年度预算编制由原来的平衡状态、赤字规模向支出预算和政策

① 虽然有学者依据预算任务由强制性转为预期性,认为中国的税权与预算权属于分离模式。参见叶姗:《一般公共预算收入预期之实现》,载《税务研究》2015 年第 1 期。然而,这种研究忽略了中国税收制度的特定性,如城市维护建设税、环境保护税、资源税等特定目的税,还有大量的专项收入,虽然名义上属于非税收入,但本质上就是税收,如教育费附加、地方教育附加等政府性基金,它们均具有专款专用特质,在征收和支出层面都涉及税权与预算权的法权关系,都是经由民主程序获得了法律规范效力,如果忽略税收与预算的本质联系,势必割裂征税与用税之间的关系,不利于财税法研究所追求的公平正义和基本逻辑。参见吕铖钢:《公共财产与私有财产分离下的财税法一体化》,载《财政研究》2018 年第 12 期。

② 关于预算的法律性质,学界有“预算行政说”、“预算法规范说”和“预算法律说”3 种学说,但无论是何种观点,都赞同预算的类似法律的地位高阶性。参见蔡茂寅:《预算法之原理》,台北,元照出版有限公司 2008 年版,第 45 ~ 51 页。但此种观点往往忽略了预算不同于法律的最大特征不在于其形式,而在于两者的位阶不同,以及由此引发的效力差异,如按照法律位阶划分,法律只包括宪法、法律、行政法规、地方性法规以及规章等,县级以下往往不存在立法空间,而按照预算层级划分,我国包括了中央与地方共五级预算体系,就连最低层级的乡镇,也具有作出预算决议的权力。如果将五级预算的决议都视同为法律或法规范,既难以与法律体系相衔接,也难以获得《立法法》的确认。所以,笔者认为,此处比较的应该是同属于中央的立法权。

拓展,但收支应当保持平衡,这是任何预算都必须遵循的铁律,也是对国家预算决策最关键的约束之一。[①] 而且《预算法》第55条只是要求"各级政府"不得下达收入指标,而并未明确各级人大是否也不得下达收入指标。作为政府施政的对价,预算收入是政府预算草案编制的核心事项,经由人大审批便成为具有约束力的预算法案,预算收入的拘束力便具有了法理基础。同时,在财税实践中,由于预算收入的减少,必然意味着政府施政行为的财力不能或政策减损,各级政府也往往将预算收入作为其强制性指标予以确认。由此,预算法案中确定的预算收入任务在拘束政府的同时,必然成为政府所属征收部门的约束性任务。该条文不属于强行性禁止条款,其立法目的不在于禁止预算任务的强制性,而在于支持和落实税收法定原则的同时,为今后预算赤字寻求法律支撑,并为跨年度预算平衡的构建提供法理依据。因此,邓力平在分析《预算法》修订的三审稿和最终版本后,直接声称"预期性任务也是任务",人大通过预算法案后便成为法定任务,征收部门便需应收尽收。[②] 换言之,《预算法》将"禁止下达收入指标"语句由三审稿中的"预算编制"章节,调整到终稿中的"预算执行"章节,并不表明可以取消预算任务,而只是表示在预算执行环节应当遵守税收法定原则,但对于在预算编制环节确定的预算任务,各级政府仍应当予以保障。在此意义上,与其说税务机关是按照税收法定原则行使课税权,倒不如说,预算任务的征收既是课税权行使的标志,也是预算法上收入预算权执行的体现。[③] 此外,政府预算体系不仅包括一般公共预算,还存在政府性基金预算"以收定支"、"收支不抵时自动削减支出"、国有资本经营预算"不列赤字"以及社会保险基金预算"收支平衡"等强制性

---

① 参见朱大旗:《从国家预算的特质论我国〈预算法〉的修订目的和原则》,载《中国法学》2005年第1期。

② 参见邓力平:《新预算法:基于中国特色社会主义财政的理解》,载《财政研究》2015年第10期。

③ 参见陈治:《减税、减负与预算法变革》,载《中国法学》2019年第3期。

要求,一味地强调预算收入的预期性,必然忽略其他三本预算的基本要求。而且,即使在一般公共预算体系内,不仅存在依赖于税收法定原则的税收收入,还存在本属于政府性基金的专项收入,以及其他不具有强制属性的自由性收入。预算决议对诸如税收等强制性收入需要更高效力的抽象法律授权的确认,并不能抹杀预算对于自由性收入的拘束效力,地方债等自由性收入尤其是占据地方税收半壁江山的土地出让收益,根本不能交由税收法定原则去直接约束,反而应当受到预算法定原则的约束,并作为其收入来源的直接依据。

二、税收与预算的法权结构

按照税权与预算权的法权关系划分,可以分为两种模式:一种是将征税权的行使与收入预算编制实施分离的模式。"收入预算不得单独作为强制性收入的法规依据",收入预算仅仅是当年预算收入的预估和计算,不具有强制性,均采用永久税主义,预算决议不具有税法创造力,①"年度收入依据预算以外的税法等法律征收"。② 另一种是将征税权与收入预算编制实施统合模式。每年的赋税需要经过预算议决,"单凭法律,还是不能够实现赋课征收,要经由每年的预算才能够赋课征收",③预算具有补充及完成税收法律的效力,税收法律需要预算决议的协同配合,方使课税权得以产生。美国采用的是单年税主义与永久税主义结合模式,预算分配可以基于课税要素调整、税收优惠等结果确定预算收入,也可以要求重新调整税制,以使收入水平与预算分配既有的目标达成一致,④下一预算年

---

① 参见蔡茂寅:《预算法之原理》,台北,元照出版有限公司2008年版,第77页。

② [日]神野直彦:《财政学:财政现象的实体化分析》,彭曦等译,南京大学出版社2012年版,第95页。

③ [日]美浓部达吉:《议会制度论》,邹敬芳、卞琳点校译,中国政法大学出版社2005年版,第291页。

④ 参见[美]艾伦·希克:《国会和钱:预算、支出、税收》,苟燕楠译,中国财政经济出版社2012年版,第318~319页。

度的征税除遵循税法外，还需要经过国会的同意。①

无论是分离模式，还是统合模式，税权与预算权的法权关系均需要结合各国税收征管和预算决议关系确定，完全割裂两者关系势必导致如下缺陷：一是税负过重而支出效率低下，导致暴力抗税、违法逃税事件频发，甚至危及政治安全。如历史上最早诞生税收法定和预算制度的英国，其资产阶级革命便是由于对国王征收私有财产的不满而引发，②美国独立战争的"导火索"也在于税收负担过重而支出转移至英国国内。二是税负不重但影响预算配置能力，导致非税收入泛滥，预算治理能力低下。如"分税制"改革之前的中国，税收占比不高，但大量不规范的非税收入在挤占税收的同时，成为民主预算难以约束的"自留地"。三是特定目的税的广泛存在，说明针对特定主体征收且专项支出于特定支出领域仍具有一定的现实价值和理性基础。如消费税、环境保护税等只针对特定主体和特定领域征收，专项或者侧重于特定事业发展，既符合比例原则，又在约束特定行为的同时，尽量不违反税收中性原则。

税收通常实行"一税一法"，单行税法主要关注税收要素的分配问题，至于税收总量负担则是税法实施的客观结果，单行税法只能控制自身税负，而难以约束总量负担。预算的核心是稀缺资源的配置，即将有限的资源配置给最有价值的活动或方向，暗示潜在支出目标之间的平衡，③但通常也意味着"对可得资源的有效配置"，④包括"可能得到"和"实际得到"两层含义，即通过综合考察单行税收与总量税收两方面的信息，确定"国

① 参见[美]V. 图若尼主编：《税法的起草与设计》（第1卷），国家税务总局政策法规司译，中国税务出版社2004年版，第23～28页。

② See Lyon B., *A Constitutional and Legal History of Medieval England* (2nd Edition), Norton, 1980, p. 386.

③ See Irene S. Rubin, *The Politics of Public Budgeting: Getting and Spending, Borrowing and Balancing*, Chatham House Publishers, Inc., 1992, p. 2.

④ [美]罗伯特·D. 李、罗纳德·W. 约翰逊、菲利普·G. 乔伊斯：《公共预算体系》（第8版），苟燕楠译，中国财政经济出版社2011年版，第98页。

家税入之最适规模的问题”,进而“考量财政支出的项目及效率”。[①] 然而,如果实际得到的总量税收与预算任务相距甚远,究竟是改革税制还是降低预算任务?有学者认为,应当考虑大规模税制改革,以调整税源、均衡预算。[②] 但也有学者认为,预算法定所体现的就是将预算收入与预算支出结合起来,并经由收支统筹安排以保持财政可持续,而非“改变税务系统”。[③]

可见,税收权与预算权虽然功能侧重不同,但“收于民用于民”的价值取向决定了两者法权结构间的必然联系。税收法定源于税收对私有财产权的直接侵犯,需要法律的稳定性、确定性和强制性层面的确认,这也是法律实施成本的考量,而不能如同预算法案一样,采用一年一变的原因。然而,税收是预算的前提和必要条件,没有收入就没有支出。先进行收入控制、再进行支出约束,先进入税收国家、再进入预算国家,既符合税法与预算法的演进历程,也是现代国家发展的必然路径。[④] 预算与税收立法一样,均以民主代议制程序获得效力基础,但又采用更加灵活的年度预算审议程序,在解除国民对私有财产权直接或间接侵犯质疑的同时,又通过稀缺资源的优化配置回馈国民,实现了征税、管税与用税的统一。因此,有学者通过划分预算运行的若干程序,从程序法的意义上认为“预算涵盖了几乎全部财政活动的内容,预算就是财政的全部”。[⑤]

三、资源费改税的现实路径

随着资源税改革的加速推进,清费立税逐渐成为改革的重心。[⑥] 矿产

---

① 参见黄茂荣:《法学方法与现代税法》,北京大学出版社2011年版,第53页。

② 参见叶姗:《一般公共预算收入预期之实现》,载《税务研究》2015年第1期。

③ 参见[美]艾伦·希克等:《国会和钱:预算、支出、税收》,苟燕楠译,中国财政经济出版社2012年版,第342页。

④ 参见王绍光、马骏:《走向“预算国家”——财政转型与国家建设》,载《公共行政评论》2008年第1期;徐阳光:《预算国家:财政法治的理想——源自美国的经验与启示》,载《环球法律评论》2009年第3期。

⑤ 邢会强:《程序视角下的预算法——兼论〈中华人民共和国预算法〉之修订》,载《法商研究》2004年第5期。

⑥ 参见王萌:《资源税研究》,经济科学出版社2010年版,第8页。

资源补偿费、矿区使用费、水资源费等财政资金随着矿产资源税的全面开征和水资源税的试点推进,都面临被停征的命运。财政部自2014年12月1日起,先后通过《关于全面清理涉及煤炭原油天然气收费基金有关问题的通知》(以下简称财税〔2014〕74号文)和《关于全面推进资源税改革的通知》(以下简称财税〔2016〕53号文,已失效)将全部资源品目矿产资源补偿费费率降为零,并提出"将矿产资源补偿费等收费基金适当并入资源税"。这也为国务院《关于印发矿产资源权益金制度改革方案的通知》(以下简称国发〔2017〕29号文)文件所确认。《资源税法(征求意见稿)》第18条则要求中外合作开采原油、天然气的企业不再缴纳矿区使用费,改征资源税。① 而对于水资源税的征收,财政部则采取水资源费改税的方式,先后通过《关于印发〈水资源税改革试点暂行办法〉的通知》(以下简称财税〔2016〕55号文)和《关于印发〈扩大水资源税改革试点实施办法〉的通知》(以下简称财税〔2017〕80号文)两个文件,重申税费平移原则,将水资源费征收标准降为零。

可见,无论是矿产资源补偿费、矿区使用费并入资源税,还是水资源费的费改税,费与税的关系已经成为资源税改革的关键。由此也引发本章所要讨论的重点:一是此类资金能否"并入"和"改为"资源税?两者之间是否仅限于费与税的关系而与租无涉?二是此类资金怎样"并入"和

① 由于针对中外合作开采原油、天然气企业开征的矿区使用费早于矿产资源补偿费的征收,在1994年中国开征矿产资源补偿费后,鉴于矿区使用费具有资源补偿费的性质,为保持政策稳定性,国务院《矿产资源补偿费征收管理规定》在第2条中设置了例外条款,即"法律、行政法规另有规定的,从其规定"。从而确立了矿产资源补偿费与矿区使用费的双轨制,也由此导致了中外企业的不公平竞争局面。国务院在2011年通过《关于修改〈中华人民共和国对外合作开采陆上石油资源条例〉的决定》(国务院令第606号)和《关于修改〈中华人民共和国对外合作开采海洋石油资源条例〉的决定》(国务院令第607号)两个文件,要求自2011年11月1日起订立的中外合作开采陆上、石油资源合同不再缴纳矿区使用费,随后原国土资源部办公厅《关于做好中外合作开采石油资源补偿费征收工作的通知》(国土资厅〔2012〕14号,已失效)要求改征矿产资源补偿费。但仍未处理好合同订立由于日期不同所产生的不同收费项目,以及由此引发的矿区使用费与资源税并存的不公平竞争困境。但是,《矿产资源税法(征求意见稿)》第18条已经提出取消双轨制,统一征收资源税。

"改为"资源税？当前的财税改革措施是否符合财税法治要求？三是此类资金在"并入"和"改为"资源税后，如何协调资源税、费与租的法律关系？从逻辑上讲，将资金项目"并入"和"改为"资源税，前提是其与资源税是否具有相同的法理基础或者功能定位，在"并入"和"改为"资源税后是否能够实现税费关系协调。由于不同的财政收入承载着不同的财政职能，并引发不同的法律规制。① 而资源税费改革不但牵涉费与税的关系，还和财税体制改革息息相关，更是生态文明建设的关键步骤。② 所以，将其纳入财税法治视角展开研究至关重要。基于以上考虑，本节即以停征此类资金项目为切入点，通过对其法理基础的探讨，厘清其与资源税的功能边界，并审视其背后的财税法治逻辑，以期能为当前资源税费改革和今后资源税的扩围提供理论支持和实践指导。

四、"并入"和"改为"资源税的财税法含义

依照国务院《矿产资源补偿费征收管理规定》的要求，征收矿产资源补偿费的目的在于"保障和促进矿产资源的勘查、保护与合理开发，维护国家对矿产资源的财产权益"。从而决定了其肩负的双重职能，也即在确保国家对矿产资源所有者权益实现的同时，促进资源的可持续发展。这一点也可以从财政实践中获得证据支持。作为一般公共预算收支中的专项资金，矿产资源补偿费在支出上设立了两个项级科目，即"矿产资源勘查支出"和"资源保护支出"。矿产资源勘查支出有助于掌握资源家底，寻找潜在资源，最大限度地保障国家所有者权益，而资源保护支出则有助于促进资源的集约节约利用，解决资源开发所导致的生态破坏和代际公平问题。针对中外合作开采石油资源所征收的矿区使用费，在一定程度上具有资源补偿费的性质，这是基于国家对石油资源开采权的让渡，而对中

① 参见郭维真：《中国财政支出制度的法学解析：以合宪性为视角》，法律出版社 2012 年版，第 12 页。

② 参见马凯：《坚定不移推进生态文明建设》，载《求是》2013 年第 9 期。

外合作企业有偿使用国有资源所收取的对价，体现了国家作为矿产资源所有者的权益。[①] 而按照国务院《取水许可和水资源费征收管理条例》，水资源费的征收宗旨在于"加强水资源管理和保护，促进水资源的节约与合理开发利用"。由此可见，相较矿产资源补偿费的双重职能，矿区使用费和水资源费则呈现明显的单项性，即矿区使用费只具有所有者权益即资源租的保障职能，而水资源费只具有资源可持续利用的保障职能。进而，能否"并入"和"改为"资源税，就需要对资源税和资源租征收的法理基础进行探讨。

（一）资源税和资源租征收的法理基础

自然资源具有天然的可耗竭性，当代人消耗自然资源的多寡直接影响着后代人所能享受的机会，代际利益的公平分配意味着自然资源不能仅由当代人享受收益而将福利损失附加于后代。[②] 加之，资源开发势必增加对道路、港口等基础设施的消耗以及对山体、植被等生态环境的破坏，这种负外部性也冲击着代内成本的公平分配。但市场机制下，自利的经济人势必会追求自身利益的最大化而逃避对资源开发所诱发社会成本的承担，导致资源开发的不可持续性，市场失灵必然产生。[③] 以往的实践也证实，资源开采者基于对利益的追求，并不会主动为资源保护和生态治理支付补偿成本。也正是基于资源开发收益与成本的不对称难以经由市场机制自动调节，才成为国家介入资源开发外部性的法理基础，而纠正这种外部性的最佳方案就是国家通过征收资源税来提高开采成本，以达致私人成本与社会成本的平衡。[④] 作为国家规制市场失灵的重要手段，资源税

---

① 参见丁全利：《维护国家矿产资源权益——解读我国首次开征中外合作开采石油资源补偿费》，载《国土资源》2012 年第 5 期。

② See Lewis C. L., *Rent Under the Assumption of Exhaustibility*, Quarterly Journal of Economics, Vol. 28:3, p. 466 – 489 (1914).

③ 参见林伯强等：《资源税改革：以煤炭为例的资源经济学分析》，载《中国社会科学》2012 年第 2 期。

④ 参见刘学敏：《从"庇古税"到"科思定理"：经济学进步了多少》，载《中国人口·资源与环境》2004 年第 3 期。

秉承受益者补偿原则，将资源开采的负外部性成本强制性地附加于资源价格之中，在保障资源价格市场机制主导地位的基础上，有利于抑制资源过度消费、促进资源集约节约利用，同时还为生态保护和资源可持续利用汲取财政资金，解决了代际和代内的公平困境。

因此，从资源税的立法基础来看，通过将资源开采外部性纳入税法评价体系，以资源开采外部性的大小作为衡量资源税的税负标准，赋予不同资源禀赋地区适度的税政管理权，有助于在市场机制与国家规制之间、企业适度开发与社会合理需求之间实现适度的平衡，也为资源富集地区的生态保护与基本公共服务供给之间建立财税制度上的联结，实现人与自然、国家与市场、中央与地方的和谐发展。由此，资源税征收的法理基础就区别于资源租对资源所有权的依附，自然资源所有者权益的保障也就不能依赖于资源税，而应成为资源租的基本职能。如果将资源税征收的法理基础界定为国家所有权，必将产生以下误区：一是混淆国家政治权力与经济权利。[①] 资源租源于资源所有权与使用权的分离，本质上是资源的可耗竭性。[②] 如果将资源租与资源税的职能相互替代，就如同将资源税建立在契约自由基础之上，势必违反税收的无偿性、强制性、固定性等基本属性。我国《宪法》第 9 条规定了自然资源的国家所有权，但也规定了例外情形，即“由法律规定属于集体所有的森林和山岭、草原、荒地、滩涂除外”。如果自然资源属于集体所有权，是否国家便不能征税？这显然不符合税收的基本原理。二是混淆了市场机制与税法规制的差异。资源租理应经由市场机制下的平等交换关系予以实现，这是所有权参与资源利益分配的初次形式，体现的是市场机制下的契约自由和等价有偿原则，而且在自利经济人的假设前提下，作为市场主体的国家和集

---

① 参见刘立佳：《基于可持续发展视角的资源税定位研究》，载《资源科学》2013 年第 1 期。

② See Lewis C. L., *Rent Under the Assumption of Exhaustibility*, Quarterly Journal of Economics, Vol. 28:3, p. 466 - 489 (1914)；陈文东：《资源税费改革若干问题研究》，载《中央财经大学学报》2013 年第 10 期。

体可以运用市场机制实现所有者权益的最大化。但对于资源开发的外部不经济问题,恰恰是市场机制难以克服的缺陷。资源税则针对市场机制在调节资源开发外部性失灵的基础上,国家规制市场失灵,属于资源利益的再分配。① 将资源开发负外部性纳入资源税法评价体系,既尊重了市场机制在资源配置中的主导作用,又发挥了国家对市场失灵的规制效力,避免了国家对资源配置的过度介入,符合现代国家规制的“辅助国原则”。②

(二)“并入”和“转入”资源税的含义澄清

承前所述,资源税通过将资源开发负外部性内部化,使边际私人成本近似于边际社会成本,从而具有了促进资源开发可持续发展的保障职能。由此,也决定了资源税课征的前提——资源开发行为——作为市场主体的民事权利,相对于国家的税法规制,具有基础性和前提性。进而,经由市场机制实现的资源租与经由税法评价实现的资源税,两者之间并无道德高低之分,只是法理基础和承担职能不同而已。如果我们将矿产资源补偿费、矿区使用费和水资源费统一定义为费而取消征收时,会产生如下缺憾:一方面,导致资源租与资源费的相互替代,进而在统一课征资源税时,面临资源税与资源租的相互替代问题。我国《宪法》第 9 条将矿产资源立法确立为国家绝对所有,但还存在诸如森林、山岭、草原、荒地、滩涂资源属于集体所有的例外情形,如果取消资源租和资源费的相应职能而交由资源税承担,易加重资源税的功能负担。同时,在面临自然资源属于集体所有权时,将陷入为何以及如何统一课征资源税的法理难题,而且随着资源税费改革的快速推进,森林、草场等自然资源在开征资源税时,也将面临以上难题。另一方面,面临矿产资源国家所有者权益的丧失问题。在财税实践中,我们一般将矿区使用费纳入国有资源(资产)有偿使用收

---

① 参见杨斌、雷根强:《论租税分流——资源税的改革方向》,载《财贸经济》1993 年第 11 期。

② 参见葛克昌:《税法基本问题(财政宪法篇)》,北京大学出版社 2004 年版,第 188 页。

入科目，而将矿产资源补偿费和水资源费作为非税收入中的专项收入，列在行政事业性收费名下，似乎与国家所有权无关，使其脱离了与国家所有者权益在法律上的联系。如果一并将矿产资源补偿费所具有保障国家所有者权益的功能取消，就等同放弃了国家让渡矿产资源开采权的对价，势必导致国家所有者权益的丧失，也明显缺乏合法性基础。①

因此，从矿产资源补偿费、矿区使用费的基本属性和具体职能看，与其说是资源费，倒不如说是以费的名义履行租的职能，在一定程度上具有资源租的本质属性。进而，与其说是将矿产资源补偿费、矿区使用费并入资源税，还不如说是将矿产资源补偿费促进资源可持续利用的职能并入资源税，而其保障国家所有者权益的职能非但不能并入资源税，还应继续保留或者并入资源租的实现机制之中。而对于水资源费，由于其只具有保障资源的可持续发展职能，与资源税的基本职能具有高度契合性，通过费改税形式更能体现税法在节约资源、保护环境基本国策实施中的法定性、权威性，理应界定为“改为”。但即使将此类资金“并入”和“改为”资源税，仍不能忽略其基本属性和所有者权益的保障职能。如果仅仅聚焦税而忽略了费与租的配合，将国家政治权力与经济权利、市场机制与国家规制相互替代，不但有损国家所有者权益的实现，而且不利于资源开发的可持续性，导致实践中屡屡出现“企业获益大，国家收益少，生态污染重”并存的局面以及“先因资源富集而兴”“后因资源枯竭而废”的困局。

五、资源税、费与租协调配合的财税法本质

我国《宪法》第 9 条通过显性条款对矿产、水等自然资源的国家所有权进行界定，并通过《矿产资源法》《水法》《森林法》《草原法》等一系列法律法规进一步明确了国家所有权和集体所有权的边界，要求建立资源有

① 参见李胜、李春根：《资源税改革研析》，载《税务研究》2017 年第 8 期。

偿使用制度,逐步形成了资源租、资源费与资源税的并行局面。尤其是目前资源税费改革所涉及的《矿产资源法》《水法》《对外合作开采陆上石油资源条例》《对外合作开采海洋石油资源条例》,分别要求缴纳矿产资源补偿费、水资源费和矿区使用费。此类资金项目在"并入"和"改为"资源税的过程中,不但涉及资源税、费、租的协调配合,还触及政府与市场边界、中央与地方关系等现代市场经济体制和现代财税体制改革中的深层次问题,并且后者具有决定性意义。

(一)政府和市场的作用边界划分

基于自然资源的稀缺性和重要性,我国对自然资源采取了最严格的资源保护制度,体现在产权界定上,即实行以国家所有制为主体,以集体所有制为例外的立法模式,这也使国家兼有了资源租的所有权与资源税的征税权。① 由于不同的利益主体具有不同的权利形态,不同的权利形态呈现不同的实现形式,所以,如果不能有效区分资源租与资源税的不同权利形态,必然将其实现形式混同,误解彼此法律关系,进而产生对其功能的误解,导致市场机制与国家规制的相互替代。

1. 法律关系的误解

市场机制调节资源开发外部性的失灵是国家规制的前提,从而奠定了后者的法理基础,而国家规制市场失灵究竟是采取税收还是收费的形式,取决于负外部性的大小,即使两者本质上都以使用者付费为原则。当资源开发的私人成本可以经由行政事业性收费形式,实现与社会成本的等价时,收费便具有优先地位,而当收费形式难以应对资源开发负外部性对资源可持续利用的冲击时,税收便成为必然选择。这也为我国当前将资源收费形式"并入"和"改为"资源税的财税实践所验证。虽然资源费和资源税都是国家规制市场失灵的必要手段,都体现了市场机制的主导地

① 参见欧阳天健:《论矿产资源补偿费与资源税法律制度的再协调》,载《中国人口·资源与环境》2016 年第 1 期。

位，但相对于收费形态的对价性、政策性和可选择性，税收具有无偿性、强制性和固定性等基本属性，更能体现现代财税制度的民主性、法定性和遵从性。[①]

正如前文所述，矿产资源补偿费兼有所有者权益和资源可持续利用的双重保障职能，而矿区使用费和水资源费只具有单项职能，如果对此不加区分，一味地清费立税，其实是对其法律关系的误解，势必导致国家所有者权益的丧失。资源税、费、租协调配合的本质是权利形态和实现形式的协调配合，尤其在国家兼具所有权与征税权的同时，资源租与资源税的协调配合应维系资源所有者权益和资源开发者利益的平衡，促进资源合理开发和集约节约利用，实现资源的可持续发展。

资源税是国家基于政治权力对市场缺陷的税法评价，不以所有权为必要条件，即无论资源属于国家所有，还是集体所有，只要有资源开采行为，国家均可以依据政治权力征收资源税，这也符合税收的基本原理。相对资源税对政治权力的依附，反映了资源开采者在公法上的义务关系，依赖于税收法定原则对财税法治的约束，体现了对负外部性的补偿；资源租则以自然资源的所有权（经济权利）为必要条件，反映了民事主体（包括国家）的平等关系，[②]依赖契约自由原则对权利双方的支持，体现了对资源所有者权益的保障。

2. 级差收益调节的误解

由于历史原因和认知误区，导致财税实践中屡屡发生以权力掩盖经济权利、以国家规制替代市场机制的情形，典型案例反映在对资源税调节企业级差收益的认知上，一直将资源税定义为级差调节税而非解决外

① 参见刘剑文、熊伟：《税法基础理论》，北京大学出版社2004年版，第8页。

② 参见马伟：《矿产资源税收问题研究：基于可持续发展的税收制度优化》，中国税务出版社2008年版，第23页。

部性。[①] 不可否认，在1984年中国资源税开征初期，矿产资源出让基本属于无偿性，国家通过以企业利润为税基征收超额累进税来调节矿产资源开发主体——国有企业的收益，从而实现公平竞争，该做法具有时代合理性。然而，这也使资源税背负了资源租的保障功能，一方面，混淆了国家规制与市场机制的差异，理论上存在对企业征收所得税和资源税的重复征税，实践中鞭打快牛、奖劣罚优，不利于资源开发的集约化、精细化发展。另一方面，极易引发政府与市场的错位，导致当前自然资源领域迟迟未能建立起以市场决定资源价格的现代市场经济体制。

其实，资源开发企业的收益差异既源于自然资源禀赋的客观现实，又与企业经营管理水平、技术条件等主观因素密切相关，属于资源配置和收益分割的初始环节，政府应秉承谦抑性原则，交由市场机制加以调节。应当通过资源出让环节的市场竞争机制，经由招、拍、挂等形式反映稀缺资源的市场价值，在保障资源租实现的同时，又不干扰市场的正常运行。加之，资源市场已经由传统的无偿转让模式转为有偿使用模式，资源税用于调节企业级差收益的历史条件和现实基础已经丧失。[②] 如果仍以资源税来调节级差收益，势必会增加对生产者的干扰，导致社会总福利的降低；反之，以补偿资源开发外部性为宗旨，则能提高消费者的福利，促进生产者剩余最大化。[③]

---

① 反对级差收益调节理论的代表性观点，参见曹明德：《矿产资源生态补偿法律制度之探究》，载《法商研究》2007年第2期；刘尚希：《资源税改革应定位在控制公共风险》，载《中国发展观察》2010年第7期；张海星：《深化资源税改革：重建立税依据与平衡利益关系》，载《税务研究》2013年第8期；刘生旺：《资源税应调节级差收入吗?》，载《中央财经大学学报》2016年第5期。除财税实践中坚持资源税的级差收益调节功能外，理论上支持的代表性论文，参见计金标：《略论我国资源税的定位及其在税制改革中的地位》，载《税务研究》2007年第11期；陈文东：《资源税费改革若干问题研究》，载《中央财经大学学报》2013年第10期；郭焦锋、白彦锋：《资源税改革轨迹与他国镜鉴：引申一个框架》，载《改革》2014年第12期；单顺安：《资源税功能定位的再认识及完善措施》，载《税务研究》2015年第5期。

② 参见施文泼、贾康：《中国矿产资源税费制度的整体配套改革：国际比较视野》，载《改革》2011年第1期。

③ 参见刘生旺：《资源税应调节级差收入吗?》，载《中央财经大学学报》2016年第5期。

至于由于资源存量的不确定性所产生的出让价格过低、企业收益过高、国家利益受损等问题，可以考察石油特别收益金的征收实践，运用市场机制逐步调节。当前针对石油开采企业征收的石油特别收益金就是调节企业级差收益的典型案例。通过将石油企业销售国产原油的超额利润上缴国家，在一定程度上调节了企业级差收益，保障了国家所有者权益的实现。石油特别收益金依附于国家所有权，仍是以销售国产原油为前提，在本质上仍是对资源租的分割，实施机制也是以国家与石油企业的协商为基础。[①] 这一点完全可以从起征点频繁提高的实践得到验证。

（二）中央和地方的财力与财权划分

作为资源税立法改革的重头戏，清费立税不仅是税收法定原则的落实，更是财税体制改革的重要组成部分，税费关系调整不仅是中央与地方财力的划分，更是财权边界的明确，有助于在构建现代财税体制的同时，推进国家治理体系和治理能力的现代化。如果仅从字面含义理解而以费论，财政部通过财税〔2014〕74 号文和财税〔2016〕53 号文分步骤将煤炭、原油、天然气乃至所有资源品目矿产资源补偿费的征收标准降为零，以及通过财税〔2016〕55 号文和财税〔2017〕80 号文将水资源税改革试点期间水资源费征收标准降为零的措施，并未将费从法律层面予以取消，财政部具有相应的提高或者降低收费标准的法定权力。在上位法的修订面临修法时间、技术、成本等因素考虑而不能适应财税体制改革步伐时，财政部的变通措施并无不当，也不失为一种低成本的制度改革路径。而若从其本质即以租论，财政部在事实上停征矿产资源补偿费、矿区使用费的行为，则忽略了国家所有者权益的保障，可能导致国家利益受损。

1. 授权立法的缺憾

《立法法》第 8 条要求税种的设立、税率的确定等税收基本制度只能

---

① 参见周志波、张卫国：《我国资源税制度演化历史与改革路径研究》，载《宏观经济研究》2015 年第 9 期。

制定法律，并通过第10条明确了授权立法的目的、事项、范围、期限等要素，已经初步确立了税收法定和授权明确原则。[①] 对于资源税费改革的试点行为，财政部通过《关于实施煤炭资源税改革的通知》（财税〔2014〕72号，已失效）、《关于调整原油、天然气资源税有关政策的通知》（财税〔2014〕73号，已失效）、财税〔2016〕53号文等一系列规范性文件逐步推进。姑且不论上位法明确授权的缺乏，仅就授权省级政府决定部分矿产品税目、税率以及授权河北、北京等省级或直辖市政府实施水资源税费改革的行为而言，财政部不但自身缺乏试点改革的法律依据，而且省级政府与其之间并不存在直接领导关系，在宪法上也不对其负责。换言之，财政部不能直接改变或者撤销省级政府在资源税费改革中的违法行为，这就极易导致授权立法中的监督存在制度漏洞与空档。[②]

基于税收法定原则对财税法治的基本要求和资源税费改革对试点模式的经验借鉴，授权立法既要满足税收立法的民主性，又要促进税费改革的科学性。尤其随着资源税的扩围，森林、草场、滩涂等自然资源将逐步开征，资源税费改革需要在原则性与灵活性之间获得适度的平衡。但这并不意味着清费立税可以脱法运行，资源税收立法仍应由全国人大及其常委会为主导，即使需要授权立法，也应秉持授权明确原则，通过国务院而非省级政府来确立资源税试点改革的基本要素。而对于省级政府来说，也只能在上位法确立的计征方式和税率幅度内提出适用建议，报请同级人大或其常委会决定。

2. 以财政收益为目的的缺憾

作为中央与地方的共享收入，矿产资源补偿费、矿区使用费在并入资源税后还未明确归属主体，而按照资源税收入划分的惯例，其应该属于地方财政收入。但水资源费在并入资源税时，财政部已经明确将试点期间

---

① 参见刘剑文：《地方税立法的纵向授权机制设计》，载《北京大学学报（哲学社会科学版）》2016年第5期。

② 参见苗连营：《税收法定视域中的地方税收立法权》，载《中国法学》2016年第4期。

的水资源税收入全部归属试点省份。显然从财政部的做法中我们可以看出,地方政府一直试图将资源税作为地方主体税种获得了中央政府的理解和支持,增加地方财政收入、调动地方积极性成为中央与地方推动资源税费改革的目的之一。然而,税费改革以财政收益为目的将产生如下缺憾:一方面,导致税收逆向调节,诱发地方政府的机会主义。资源税以财政收入为目的会激发地方政府加速开发、过度开发资源,加剧资源的不可持续性,尤其在当前中央对地方政府的生态保护评价体系难以建立的情况下,一味地追求收益最大化势必会影响地方政府的税收努力和寻租行为,增加其对资源经济的依赖。① 另一方面,面临资源禀赋差异,难以适应地方主体税收一致性要求。我国南北差异大、东中西资源分配不均衡,易导致资源富集与贫瘠地区的财税差距,而这种差距是客观因素,进而产生对财税公平的违反。况且,资源税目前还是小税种,2016 年其收入总额仅占全国税收收入的0.73%、地方收入的10%,而且随着结构性减税政策的实施,2016 年还同比下降了8.1%。

虽然资源税不足以支撑地方财政收入,但其补偿资源开发外部性的功能却关系资源的可持续发展。税目的增加、税率的提高,在一定程度上确实增加了地方财政收入,但这仅是对以往偏差的纠正,只具有工具价值,不能以工具价值代替目的价值。征收资源税的根本目的仍在于通过对资源开发外部性进行税法评价,遏制过度开发,提高集约节约利用,维持可持续发展的物质基础。国外的资源税法也提供了实践参考,作为对资源开发外部性课征的特定税种,资源税均处于辅助地位,仅发挥"拾遗补阙"的作用。② 如澳大利亚将资源税定义为生态税,强调资源税的非财政收益属性,③加拿大也将森林资源税确立为生态保护税,以促进森林资

① See Auty R. M. ,*The Resource Curse Thesis*: *Minerals in Bolivian Development*,1970 -90, Singapore Journal of Tropical Geography,Vol. 15:2,p. 95 -111(1994).

② 参见刘植才:《我国资源税制度改革发展的回顾与展望》,载《税务研究》2014 年第 2 期。

③ 参见姚林香:《国外资源税费制度经验与启示》,载《社会科学家》2017 年第 1 期。

源的可持续发展。[①] 因此,有学者声称,资源税不是财政收益税而应是生态可持续发展税。[②]

此外,当前资源富集地区出现的"富饶的贫困"现象,[③]不但与资源税制缺陷有关,而且还与市场经济体制密切相连。中央与地方对资源税费分享比例的划分,不能仅仅聚焦于资源税费收入,还应将资源税费改革与现代经济体制改革相结合。自然资源名义上的国家所有与现实产权主体的模糊、稀缺资源的潜在价值与现实中的无偿或低价出让,导致市场对资源配置起决定作用的价格机制迟迟未建立,加上产权责任的缺失,必然导致资源富集地区面临资源开采越多、生态越恶化、经济越落后的困境。[④]

六、资源税、费与租协调配合的公共财产法路径

随着经济社会的快速发展,资源需求与供给失衡矛盾日益突出,促进资源合理开发和集约节约利用逐渐成为社会的主流理念,党的十九大报告就在提出完善资源税法律制度的同时,将节约资源和保护环境确立为基本国策。作为经济社会发展的重要物质基础,自然资源的可持续发展势必要求资源供给与需求之间保持适度的平衡。资源税、费、租不但体现了市场与国家在资源配置中的不同法律地位,而且承载了中央和地方对财力与财权划分的逻辑,有助于反映资源的稀缺程度和内在价值,促进资源的优化配置和利益协调。公共财产法理论便提供了资源税征收、支出

---

① 参见杨树琪:《我国资源税定位与税收制度的匹配性研究》,载《云南财经大学学报》2012年第5期。

② 参见曹爱红、韩伯棠、齐安甜:《中国资源税改革的政策研究》,载《中国人口·资源与环境》2011年第6期。

③ 参见李香菊、祝玉坤:《西部地区矿产资源产权与利益分割机制研究》,载《财贸经济》2011年第8期。

④ 参见邓明、魏后凯:《自然资源禀赋与中国地方政府行为》,载《经济学动态》2016年第1期。

与监管的一体化思路，有利于资源租的静态权属与资源税、费动态流转的整体保护。[①] 因此，在一定程度上构建资源税、费与租协调配合的公共财产法路径就成为人与自然和谐发展、市场与国家相互促进、中央与地方两个积极性同时提高的关键。

（一）构建以市场机制为主导、国家规制为辅助的资源配置路径

如同现代国家普遍将自然资源确立为国家所有的立法模式一样，我国也通过根本大法形式将自然资源的所有权予以明确，体现了对所有者权益的重视。但对所有者权益的实现方式，我们却忽略了资源租的保障作用，导致国家决定税费负担的财税体制与市场决定资源价格的经济体制边界不清，既不利于促进所有者权益的实现，又不能有效保障资源的可持续发展。征收资源税费能够通过税费负担传导给价格，但却不能决定价格，资源价格的决定机制只能是市场机制。而面对资源开发外部性的调节失灵，却是市场机制固有的缺陷，从而奠定国家介入的法理基础，也决定了资源配置必须以市场为主导、国家规制为辅助的制度路径。

一是厘清资源税、费、租的边界，经由各自职能的协调配合，构建定位清晰、分工明确的资源价格形成机制与财税评价机制。相对资源租依附于所有权，体现了资源的初次分配，重在促进资源所有者权益的实现，资源税是对资源开发外部性的税法规制，体现了资源利益的再分配，重在促进资源的可持续发展，而资源费是国家作为社会事务管理者对资源占用成本所征收的对价，重在补偿服务和管理成本，三者之间不可相互替代，而应该相互协调。[②] 尤其是随着资源税的试点推进，当前征收资源费而未开征资源税的其他资源都需要厘清税、费、租的法律关系，在避免资源租流失的同时，将税费改革与资源市场化改革结合起来，促进资源的综合利用。二是逐步建立资源出让环节的市场主导机制，经由市场竞争和供求

① 参见刘剑文：《论财税体制改革的正当性——公共财产法语境下的治理逻辑》，载《清华法学》2014 年第 5 期。

② 参见张德勇：《资源税改革中的租、税、费关系》，载《税务研究》2017 年第 4 期。

关系反映资源价值,在保障资源所有者权益实现的同时,促进企业合理开发和社会集约节约利用。一方面,明晰自然资源产权主体,搭建产权交易平台,创新产权实现形式,切实保障资源租的最大化。另一方面,确立自然资源的生态价值,将包括矿产、水、森林等资源集合的生态空间融入生态价值系统,落实"绿水青山就是金山银山"的生态理念。中共中央、国务院印发的《生态文明体制改革总体方案》就要求,解决自然资源及其产品价格偏低、生产开发成本低于社会成本、保护生态得不到合理回报等问题。国务院还通过国发〔2017〕29 号文明确了矿产资源权益金制度,要求在资源出让环节以拍卖、挂牌、招标等形式统一征收矿业权出让收益,限制协议出让行为。党的十九大报告进一步提出设立国有自然资源资产管理和自然生态监管机构,统一行使国有自然资源资产所有者职责,建立领导干部自然资源资产离任审计制度,为所有者权益的保障提供了组织机构和制度支持。当下可以通过试点模式逐步建立资源分级管理主体,明确管理权限和管理职责,并将自然资源权益金制度扩展到水、草场、森林等领域,构建整体生态价值评价体系,以实现自然资源的合理补偿和整体保护。三是完善以国家规制为辅助的税费改革,经由税费对资源开发外部性的评价,实现资源的可持续发展。一方面,逐步将资源税费改革推向其他自然资源,通过试点推进模式降低改革风险,实现资源税费制度的合理转换。另一方面,逐步扩大从价计征的税目范围,将资源稀缺程度与资源税率、税额挂钩,确保税价联动,在促进企业合理开发、社会节约利用的同时,也为国家规制市场失灵提供财力支撑。

(二)构建中央和地方对财力与财权划分并重的协调配合路径

自然资源具有天然的地域性,当资源优势不能转化为经济发展优势时,资源税费改革难以激发地方政府的参与热情,就会制约现代财税体制建设的进程。① 这也被地方政府在资源税之外开征诸多的价格调节基金、

① 参见陈文东:《资源税费改革若干问题研究》,载《中央财经大学学报》2013 年第 10 期。

可持续发展基金等非税项目,以及财政部将水资源费改税收入全部让与试点省份后能够顺利扩围的现实所验证。只有当资源开发外部成本能够获得适度补偿时,资源输出地民众与地方政府才能自发地维护资源的可持续性发展。[①] 同时,属地管理、信息优势和征管便利等因素,加上保护资源的事权划分也决定了地方政府具备适度财权的逻辑。一方面,在税收法定的前提下,授权省级人大及其常委会适度的税收管理权,使地方能够根据资源分布状况、生态保护水平等因素决定资源税的具体税制和适用幅度。另一方面,提高地方政府对资源租的分享比例,在完善资源产权管理主体的基础上,体现资源开发的受益原则。[②] 国发〔2017〕29 号文就将中央与地方对矿业权出让收益的分配比例提高到 4∶6,《资源税法(征求意见稿)》还对地方人大决定税率适用幅度和计征方式适度授权,确保了税权集中与分权的统一。

此外,对于停征矿产资源补偿费、矿区使用费和水资源费所产生的支出空档,也应由其"并入"和"改为"的相应收入项目予以补位。具体而言,矿产资源补偿费和矿区使用费的所有者权益保障职能应交由资源租补位,而其促进资源可持续利用的职能则应交由资源税承担,同样,水资源费改税所产生的支出空档应交由资源税承担。但由于这些资金在停征之前属于专项资金,实行专款专用,如果停征之后不能弥补其专用性支出,在地方财力紧张的情况下,会冲击地方政府对此空档的财力投入。尤其在中央还难以将资源可持续利用纳入地方政府考核评价体系的情况下,亟须从制度顶层设计上设立专项资金或者倾斜使用比例。如美国的矿产资源税就明确了具体用途,亚拉巴马州规定森林资源税的 85% 专项用于森林保护工作,俄罗斯水资源税的 80% 也必须用于生态保护和资源修复。

① 参见欧阳天健:《论矿产资源补偿费与资源税法律制度的再协调》,载《中国人口·资源与环境》2016 年第 1 期。

② 参见陈少英、王一骁:《论水资源税生态价值之优化——以央地收益权分配为视角》,载《晋阳学刊》2016 年第 2 期。

我们可以借鉴耗竭准备金制度，设立专项资金，在激励资源勘探、可替代能源开发的同时，夯实地方政府优化治理环境、恢复生态的财力基础。①

（三）构建贯穿于资金收、管、支全程联动的协调配合路径

国发〔2017〕29号文已经初步建立了矿产资源权益金制度框架，从矿产资源的出让、开采、占用等环节实行税、费、租结合模式，为其他资源开展权益金制度改革提供了制度借鉴。当下亟须以水、草场等资源权利主体的确权、权责的明晰为基础，构建以市场为主导、政府为辅助的资源价格决定机制。同时，亟须厘清资源税、费、租的不同法律关系和法律地位，构建贯穿资金征收、管理与支出全程的协调配合路径。

就资金的征收而言，3项资金的清费立税不仅是税、费、租职能的厘清，更是现代财税法治的发展。一方面，体现的是市场机制与国家规制、中央集权与地方分权关系，需要确立市场的主导地位和国家的辅助地位，以及央地关系中财权与财力划分并重的理念，从现代市场经济与现代财税体制高度确立改革成果。② 另一方面，体现的是税费制度的规范、现代财税制度的构建和治理体系与治理能力的现代化，需要适时废止或修订相应的法律法规，从财税民主与财税法治高度确认改革成果。

（四）构建资金专用性与公用性的协调配合路径

就资金的管理而言，3项资金的清费立税不仅是征管主体的变更，更是征管体制的改革。相较之前矿产资源补偿费、矿区使用费和水资源费分别交由原国土资源部门、税务部门和水行政部门各自征收，在“并入”和“改为”资源税后，统一交由税务部门征收，清费立税后体现的是征管能力、效率和权威的提升，需要建立自然资源主管部门与税务机关协作征税机制，从征管体制高度确立权责，确保依法、足额征收。③

---

① 参见张海星：《深化资源税改革：重建立税依据与平衡利益关系》，载《税务研究》2013年第8期。

② 参见陈治：《财政法定实质化及其实现进路》，载《西南政法大学学报》2017年第1期。

③ 参见李胜、李春根：《资源税改革研析》，载《税务研究》2017年第8期。

就资金的支出而言,3 项资金的清费立税不仅是对既有部门利益的清理,更是对政府职能的整合。[①] 一方面,应将矿产资源补偿费、矿区使用费的所有者权益职能交由市场机制,经由资源租的承担,弥补前者停征所引发的空档。另一方面,应将矿产资源补偿费、水资源费的可持续发展职能交由国家规制,经由资源税的承担,弥补前者停征所引发的空档。

资源的税、费、租承载了政府和市场边界划分、中央和地方对财力与财权划分的逻辑。将矿产资源补偿费、矿区使用费并入资源税,以及将水资源费改为资源税的措施应当以界定其法理基础和承担职能为前提,确保资源所有者权益不受损害和资源的可持续发展。"并入"和"改为"资源税的措施应当遵循以市场机制为主导、国家规制为辅助原则,将所有者权益的保障职能交由资源租,经由市场机制得以实现,而将资源可持续利用的保障职能交由资源税,经由市场失灵基础上的国家规制予以实现。

同时,清费立税应遵循财税法治的基本要求,实行中央和地方对财力与财权划分并重的改革路径,经由税收法定原则与授权明确原则,渐进式地扩展至其他资源领域。[②] "并入"和"改为"资源税后所引发的支出空档,理应交由资源租和资源税分别承担,经由耗竭准备金制度的专款专用功能来确保资源的可持续发展。只有将自然资源的清费立税与构建现代市场经济体制相结合,才能确保资源所有者权益不流失,也只有将清费立税与构建现代财税体制相结合,才能推动财税改革的民主化、法治化进程。继而,也只有将现代市场经济体制与现代财税体制相结合,资源税、费、租的协调配合才能获得理论支撑和制度支持。

---

① 参见宋德晋等:《改革和完善煤炭资源税的研究——关于山西省改革煤炭资源税的调研报告》,载《税务研究》2004 年第 12 期。

② 参见郭焦锋、白彦锋:《资源税改革轨迹与他国镜鉴:引申一个框架》,载《改革》2014 年第 12 期。

第四节　本章小结

当前,财税实践对于政府性基金预算的功能定位不清,容易导致与一般公共预算的相互替代,统筹衔接到一般公共预算后可能导致肢解政府性基金预算。笔者认为,政府性基金预算应立足于《预算法》第9条的规定,体现专款专用特质,在缴纳义务人和受益之间获得适当的平衡,从而提高社会认可度和遵从度,进而也为地方政府专项债务提供还款保障。政府性基金预算的统筹衔接应符合《预算法》第28条的规定,即收支范围调整需要按照法律、行政法规和国务院的规定执行,最低的法律位阶也应当是国务院的规范性文件,目前财政部的做法缺乏相应依据。政府性基金预算所管理资金的设立应该遵循《预算法》第9条的规定,即依照法律、行政法规的规定,最低法律位阶也应当是行政法规,当前多数资金的设立不符合此项规定。本章提出通过取消、整合、税收立法或者提升课征依据,以及建立政府性基金目录清单制度等措施来构建统筹衔接机制。同时,经过对当前政府性基金与税收、行政事业性收费以及专项资金的边界进行厘定。笔者认为,政府性基金预算作为专款专用资金的预算管理制度,应当继续坚持并逐步完善,从而为特定公用事业发展提供财力支撑,进而区别于一般公共预算的基本公共服务功能,构建定位清晰、分工明确的政府预算体系。这既符合我国的预算管理实践,也体现了政府预算体系的中国特色。

公共财产汲取方式的差异造成规制强度具有了强弱之分,进而产生规制方式的差异。作为我国财政实践的特色工具,政府性基金具有课征与支出的特定法律关联性、国家政策性以及财政辅助性等基本属性,其设立应采用立法制而非行政审批制,并纳入政府性基金预算实行专款专用。《预算法》第9条在规范政府性基金预算管理的同时,将政府性基金的设立依据涵摄于内,具有了规制基金设立的法律效力。现阶段我国预算管理对目录基金与非目录基金不加区分,一并转入一般公共预算的做法,不能保障基金征收的合法性与合理性。政府性基金的范畴宜采用扩张解释,将具有其基本属性的专项资金实行立法设立,纳入政府性基金预算管理,规制资金收、支、管的一体化,最终在税收、政府性基金与行政事业性收费等财政资金之间,形成立法设立与行政审批衔接配合的公共财产法规制体系。

通过本章研究可以发现,资源税费改革中将矿产资源补偿费、矿区使用费和水资源费分别“并入”和“改为”资源税的措施忽略了资源税、费、租的不同法律关系,导致市场机制与国家规制、经济权利与政治权力的相互替代,既不利于资源所有者权益的保障和资源的可持续发展,也不利于现代市场经济体制和现代财税体制的构建。资源税、费、租既承载了市场和国家在资源配置中的不同法律地位,也承载了中央和地方对财力与财权划分的逻辑,在本质上并无道德高低之分,只是法理基础和承担职能不同而已。

把矿产资源补偿费、矿区使用费和水资源费分别“并入”和“改为”资源税,首先应厘清三者之间的边界,国家所有者权益的保障职能应交由市场机制,通过资源租实现,而资源可持续发展的保障职能应交由国家规制,通过资源税实现,进而明确了“并入”和“改为”资源税的财税法含义。资源税、费、租协调配合的本质既是市场和国家的边界划分、中央和地方对财力与财权的划分,也是现代市场经济体制与现代财税体制的协调配合。前者应遵循以市场机制为主导、国家规制为辅助原则来界定税、费、租的功能,后者则应以财力与财权并重理念划分中央和地方对资源租与资源税的分享。

本章结合资源税制改革的最新实践,抽象出资源税、费、租在现代财税体制与现代市场经济体制中的协调配合机理。在澄清当前财税实践误解和诸多缺憾的基础上,立足现代市场经济体制和现代财税体制的协同配合,提出资源税、费、租在资源配置、财力与财权划分,以及资金征收、管理、支出全程的协调配合路径,以期有效指导今后资源税的试点和扩围。

通过本章的研究,在分析税权与预算权两者的法权结构基础上,澄清了税收与预算的法权关系,关注了学界往往忽略的特定目的税所涉及的税权与预算权法律关系,这也是近年来财税法学研究试图将征收、支出与监管等财政行为进行统合的努力方向。

第四章　预算行为间的制约与协调

预算行为，是指各个预算主体在预算运行过程中实施的具体措施，主要包括预算编制、审批、执行和预算监督等活动。正如汉密尔顿等所言："防止把某些权力逐渐集中于同一部门的最可靠办法，就是给予各部门防止其他部门侵犯的必要法定手段和主动。"①将各个预算主体的预算行为纳入制约与协调法律机制研究，将有助于构建防止权力专断的保障机制。同时，预算支出即是政府履行事权的对价，对预算支出的控制需要以政府事权与支出责任划分为前提，支出责任追究还需要预算收入的保障，缺乏财权与财力保障的支出责任也缺乏法律问责的正当性。本章试图通过对预算编制行为和编制过程的解构，纠正传统理论对预算编制权的误解，并立足当前我国政府间事权与支出责任划分的财税实践，从预算支出和预算收入角度构建相互制约、相互协调的法律机制。

---

① ［美］汉密尔顿、［美］杰伊、［美］麦迪逊：《联邦党人文集》，程逢如、在汉、舒逊译，商务印书馆1980年版，第264页。

第一节 被误解的预算编制权

通常意义上的政府预算，按照布莱克法律词典的解释，是指政府在特定时期收入和支出的报告。[①] 由于现代预算可以经由议会预算审议程序获得法律意义上的强制效力，即"预算法案经议会议决而成立，授权并课政府以执行义务之制度"，[②]英国议会最早要求政府将国家活动所需的收入与支出提前编制预算草案，方便议会形成有约束力的财政计划，预算编制便成为预算管理的首要环节，也成为预算管理体制的核心和关键。[③]

一、程序性权力抑或实体性权力

预算编制是否合理，直接决定了政府活动的边界、议会约束和监督的能力，影响着财政职能的发挥。"改变国家筹集、分配和使用资金的方式实质上是在改变国家的治理制度"，预算编制是国家的重大政治问题和治理核心。所以，预算专家阿伦·威尔达夫斯基就说："预算过程充满了公共政策方面的权力斗争……预算资源配置实际上是政治权利的分配。"[④]

基于对政府管理职能的效率考虑，传统观点一般认为，预算编制过程应将编制权分配给资源的申请者和执行者，即由政府编制预算，而议会只负责审批预算，从而形成立法机关与行政机关的分权制约，符合权力分立原则。但随着现代预算制度的发展，预算编制行为越发凸显出决策行为的重要性，与预算执行行为相比，预算编制所导致的决策适当后果将更加可怕，也往往是导致财政危机的根源。

---

① See Bryan A. Garner, *Black's Law Dictionary*, Thomson West, 1999, p. 189.

② 参见蔡茂寅：《预算法之原理》，台北，元照出版有限公司2008年版，第3页。

③ 参见王银梅、楚雪娇、张亚琼：《分权制衡机制与政府预算约束》，载《宏观经济研究》2013年第7期。

④ Wildavsky A., *Budgeting: A Comparative Theory of Budgetary Process*, Transaction Publishers, 1997, p. 2.

二、预算起点抑或绩效终点

没有预算绩效评估,预算只能被看作财政决策的蓝图,预算实施效果的好坏应当根据结果而不是根据事前的主观意图来评判。通过将预算绩效评价结果应用到预算编制之中,构建“评价—整改—应用—反馈”的闭路循环,使预算绩效评价结果与预算编制资金分配挂钩,形成由外而内的“压力机制”,[①]更能体现资金拨付与资金使用效果挂钩的正向激励的原则。《预算法》已经明确要求各级政府将绩效评价结果应用到预算编制之中,除各级政府、部门单位开展绩效评价外,人大也将绩效实施情况作为预算审查的重点。党的十九大报告更是要求全面实施绩效管理,覆盖到全部财政资金。

绩效预算不仅重视对产出的评价与考核,更重视财政支出之前的预测与安排,即在预算编制环节,将上年度预算绩效评价结果作为预算责任认定、本年度资金调整的依据。因此,与其说预算编制是预算活动的起点,倒不如更准确一点说,在绩效预算约束下,上年度预算编制的起点,正是次年度预算编制的终点。进而,随着绩效预算对预算编制过程的内化,以及拘束力的确认,预算编制权也呈现绩效评价权在不同权力主体之间的行使过程,[②]绩效评价权也成为预算编制权的主要权能之一。

三、预算编制行为的可诉性

基于对预算编制行为的误解,我们通常将其视为行政主体作出预算决策的必经程序和步骤,认为此类程序性行为具有不可诉性,或者将其视为政府宏观调控行为,否认其具有可诉性。[③] 导致预算编制过程中,公民

---

① 参见卓越:《政府绩效评估指标设计的类型和方法》,载《中国行政管理》2007 年第 2 期。

② 参见张献勇:《预算权研究》,中国民主法制出版社 2008 年版,第 34~35 页。

③ 参见邢会强:《宏观调控行为的不可诉性再探》,载《法商研究》2012 年第 5 期。

的预算权利不能获得司法救济的额外保障，只能通过预算公开诉讼介入预算编制结果之后，或者借助法院对行政行为的审查获得附带性的救济权利，而不能提前在预算编制环节获得救助。这也是我国当前参与式预算日益式微的主要原因。由于在预算编制中，公民参与预算的形式和限度依赖于政府部门甚至是官员的主观意志和自由裁量，公民预算权利缺乏明确的实体和程序保障，参与角色是虚化的，是否采纳公民意见是随意的，导致参与式预算深度和广度都不足，形式大于实质。[①]

民众的赋权必然产生对政府的限权。作为预算参与的形式，救济也是权利，只不过以公民预算主权利的保障为前提，具有兜底性。没有救济就没有权利，公民预算参与权利的救济是财政民主保障的最后防线。[②] 可诉性是一部法律运行所需的重要因素，体现为判断社会是非纠纷而使纠纷主体可诉求于法律公设的判断主体的属性。[③] 虽然预算编制行为与公民权利之间并非存在必然的直接利害关系，但我国《行政诉讼法》第 12 条已经明确将侵犯"财产权等合法权益"作为行政诉讼的兜底条款，第 13 条也并未反向排除。[④] 而且，各国立法和司法机关也逐渐将"违法即损害"的理念作为原告资格判断的关键因素，将财政违法行为纳入公益诉讼的保障范围。[⑤] 如在英国，选民对政府的违法支出等危害公共财政利益的行为，可以向检察长检举，以检察长的名义提起公益诉讼。[⑥] 由此观之，不能因为政府部门的管理优势而将预算编制专属于各级政府，而应当看到，作为预算权力分配的核心，预算决策需要克服官僚主义和内部人控制，通过

---

① 参见刘邦驰、马韵：《试析参与式预算的理论基础与实践——基于巴西与中国浙江温岭两镇的比较》，载《财政研究》2009 年第 9 期。

② 参见蒋悟真：《我国预算法修订的规范分析》，载《法学研究》2011 年第 2 期。

③ 参见谢晖：《论法律实效》，载《学习与探索》2005 年第 1 期。

④ 参见胡明：《财政权利的逻辑体系及其现实化构造》，载《中国法学》2018 年第 1 期。

⑤ 参见颜运秋、周晓明：《公益诉讼制度比较研究——兼论我国公益诉讼制度的建立》，载《法治研究》2011 年第 11 期。

⑥ 参见陈晴：《以权利制约权力：纳税人诉讼制度研究》，法律出版社 2015 年版，第 179～184 页。

公益诉讼将预算编制权纳入司法救济,这必然是我国今后财税法改革的主要方向之一。

四、预算编制权能的复合性

在实行“两上两下”预算编制程序中,首先是各部门提出预算建议数,财政部门经过审核后下达预算控制数;其次是部门预算根据财政部门的预算控制数进行调整;最后经过人大部门初审后形成预算数。[①] 可见,政府部门对预算草案的编制经过了预算草案初步方案的建议、修改与确定的过程,人大通过预算编制环节的提前介入,已经将人大的意思表示融入预算文本的确定程序。人大在预算草案初步方案上的修改建议成为财政部门必须采纳的强制性要求。如中共中央办公厅印发的《关于人大预算审查监督重点向支出预算和政策拓展的指导意见》就明确要求,“人大财政经济委员会依法提出初步审查意见,本级政府财政部门应当结合初步审查意见对预算草案和报告作进一步修改完善”。所以,与其概括地说预算编制行为属于政府内部行政行为,而视人大组织为旁观者,倒不如说人大也是预算编制行为的参与者。进而,与其说预算编制权专属于行政机关,倒不如说行政机关提交的预算只是“财政收支安排的建议”。[②] 预算编制过程经过了预算文本的建议、修改和最终确定的过程,相应的预算编制权也呈现建议权、修改权和文本确定权等权能。“预算编制权的实质,应是一个复合权力。”[③]

在财税实践中,参与式预算已经成为当下世界倡导的主流趋势。浙江温岭预算草案的形成实施“三上三下”程序,将社会主体从低位阶的“听取意见”层次,提升到协商(如新河镇)乃至分享预算决策权力(如泽国

---

① 参见肖鹏:《中美政府预算编制机制设计差异与启示》,载《中央财经大学学报》2009 年第 11 期。

② 参见华国庆:《预算法两个基本问题的再探讨》,载《法学杂志》2006 年第 2 期。

③ 参见黎江虹:《新〈预算法〉实施背景下的预算权配置》,载《税务研究》2005 年第 1 期。

镇)的更高层次的位阶上。①

究其原因,一方面,在于预算编制是预算程序的核心,对于构建全面规范透明、标准科学、约束有力的预算制度至关重要。预算编制不科学,预算执行势必会频繁调整,制约了预算民主、科学和法治化。另一方面,在于预算权本源于公众,编制权的回归,有助于协调公共支出顺序和效用的矛盾,为预算决策提供正当性依据。由此,也形成了预算编制权由行政机关、代议机关与社会多元共享的格局。②

五、预算编制权的专享抑或共享

《宪法》和《预算法》均明确提出,县级以上各级人大及其常委会"审查和批准"预算、预算执行情况的报告或预算调整,但何为"审查"以及隐含的"如何审查""审查到何种程度",均存在学理和实践的疑问。这些疑惑也直接影响到了对预算权配置的理解。

在预算实践中,人大预算监督更多地采用软性嵌入策略,运用非正式对话方式,如事前沟通、相互通气等,加强与政府及其所属部门的沟通与协调,可能更有利于将自身的意志贯穿预算决策之中。截至 2019 年 10 月,包括重庆、云南、河北、山西、广东、海南、湖北、四川 8 个省、直辖市均通过省级预算审查监督条例的形式,提出了预算修正权,但正如许聪调研的结果,"很多关于预算修正权的实体性内容和程序性规定都不明确",没有完全达到理论预设的效果。③

其实,无论是对于预算编制权的争论,还是对于预算审批权的期待,核心均在于立足基本国情,使预算管理权在立法与政府之间进行优化配

---

① 参见陈治:《地方预算参与的法治进路》,载《法学研究》2017 年第 5 期。

② 参见王云霞:《治理范式下我国预算权法律规制的困境与突破》,载《现代经济探讨》2017 年第 2 期。

③ 参见许聪:《省级人大预算监督权力考察——以 30 个地方预算监督条例(决定)为基础》,载《财政研究》2018 年第 10 期。

置,提升预算治理体系和治理能力现代化水平。[①] 正如前文所述,预算编制是一个复合行为,既包括预算草案的编制行为,也包括预算草案初步方案的编制行为,人大审议既是对预算草案的审议,当然也必然触及对预算草案初步方案的审议,人大审议过程的效力也当然覆盖预算草案编制前、编制中和提交人大审议时。这也是中共中央办公厅印发的《关于人大预算审查监督重点向支出预算和政策拓展的指导意见》秉持"应当"而非"可以"的应有之义。该指导意见要求,人大组织就人大代表和社会各界的意见建议,对初步方案提出初步审查意见后,"本级政府财政部门应当结合初步审查意见对预算草案和报告作进一步修改完善"。这就决定了人大初步审查意见对于财政部门的强制拘束力,进而为人大组织提前介入预算编制行为提供了依据。参与式预算的实践过程也验证了此种做法的必要性和可行性。如在 2014 年的预算开始编制时,广东省人大代表就有史以来第一次专项提前介入预算编制活动中。在时间上也从往年的 12 月首次提前到了 9 月,分 4 次到财政厅视察预算编制情况。浙江温岭则是将预算编制中的"听取意见"上升到就人大代表和村民提出的调整方案"协商并确定预算草案"的地位。[②] 2019 年 1 月四川省通过的《四川省预算审查监督条例》第 12 条更是明确要求,在预算编制过程中"本级财力保障的民生实事项目预算初步安排进行票决,本级人民政府财政部门应当依据票决结果完善民生实事项目预算草案"。可以说,无论是在制度规范上,还是参与式预算的实践倒逼机制中,均实现了人大组织和公民对预算编制行为的实质性介入和全过程监督,初步确立了"合作型编审"预算模式,不失为一种具有中国特色的制度创新。

① 参见蒋悟真:《论中国预算法的现代化》,载《环球法律评论》2018 年第 5 期。
② 参见陈治:《地方预算参与的法治进路》,载《法学研究》2017 年第 5 期。

第二节 预算支出责任：中央与地方划分

事权与支出责任是预算收入与支出形成的基本前提，而预算收入与支出则是事权与支出责任的表现形式和财政反映。党的十九大报告和十九届三中全会明确提出，构建权责清晰、财力协调、区域均衡的中央和地方财政关系，更好发挥中央和地方两个积极性。而作为央地财政关系调整的核心，财政事权与支出责任的划分是重中之重，也是当下和今后理论和实务研究的重点课题。

一、"分税制"与预算支出责任的矛盾

《预算法》在2014年修订后，再一次重申了"国家实行中央和地方分税制"，并明确"一级政府一级预算"，为中央与地方财政事权与支出责任的划分确立了基本原则。"分税制"的规范含义就是，在一国财政体制内，按照公共物品的属性在不同层级的政府中划分相应的供给和支出责任，并以合理的税权、财权和转移支付制度与之相匹配，实现中央的统一领导和各级政府的分级负责、分级治事。但不可否认，1994年的"分税制"改革，实际上形成了"强中央，弱地方"的二元财政体制，①地方财政自主权不是法定权力，而是事实上形成的"功能性地方自主权"。② 而且，"分税制"改革仅涉及中央与省级政府，省级以下地方政府没有独立的财政地位，财政权依然取决于省级政府，省级政府成了地方政府的"代名词"和"代言人"。③

---

① 参见杜坤：《预算法现代化的法治逻辑》，载《华东政法大学学报》2015年第2期。

② 参见屈学武：《法定权力与权力法治》，载《现代法学》1999年第1期；徐键：《分权改革背景下的地方财政自主权》，载《法学研究》2012年第3期。

③ 参见熊伟：《财政分税制与地方预算自主权》，载《武汉大学学报（哲学社会科学版）》2015年第3期；岳红举、陈军：《省级政府在地方债管理中的地位：现实困境与治理转型》，载《当代财经》2021年第1期。

权责清晰、财力协调、区域均衡的央地财政关系事关国家治理体系和治理能力现代化。[①] 作为现代财税体制的核心内容，央地事权与支出责任划分面临专属事权少、共同事权多、事权与支出责任倒挂等困难。一方面，使中央和地方“两个积极性”难以充分发挥，导致政府基本公共服务供给职能的缺位，有悖于缓解人民日益增长的美好生活需要和不平衡不充分的发展之间的矛盾；另一方面，也使地方尤其是基层政府从体制外寻求财权与财力的支撑，导致政府过度介入市场，干扰市场在资源配置中的决定性作用。央地事权与支出责任划分呈现加速推进势态。因此，建立事权与支出责任相适应的制度，不仅关乎财税体制在治国安邦中的基础性、制度性、保障性作用，而且关乎市场在资源配置中的决定性作用，以及更好地发挥政府作用。

作为连接央地财政关系与具体制度框架的桥梁，事权与支出责任划分的基本原则一直备受学界关注，也产生了丰富的研究成果。从总体来看，当前的研究主要以事权划分为基础，以支出责任划分为保障，立足于政府内部财政支出关系调整展开研究。1994 年，时任财政部综合与改革司司长谢旭人认为，央地事权划分应遵循法律规范、范围明确、事权与财权对称、行政效率和分级管理原则，在事权划分基础上确定相应的支出责任。[②] 宋立认为，应当优先划分基本公共服务领域事权，界定最低标准，按照权力、责任与义务对称原则适当上移支出责任，并以法律予以确定。[③] 谢旭人进一步修正之前的划分原则，提出按照法律规定、受益范围、成本效率、基层优先等原则划分央地事权与支出责任。[④] 高培勇认为，事权是

① 参见楼继伟：《深化财税体制改革 建立现代财政制度》，载《求是》2014 年第 20 期。

② 参见谢旭人：《关于中央与地方事权划分若干问题的思考》，载《财政研究》1995 年第 1 期。

③ 参见宋立：《各级政府事权及支出责任划分存在的问题与深化改革的思路及措施》，载《经济与管理研究》2007 年第 4 期。

④ 参见谢旭人：《健全中央和地方财力与事权相匹配的体制 促进科学发展和社会和谐》，载《财政研究》2009 年第 2 期。

支出责任划分的起点，事权配置应按照经济学原理，遵循市场优先、受益范围和效率原则。[①] 楼继伟也认为，在理论上与实践中，我国事权与支出责任划分主要遵循了外部经济性、信息复杂性、激励相容性原则。[②] 可以看出，以上研究主要将支出责任附属于事权，以事定支，围绕事权划分来界定支出责任，或者从政府责任角度理解事权，直接将事权等同支出责任。[③] 由此引发以下疑问：央地支出责任划分能否完全被事权划分的基本原则所替代？由于支出责任以财权与财力为直接保障，缺乏财政资源的保障，财政支出便难以保障事权的有效履行，也缺乏支出责任问责的理论基础，这必然引发下一个问题：立足政府内部财政支出关系调整，是否与财政收入关系尤其是政府汲取财政资源的外部关系无涉？

二、事权和支出责任相适应的含义澄清

（一）支出责任划分不同于事权划分

作为我国财政理论所特有的概念，国内主流观点通常将事权理解为国家提供公共服务的任务和职责。[④] 在市场经济体制条件下，事权越来越接近于支出责任的划分，形成了支出责任划分与事权划分相互替代趋势。按照财政分权的经典理论框架，央地事权划分通常遵循比较优势、规模经济和最优辖区原理，如果将支出责任等同于事权，支出责任划分也按照事权划分的基本原则，则必然会遇到以下难题：一是事权与支出责任的固有属性存在差异。事权以政府职权为载体，具有权源性，属于原生性概念；而作为政府履行事权的保障和支出义务，支出责任则以财政支出为表现形式，具有衍生性，属于义务性概念。两者之间只是特定结构和顺序逻辑

---

① 参见高培勇主编：《世界主要国家财税体制：比较与借鉴》，中国财政经济出版社2010年版，第105～106页。

② 参见楼继伟：《中国政府间财政关系再思考》，中国财政经济出版社2013年版，第37页。

③ 参见朱柏铭编著：《公共经济学理论与应用》，高等教育出版社2007年版，第117～118页。

④ 参见刘剑文、侯卓：《事权划分法治化的中国路径》，载《中国社会科学》2017年第2期。

关系，而非词语含义上的等同关系。[①] 二是事权与支出责任划分的侧重点存在偏差。作为政府公共服务职能的载体，事权主要借鉴市场机制原理，按照公共服务在中央与地方政府之间的供给效率进行划分，“使每一级政府只做自己最擅长之事，尽可能最完美地解决公共部门存在理由中的经济难题”。[②] 诸如公共服务信息获取成本、供给成本、受益范围等标准，均侧重于对公共服务供给效率的考量，但支出责任划分却难以直接适用。三是事权与支出责任的实现途径和方式有所不同。事权与支出责任划分的目的虽然都在于促进政府公共服务职能的实现，但市场经济体制下，两者实现的途径和方式却有所不同。事权重在通过政府内部不同层级之间职权的履行予以实现，事权的不作为更多面临的是政府内部的行政问责。而支出责任重在通过财政支出来保障事权的履行，直接对应于政府从市场汲取财政资源的权力和能力，对财政收入的依赖程度更甚于事权，支出责任的缺失更多面临的是政府外部的指责，如支出预算绩效问责，以及政府对市场配置资源领域的过度介入，产生预算外收入、干扰市场决定性作用等问题。四是事权与支出责任并非一一对应关系。虽然事权划分是支出责任安排的基础，支出责任也围绕相关事权而设立，但决定支出责任的因素包括但不限于相应的政府事权，也并非每一项事权都需要相应的支出预算，不同的财权与财力状况影响着支出责任的保障能力和保障程度。支出责任在事权划分中能够找到原像，但事权却不能在支出责任划分中找到对应物，事权与支出责任之间只存在单向的映射关系。[③]

（二）事权和支出责任相适应的双重意蕴

虽然在理论上，事权是支出责任划分的前提，支出责任是事权划分的保障，但事权毕竟不同于支出责任，事权划分的基本原则也不能完全适用

---

① 参见张晋武：《中国政府间收支权责配置原则的再认识》，载《财贸经济》2010年第6期。

② Tiebout C.，*A Pure Theory of Local Expenditures*，Journal of Political Economy，Vol. 64:5，p. 416 – 424（1956）.

③ 刘承礼：《省以下政府间事权和支出责任划分》，载《财政研究》2016年第12期。

于支出责任划分。党的十八届三中全会也意识到事权与支出责任的区别，提出建立事权和支出责任相适应的制度。当财政成为国家治理的基础和重要支柱，事权与支出责任划分就不能固守于政府内部财政支出关系调整，而应当从国家治理视角，构建现代财税体制与市场经济体制协同配合的治理路径。继而，事权和支出责任相适应，在国家治理视域中就具有以下双重意蕴，如图4-1所示。

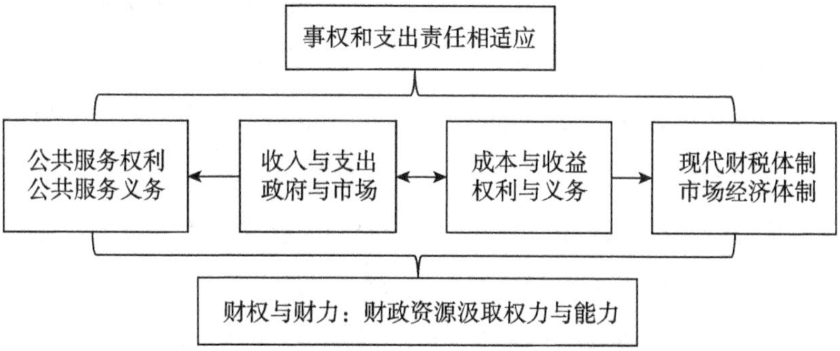

图4-1 事权和支出责任相适应的双重意蕴与匹配机理

一方面，从语义上理解，事权不同于支出责任，事权是政府将公共服务的市场偏好转换为集体偏好的职权，而支出责任是市场财产权让渡于政府后又服务于市场的义务，事权与支出责任并无道德上的优劣之分，只是保障政府公共服务职能的途径和方式不同而已。与其说事权是政府供给公共服务的职权，倒不如说是社会公共服务需求施加给政府的义务。同理，与其说支出责任是保障政府事权履行的义务，毋宁说是社会公共服务授权于政府汲取财政资源的权力和能力。换言之，政府供给公共服务的支出责任，是以市场财产权的侵犯为成本，侵权性的消解势必以市场主体对政府事权的收益为对价，形成权利和义务的对应性，否则便失去正当性。[①] 因此，事权和支出责任相适应，转换到权力和义务语境下，则是政府

① 参见刘剑文、侯卓：《财税法在国家治理现代化中的担当》，载《法学》2014年第2期。

公共服务事权与财政资源保障之间相适应,本质是公共服务权利和公共服务义务相适应。

另一方面,从结构上理解,事权划分侧重政府内部公共服务职能的履行,而支出责任划分更侧重利用财政收入保障这种职能的履行,更多地依赖于政府从市场中汲取财政资源的权力与能力,即财权与财力。虽然事权与支出责任划分的目标均在于促进政府公共服务职能的有效履行,但有收才有支,多收才能多支,少收只能少支,事权与支出责任需要财政收入的支撑,缺乏财力与财权支撑的支出责任只能是无本之木、无源之水,难以获得公共服务保障与责任追究的合法性基础。作为事权与支出责任保障的财政基础,央地之间财权与财力划分的合理程度必然影响事权的保障程度,制约支出责任的问责效力,进而影响政府与市场在资源配置中的不同地位。[①] 事权、支出责任和财权、财力构成了现代财税体制的核心,强调财政收入与财政支出相适应,仅仅依赖事权和支出责任相适应,而忽略财权与财力的匹配,如果中央政府将财权与财力上收,并将事权与支出责任下移,会导致地方政府尤其是基层政府事权过多、支出责任过重。[②] 换言之,即使地方政府的事权与支出责任相适应,但相对于财权与财力的短缺,事权与支出责任仍将面临财政支撑不足的困境,不但难以保障事权的有效履行,而且难以有效问责,还易催生地方政府在体制外寻求财政资源的机会主义,产生政府越位与缺位情形,干扰市场在资源配置中发挥决定性作用。[③] 因此,事权和支出责任相适应,转换到财权与财力保障语境下,则是政府财政支出与财政收入相适应,本质是现代财税体制和市场经济体制相适应。

---

① 参见吕炜:《我们离公共财政有多远》,经济科学出版社 2005 年版,第 33 页。

② 参见熊伟:《财政分税制与地方预算自主权》,载《武汉大学学报(哲学社会科学版)》2015 年第 3 期。

③ 参见管斌:《混沌与秩序:市场化政府经济行为的中国式建构》,北京大学出版社 2010 年版,第 96 页。

基于以上考虑，国务院《关于推进中央与地方财政事权和支出责任划分改革的指导意见》提出，央地财政事权和支出责任划分，事关市场在资源配置中的决定性作用和现代财政制度的构建，也分别从财政事权和支出责任两个角度提出改革的基本要求。可以说，央地支出责任划分不仅承载了中央与地方财政分权的逻辑，而且承载了政府与市场在资源配置中的分权化逻辑，由于支出责任划分不同于事权划分，支出责任划分的基本原则也就不能被事权划分的基本原则所替代。

三、中央与地方支出责任划分的基本原则

正如前文所述，支出责任不同于事权，支出责任划分的基本原则也不能完全按照事权划分的基本原则，而应当注重中央和地方“两个积极性”在财税体制上的落实，尊重市场机制和各级政府在现代财政制度中的主体地位，保障市场在资源配置中的决定性作用，更好地发挥政府作用，更加注重支出责任的公平分担。

（一）市场决定与政府有效相结合

现代财政具有公认的三大基本职能，即资源配置、收入分配和经济稳定，三大职能的发挥都离不开市场机制的配合。[①] 政府与市场边界的厘清是央地支出责任划分的出发点和落脚点。无论是新中国成立之后的财政分权还是“分税制”改革，出发点均是对传统政府介入市场配置资源领域的放松管制，落脚点均在于厘清政府与市场在公共服务支出责任上的不同地位，发挥市场对资源配置的决定性作用，增强政府的公共服务能力。财政收入源于市场又服务于市场，财政职能必须立足于市场，才能增强政府的公共服务能力。

1. 财政治理的现代化决定了市场决定原则。社会主义市场经济的基

① 参见［美］理查德·A. 马斯格雷夫、［美］佩吉·B. 马斯格雷夫：《财政理论与实践》，邓子基、邓力平译校，中国财政经济出版社 2003 年版，第 3 页。

本要求是经济的市场化，这必然引发财政收入来源的多元性，进而推动并决定财政支出的公共化。经济的市场化引发财政的公共化，财政的公共化必然要求现代财政成为公共财政。① 作为现代国家治理体系和治理能力现代化的重要内容，现代财政的公共化需要匹配“经济市场化”和“国家治理现代化”，本质上是市场决定原则对财政治理现代化的基本要求。现代财政的公共化必然要求财政收入取之于民、财政支出用之于民，财政支出应逐步退出由市场配置资源的一般生产性和竞争性领域，转移到提供公共产品与服务、满足社会公共需要方面。凡是市场机制能够有效运行的领域，政府支出责任就应该逐步退出；凡是市场机制不能有效运行的领域，政府支出责任也只能立足促进市场发挥决定作用，当且仅当市场机制完全丧失调节职能之时，财政支出才具有介入的必要性。② 通过转变政府职能，使市场在资源配置中起决定性作用，将大大降低支出责任划分的难度，促进支出责任划分的合理化、规范化。

2. 预算支出的绩效化决定了政府有效原则。财政支出的绩效评价是以财政支出效果为最终目标，考核政府财政支出的实现程度，通过政府提供公共服务的数量与质量表现出来。绩效预算强调以绩效为前提来配置预算资金，将绩效考核结果作为各个预算部门增加或者削减预算支出的重要依据，建立起正确的激励与约束机制。绩效预算不仅重视对产出的评价与考核，更重视将预算绩效评价结果作为支出责任认定、资金调整的重要依据。2014 年《预算法》不仅要求在预算编制、执行和决算中实行绩效评价，而且要求各级政府、各部门、各单位针对预算支出开展绩效评价。2017 年党的十九大报告进一步要求全面实施绩效预算改革，这也是对政府有效原则在支出责任划分中的具体要求。

---

① 参见高培勇：《中国财税改革 40 年：基本轨迹、基本经验和基本规律》，载《经济研究》2018 年第 3 期。

② 参见［英］F. A. 哈耶克：《致命的自负》，冯克利等译，中国社会科学出版社 2000 年版，第 122 页。

(二)地方自治与中央适度集中相结合

基于财政源于市场供给公共服务失灵的假设,不同政府层级具有不同的经济效应,即公共服务受益范围的大小决定了政府支出责任的层级高低,正如费舍尔所倡导的,只有当低一层级的单位不能发挥其作用时,更高一层级的政府才能够介入。① 受益范围局限于基层政府的公共服务应由基层政府承担支出责任,但对于受益范围超出基层政府辖区甚至受益范围覆盖全国的公共产品,理应交由高层次的地方政府甚至由中央政府承担,以取得规模收益并相应在其管辖范围内分摊成本,这也是对效率和公平原则的实现。②

1. 公共服务支出责任的层次性决定了地方政府的自治原则。按照财政联邦主义分权理论,只要在每一个辖区内提供公共服务产出水平的成本相同,那么与中央政府统一提供相比,地方政府在其相应辖区内提供帕累托标准的产出总是更加有效或者至少同样有效。基于公共服务受益范围的差异,当公共服务受益范围正好与该政府辖区吻合时,则由该辖区政府承担支出责任也是最有效率的,即奥尔森所称的最佳财政辖区原则。③将政府职能定位于公共服务供给,是我国市场化改革以及现代财政建设中的重大问题,这一点完全可以从新中国成立之后的历次财政体制变迁中获得经验支持。无论是新中国成立之后短暂实施的统收统支,还是1959 年开始实行的收支下放、计划包干、地区调剂、总额分成、一年一变的财政体制,抑或自 1978 年到 1982 年实行利润留成,以及 1983 年开始实行的利改税,其主要目的都在于改变以“企业办社会”形式的支出责任划分模式。我们依据不同政府层级在支出责任划分中的相对比较优势,确立

---

① See Vischer R. K. ,*Subsidiarity as a Principle of Governance*: *Beyond Devolution*, Indiana Law Review, Vol. 35:1, p. 103 – 142(2001).

② 参见胡萧力:《财政分权与我国地方政府角色的再认识——地方化与辅助性原则的视角》,载《东方法学》2017 年第 5 期。

③ See Olson M. , *The Principle of "Fiscal Equivalence": The Division of Responsibilities among Different Levels of Government*, American Economic Review, Vol. 59:2, p. 479 – 487(1969).

了现在的央地“分税制”基本框架。因此,马万里认为,央地支出责任调整成为财权、财力与之相匹配的逻辑起点。① 与其说使事权与财权、财力相匹配,倒不如说构建支出责任与财权、财力相匹配模式,更能符合当下的财税改革实践。

2. 公共服务受益的外溢性决定了中央适度集中原则。中央对地方的分权在满足地方资源和生产要素自由流动等前提下,会引发地方政府间的良性竞争等溢出效应,从而有效地推进经济增长和社会治理。② 这是推动我国30多年的经济改革,并创造“中国奇迹”的秘密所在。虽然支出责任的地方自治有助于回应地方居民的公共服务偏好,但相对公共服务的公益性,地方政府基于独立主体地位的利益追求,逐渐使财政分权异化为地方政府实现自身利益诉求的工具。重建设、轻服务,基本公共服务供给不足等不良的经济、社会效应日益凸显。③ 我们既要改变传统财政集中下的统收统支,又要防止财政分权下地方政府的过分独立,不能以财权、财力来决定地方政府公共服务的支出责任,而应当以公共服务的支出责任来决定财权与财力。只有在地方政府供给公共服务的支出责任不能通过相应财源予以满足的情况下,上一级政府才具有补充财源的资格。换言之,依据公共服务的外溢性,赋予不同层级的地方政府不同的支出责任,通过相应的财源予以保障,以实现地方政府财政收入与支出责任的匹配,这才符合鲍德威所言的国家财政关系构建中联邦制国家普遍遵守的基本原则——地方自治。④

---

① 参见马万里:《政府间事权与支出责任划分:逻辑进路、体制保障与法治匹配》,载《当代财经》2018年第2期。

② See Tiebout C. M., *A Pure Theory of Local Expenditures*, Journal of Political Economy, Vol. 64:5, p. 416 – 424(1956).

③ 参见徐永红:《政府间财政关系改革的多维思考》,载《中央财经大学学报》2013年第12期。

④ See Boadway R., *Grants in a Federal Economy: A Conceptual Perspective*, in Boadway R. & Shah A. eds., Intergovernmental Fiscal Transfers: Principles and Practice, World Bank, 2007, p. 70.

（三）纵向公平与横向公平相结合

按照公共选择学派的观点，各级政府都会在理性经济人的假设前提下，追求自身利益的最大化，可推论出每一级政府都在追求自身预算规模最大化。[①] 地方政府债务滥发以及预算外收入等问题便是最好例证。我国财税体制改革一直遵循“摸着石头过河”的政治策略，更高层级政府可能会利用自己手中所掌握的体制确定权，挤压下一级政府的财源，扩大下级政府的支出责任，导致下级政府在体制外寻求财源支撑。

1. 政府与市场的公平分担。我国《宪法》明确规定，我国实行社会主义市场经济。在市场经济环境中，需要将政府与市场都置于法治框架之下，受到法律约束，政府与市场是一种“保持距离型”关系。[②] 市场与政府的边界直接决定了公共服务的供给责任，决定了各级政府的基本职能，也间接影响着央地支出责任的划分边界。政府职能应当由当前的主要进行经济建设转变为提供公共服务，财政支出不得恣意干预市场在资源配置中的决定性作用。2015 年国务院办公厅印发的《国务院部门权力和责任清单编制试点方案》就为政府介入市场的边界提供了规范，通过制定公共服务权力清单和支出责任清单，有助于简政放权，解决政府越位和缺位问题，回归公共服务型政府理念。

2. “两个积极性”的充分发挥。我国《宪法》明确了中央与地方财政管理体制的基本原则，即在中央统一领导下，发挥地方的自主性和积极性。从语义上理解，地方自主性、积极性的前提是中央的统一领导，在中央统一领导之下还要发挥地方自主性、积极性，实现统一领导与地方自主的统一。[③] 党的十八届三中全会提出，建立现代财政制度，发挥中央和地方两

① 参见[美]詹姆斯·M. 布坎南、[美]里查德·A. 马斯格雷夫：《公共财政与公共选择：两种截然对立的国家观》，类承曜译，中国财政经济出版社 2000 年版，第 103 页。

② 参见吕冰洋：《现代政府间财政关系的构建》，载《中国人民大学学报》2014 年第 5 期。

③ 参见王桦宇：《论财税体制改革的“两个积极性”——以财政事权与支出责任划分的政制经验为例》，载《法学》2017 年第 11 期。

个积极性,这成为我国财税体制改革的政策指导,也成为我国单一制政体前提下,学者普遍认同的协调中央与地方财政关系的基本原则。从纵向维度上,需要改变当前央地支出责任同质化、"上下对口"的缺陷;从横向维度上,需要改变政府支出责任的缺位和越位,适时出台"政府间财政关系法",将各级政府的事权与支出责任、财源、转移支付划分和配置规定等内容清晰界定,落实事权和支出责任相适应、事权与财力相匹配原则,做到有法可依。2016 年国务院《关于推进中央与地方财政事权和支出责任划分改革的指导意见》就要求研究起草"政府间财政关系法",该指导意见为央地支出责任划分提供了政策指导。

3. 省与省级以下地方政府的公平分担。1994 年的"分税制"改革只限于提高"两个比例",划分了中央和省级政府之间的收入范围,而将省以下体制改革交由省级政府自主安排,使省级政府具有了设计省级以下财政管理体制的决定权。在财政实践中,省级政府确定地市级政府的支出责任和财力划分,地市级政府再确定所属县级政府的支出责任和财力划分,明显带有层层集中财力、逐级下放支出责任的倾向,导致支出责任过度基层化,下级政府承担了过多的地方支出责任。[①] 支出责任与财权、财力是对应的,如果层层增加下一级地方政府的支出责任而不增加其财源保障,或者逐级上收财权与财力而不降低其支出责任,将会导致地方政府出现债务违法违规行为。我国省级政府既是省级以下财政管理体制的决定者,又是参与财政收支划分的竞争者。[②] 在深化财税体制改革过程中,为了调动地方各级政府公共服务供给积极性,需要构建财政保障体系,科学划分相应财权、财力和支出责任,通过地方性法规、规章增强省级以下财政管理体制的稳定性和确定性。

---

① 参见邓子基、唐文倩:《从新中国 60 年财政体制变迁看分税制财政管理体制的完善》,载《东南学术》2011 年第 5 期。

② 参见郭庆旺、贾俊雪:《地方政府间策略互动行为、财政支出竞争与地区经济增长》,载《管理世界》2009 年第 10 期。

四、中央与地方支出责任划分的改革策略

（一）支出责任调整的合理化：中国国情的现实逻辑

一国央地财政关系的合理化不仅取决于该国政治、经济、社会体制等客观因素，而且取决于基本国情的特定需要，在央地支出责任调整改革的路径选择中，适合我国国情的策略才是最好的。中国正经历市场经济体制、财税体制改革等探索过程，推动了诸如政府与市场在市场经济体制中的不同地位，以及事权与财权、事权与财力、事权与支出责任等财税体制关系的认知探索，也必将影响今后的央地支出责任调整路径。

首先，立足财政治理体系和治理能力的现代化调整央地支出责任。党的十八届三中全会将财政界定为国家治理的基础和重要支柱，这为央地支出责任调整提供了新的思路，理论研究和制度建构需要转换传统的财政工具主义，建立现代财政制度。① 应注重央地支出责任调整与政治体制改革的融合，建立权责清晰、财力协调、区域均衡的中央和地方财政关系，更好地发挥中央和地方两个积极性。同时，央地支出责任调整应激发基层民主参与和民主监督，体现公共财政理念，以财政治理现代化引领国家治理现代化。

其次，立足政府与市场、社会的互动调整央地支出责任。在现实实践中，地方政府以经济建设为中心的发展思路往往会导致政府过度介入市场领域，形成对市场和社会的替代，既不利于央地支出责任调整，又不利于市场在资源配置中的作用发挥。央地支出责任划分需要以市场的决定作用为出发点，遵循市场决定与政府有效原则，使市场的归市场、政府的归政府，通过制定市场负面清单和政府正面清单，扩大社会资本投资领域，逐步明晰各自的支出边界。

最后，立足社会主要矛盾的变化调整央地支出责任。党的十九大报

---

① 参见楼继伟：《深化财税体制改革 建立现代财政制度》，载《求是》2014年第20期。

告提出，我国社会主要矛盾已经转化为人民日益增长的美好生活需要和不平衡不充分的发展之间的矛盾。现代财政势必要求满足和发展人民群众对美好生活的向往，央地支出责任调整也应当立足于社会主义初级阶段的国情现状，既要保障改革成果共享，又不能脱离财政支撑能力，增强财政的可持续性。[①] 应以基本公共服务支出责任为突破口，逐步规范中央与地方支出责任分担方式。通过制定基本公共服务保障的国家标准，明确各级政府的支出比例，并以法律法规形式将支出责任予以明确，便于各级政府在保障基本公共服务的基础上，提供特定公共服务。国务院办公厅颁布的《关于印发基本公共服务领域中央与地方共同财政事权和支出责任划分改革方案的通知》(国办发〔2018〕6号)，大致划分了共同支出范围。国务院《关于推进中央与地方财政事权和支出责任划分改革的指导意见》(国发〔2016〕49号)要求"将中央与地方财政事权和支出责任划分基本规范以法律和行政法规的形式规定""将地方各级政府间的财政事权和支出责任划分相关制度以地方性法规、政府规章的形式规定"，有助于为当前的央地支出责任划分提供合理化路径。

(二)央地支出责任调整的民主化：财政民主与绩效预算的逻辑

2018年《预算法》秉承控权法理念，在明确"一级政府、一级预算"原则的基础上，要求实施绩效预算原则，央地支出责任划分就需要契合现代预算的民主原理，遵循地方自治与适度集中原则，提升现代财政的民主性。

首先，实施支出责任的预算绩效约束。2018年《预算法》已经明确了预算编制、执行、决算等环节的绩效评价体系，党的十九大报告也提出全面实施绩效预算改革，逐步将绩效预算扩展至所有财政支出。一方面，预算支出非经法定程序，不得支出或者调整。由于一级政府具有一级预算

---

① 参见马骏：《中国公共预算面临的最大挑战：财政可持续》，载《国家行政学院学报》2013年第5期。

主体资格，上级政府不能任意干扰下级政府的支出方向和结构，本级预算支出应该按照本级人大所批准的支出方向和结构执行，从而将财政支出经由预算的效力约束纳入民意的控制。[①] 另一方面，强化政府预算体系的分类控制。复式预算的意义就在于分类控制政府财政活动，对不同性质的政府支出责任实行分类管理，以便采取不同的控制方式。[②] 2018 年《预算法》已经明确，我国的预算体系包括一般公共预算、政府性基金预算、国有资本经营预算和社会保险基金预算，应在强化一般公共预算承担基本公共服务支出托底责任的基础上，促进其他三本预算与之统筹衔接，明确四本预算的功能定位，细化支出责任的衔接配合。值得注意的是，当前针对地方政府债务管理，我国还没有设立单独的预算控制形式，仅仅将其区分为一般债务和专项债务，分别纳入一般公共预算和政府性基金预算管理。在当前预算编制和决算实行收付实现制的条件下，往往诱发地方政府支出隐性化，导致资产和负债的隐性危机，不能体现财政民主对债务支出责任的预算控制。我国应逐步摸索在四本预算体系之外，通过"地方政府债务法"解决债务的预算约束，体现民众及其民意机构对债务支出的预算硬约束。[③]

其次，实施支出责任顶层设计与基层探索的结合。自上而下的监督必然是"一对多"的监督，在信息不对称因素的制约下，中央政府难以对地方政府、上级政府难以对下级政府进行有效监督。[④] 央地支出责任划分应坚持民主分权前提下的集中与集中领导下的分权相结合。作为实现支出责任公平划分的保障机制，下级尤其是基层政府的参与权，是支出责任调

---

① 参见唐成、周保根、陈龙：《优化我国预算权力结构的逻辑、框架与要点》，载《地方财政研究》2017 年第 1 期。

② 参见焦建国：《确立、强化复式预算的基础地位与功能统一国家财政》，载《财政研究》2003 年第 5 期。

③ 参见马海涛、崔运政：《地方政府债务纳入预算管理研究》，载《当代财经》2014 年第 6 期。

④ 参见李淑芳、张启春：《横向预算权力配置与政府治理能力：一个预算交易费用的视角》，载《地方财政研究》2016 年第 12 期。

整所遵循自治原则的基本要求。完善人民代表大会制度,加强人大代表的监督和问责作用,通过民主机制和民主程序充分表达下级政府对于公共服务的支出偏好。① 特别是在当前省级以下财税体制改革中,省级政府具有主导性地位,地方各级政府的支出责任划分仍取决于省级政府,在地方政府缺乏自下而上的参与权时,传统的"跑部钱进"极易演变为"跑省钱进"。中央应在明确其与省级政府支出责任划分的同时,为省级以下地方政府支出责任的划分提供针对性指导,尊重基层参与式预算探索中的合理做法,避免省级以下支出责任层层下放的弊端。

最后,实施多元化的支出责任纠纷裁决机制。2016 年国务院《关于推进中央与地方财政事权和支出责任划分改革的指导意见》体现了"谁划分、谁裁决"的基本原则,要求"中央与地方财政事权划分争议由中央裁定,已明确属于省以下的财政事权划分争议由省级政府裁定"。该意见还提出,"将中央与地方财政事权和支出责任划分基本规范以法律和行政法规的形式规定""将地方各级政府间的财政事权和支出责任划分相关制度以地方性法规、政府规章的形式规定"。参与权的行使必须具有对裁判结果产生影响的可能性,公平的参与行为必须收到相应的法律效果。在短期内,央地支出责任划分还处于摸索阶段,争议裁决的行政优先可能还存在行政效率的优势,但长期来看,势必要求裁决机制的多元化,逐步过渡到司法和人大的介入,以满足财政公平、财政民主原则的价值取向。

(三)央地支出责任调整的法治化:财税实践变革的逻辑

作为纵向公平与横向公平原则的重要保障,央地支出责任调整的法治化有助于避免讨价还价,但法治化的前提应是对财税实践探索的尊重。

首先,党的政策与立法实践的协调配合。我国《宪法》规定,中国共产党领导是中国特色社会主义最本质的特征,执政党的规范性文件成为财政建设的重要依据和政治保障,推动了计划经济向社会主义市场经济的

---

① 参见吕冰洋:《现代政府间财政关系的构建》,载《中国人民大学学报》2014 年第 5 期。

转型,以及对事权、财权、财力和支出责任匹配机制的认知探索,决定了我国财税体制改革只能在党的基本政策指引下缓步推进。要实现党的改革决策与财税立法相衔接,财税立法应主动适应改革发展需要,做到重大改革于法有据。实践条件还不成熟、需要先行先试的,按照法定程序进行立法明确授权,促进财税实践与财税法治的统一。

其次,法治化与动态化的协调配合。依据"瓦格纳法则",财政支出会随着国民收入的增加以更高的速度增长,社会对公共服务的需求也将快于人均收入的增长,导致支出责任的快速增加,这也被我国的财税实践所验证。如生态环境治理责任在经济发展初期并非政府主要支出责任,但随着社会对生态环境的认知深化,政府支出责任也由传统的水、大气治理扩展到气候、土壤以及生物多样性等。刘尚希等就认为,政府支出责任会随着市场化改革和后工业化发展而不断调整,支出责任的范畴也一直在发生变化,无法彻底分清政府与市场的职能边界。① 支出责任的立法确定性与法律适用性之间存在持续的矛盾,支出责任的动态化与法治化之间存在两难。加之,当前法律法规的修订还面临立法技术和立法成本的约束。这可能是我国财税立法实践多采用"摸着石头过河"改革策略的基本考虑,也决定了今后央地支出责任的法治化路径应设计相应的动态调整机制,实现法治化与动态化的统一。一方面,实施简政放权,制定政府权力清单和公共服务支出责任清单,前者重在制约政府越位问题,后者重在解决政府缺位问题,经由权力与责任的统一促进政府与市场边界的规范化。另一方面,实施立法跟进,在政府与市场支出边界规范化的基础上,逐步减少不合理的共同责任,明确各自支出边界,并将经实践验证可行的改革经验进行财税立法,经由支出责任的规范化促进支出责任的法治化。

最后,支出责任与事权、财权和财力的协调配合。作为支出责任的财

---

① 参见刘尚希、石英华、武靖州:《公共风险视角下中央与地方财政事权划分研究》,载《改革》2018 年第 8 期。

政基础,财权和财力体现为支出责任主体对财政资源的汲取权力和能力,财权以支出责任主体的权力专享性为保障,而财力则以支出责任主体的可支配资源为保障,包括自主财权下的财力和转移支付获得的财力。基于对财权与财力属性的认知探索,以及财权划分难以应对政府层级过多、区域经济社会发展不平衡等难题,财税体制改革经历了从事权与财权相匹配到事权与财力相匹配,以及现在的事权和支出责任相适应的变迁。但正如前文所述,在市场经济体制下,无论事权还是支出责任,均谋求公共服务权利和义务的统一,只有事权与财权、财力相匹配,或者只有事权与支出责任相适应,均不能适应财税体制改革的体系性。① 只有持守公共服务权利和义务相适应、财政收入与财政支出相适应理念,才能有效避免政府事权的供给不足以及支出责任的无限扩大,也只有立足支出责任与事权、财权和财力的协调配合,才能促进财税体制改革的规范化、法治化。一方面,依据公共服务支出的层次性、受益的外溢性,在弥补市场机制失灵的基础上,界定各级政府的财权与财力,主要从税收、非税收入、地方政府债务以及转移支付等方面进行公平分担。另一方面,将保障支出责任的财政汲取权力和能力予以法定化,落实税收法定、预算法定原则,最终实现财政法定。通过制定政府间财政关系法、财政收支划分法、政府转移支付法等,增强财税体制改革的稳定性、确定性。

第三节　事权与支出责任划分:基于法律文本的实证分析

德国财政学家阿尔弗雷德·格雷纳曾经指出:“预算制度的本质在

① 参见徐永红:《政府间财政关系改革的多维思考》,载《中央财经大学学报》2013 年第 12 期。

于，它对政府预算政策进行限制。”[①]作为政府预算决策的核心议题，做事需要用钱，履职需要预算，“改变国家筹集、分配和使用资金的方式实质上是在改变国家的治理制度”。基于预算制度所暗含的政治意义和治理价值，党的十八届三中全会才将财政制度确立为国家治理的基础和重要支柱。而在我国《宪法》缺乏对财政体制详细规定，而且缺乏财政法、财政收支划分法等法律规范的同时，《预算法》不仅发挥了规范政府与市场、中央与地方等财政关系的作用，还形塑着“公共生活、国家制度以及两者之间关系的文化建构”。[②] 我国有学者认为，其发挥着财政基本法的功能，[③]是一部“财政宪法”，[④]甚至有学者称为“经济宪法”。[⑤] 但也有学者认为，“预算法的性质特征决定了其不可能超越自身制度逻辑而担当财政宪法的重任”。[⑥] 在当前《预算法》文本还缺乏明确细化的财政体制安排情况下，在财税实践中，国务院《关于实行分税制财政管理体制的决定》事实上发挥着“财政宪法”的作用。[⑦]

财政制度的法治化是否能够一劳永逸地化解财税实践中的纠纷？是否存在其他路径？尤其当前我国财税体制处于转型期，《预算法》也是历经多年的争论才在 2014 年修订后确立了“控权法”品格，而且相关条文仍是笼统的概括性表述，政府间财政事权与支出责任划分仍缺乏明确的法律支撑。虽然 2016 年国务院《关于推进中央与地方财政事权和支出责任划分改革的指导意见》要求逐步开展分领域改革，但截至 2021 年 8 月，还

① ［德］阿尔弗雷德·格雷纳：《财政政策与经济增长》，郭庆旺、杨铁山译，经济科学出版社 2000 年版，第 135 页。

② Khan J. , *Budgeting Democracy: State Building Citizenship in American* 1890 – 1928, Cornell University Press, 1992, p. 2.

③ 参见朱大旗：《科学发展与我国〈预算法〉修订应予特别关注的五大问题》，载《政治与法律》2011 年第 9 期。

④ 参见刘剑文：《财税法功能的定位及其当代变迁》，载《中国法学》2015 年第 4 期。

⑤ 参见马蔡琛：《论中国预算法的修订与政府理财的挑战》，载《会计之友》2015 年第 9 期。

⑥ 蒋悟真：《中国预算法的政治性与法律性》，载《法商研究》2015 年第 1 期。

⑦ 参见冯果、李安安：《中央代发地方债券的经济法分析——兼论政府间财政关系的法治化进路》，载《广东社会科学》2011 年第 4 期。

只是限于医疗卫生、科技、教育、自然资源、应急救援等领域，省级以下还处于摸索或者空白阶段。通过实证分析当前财政事权与支出责任划分的法律法规等规范性文件，可以梳理出法治化的困难，探寻制度化问题与成因，有助于构建财政体制规范化的中国路径。

一、法治化与动态化的两难

作为现代财政制度的核心内容，政府间事权与支出责任划分改革是国家治理体系和治理能力现代化的必然要求。[①] 党的十八届三中全会将财政提升为国家治理的基础和重要支柱，提出建立事权与支出责任相适应的制度，党的十八届四中全会进一步明确要求"推进各级政府事权规范化、法律化"，力图实现财税立法与改革决策相衔接，使立法适应改革发展需要，做到重大改革于法有据。政府间事权与支出责任的规范化有助于增强立法稳定性，政府间事权与支出责任的法治化反过来可以提升制度权威性，在推动构建权责清晰、财力协调、区域均衡的中央和地方纵向财政关系的同时，有助于厘清政府和市场在财政资源配置中的横向法律关系，[②]进而落实党的十九大提出的"使市场在资源配置中起决定性作用，更好发挥政府作用"的总体要求。

目前，理论界和实务界的共识是政府间事权与支出责任的法治化程度不高，导致地方政府尤其是基层政府事权与支出责任倒挂，迫切需要从立法上避免讨价还价，增强制度确定性。然而，政府间事权与支出责任划分并非孤立的财税改革，缺乏中国特色社会主义市场经济体制和现代财税体制的保障，制度变革将是无源之水、无本之木。当前，对于政府间财政事权与支出责任划分的研究主要侧重以下两个方面。

---

① 参见楼继伟：《深化事权与支出责任改革 推进国家治理体系和治理能力现代化》，载《财政研究》2018 年第 1 期。

② 参见马万里：《多中心治理下的政府间事权划分新论——兼论财力与事权相匹配的第二条（事权）路径》，载《经济社会体制比较》2013 年第 6 期。

(一)中央与地方财政关系的不确定性

理论上主要围绕中央和地方政府在事权、财权、财力与支出责任等要素的内涵、逻辑关系和匹配原则方面展开研究。如针对相关要素的内涵,理论界主要认为事权是我国财政理论的特有概念,[①]或者将事权视同各级政府提供公共服务的权力、职能,[②]具有权力根源性;[③]或者将事权理解为政府公共管理职责、义务,在市场化改革后,事权即体现为支出责任[④]或越来越接近于支出责任,[⑤]或与支出责任类似,[⑥]或者是事权的延续,[⑦]且源于政府供给公共服务的出资责任。[⑧] 政府财权本质上是私有财产权的让渡,其源于公共服务供给的个体偏好在向集体偏好转换困境时的消解,具有衍生性,财力是各级政府所能支配财政能力所体现的财政资源。[⑨] 针对相关要素的逻辑关系,理论界已经形成普遍的共识——事权划分是基点,事权范畴关乎国家治理,[⑩]但对事权与其他要素之间的逻辑关系产生不同的理解,由此也引发不同的匹配原则,进而影响了不同时期的财税实践做法。如倪红日较早就提出事权与财权相统一的财税体制仅适用于计划经济与改革初期的经济体制,谢旭人也认为事权、支出责任和资金来源可以不一致,1994 年的"分税制"改革中要求事权与财权相统一的提法与市场

---

① 参见倪红日:《应该更新"事权与财权统一"的理念》,载《涉外税务》2006 年第 5 期。

② 参见郭宏宝:《我国分税制财政体制改革目标的内涵解读与演进逻辑》,载《经济问题探索》2016 年第 6 期。

③ 参见王桦宇:《论财税体制改革的"两个积极性"——以财政事权与支出责任划分的政制经验为例》,载《法学》2017 年第 11 期。

④ 参见田发、苗雨晴:《央地间财政事权和支出责任划分:效应评估与政策引申》,载《财经科学》2018 年第 4 期。

⑤ 参见陈共主编:《财政学》,中国人民大学出版社 1998 年版,第 3 页。

⑥ 参见谢旭人:《健全中央和地方财力与事权相匹配的体制 促进科学发展和社会和谐》,载《财政研究》2009 年第 2 期。

⑦ 参见楼继伟:《中国政府间财政关系再思考》,中国财政经济出版社 2013 年版,第 161 页。

⑧ 参见张晋武:《中国政府间收支权责配置原则的再认识》,载《财贸经济》2010 年第 6 期。

⑨ 参见柯华庆:《财税分级制原则的体系建构》,载《理论视野》2014 年第 12 期。

⑩ 参见贾康、苏京春:《现阶段我国中央与地方事权划分改革研究》,载《财经问题研究》2016 年第 10 期。

经济体制并不协调。党的十七大报告就将其转换为事权与财力相匹配。但有学者却认为事权与财力相匹配并不全面，[1]应当以事权与支出责任划分为切入点，[2]建立健全事权、支出责任与财权、[3]财力相适应的财税体制。[4] 党的十八届三中全会就提出建立事权与支出责任相适应的制度，提高中央与地方"两个积极性"，并在财税体制改革中优先划分基本公共服务领域的交叉事权与支出责任。

（二）政府与市场边界的不确定性

当前理论界主要基于政府和市场在资源配置中的不同地位探讨事权与支出责任划分问题。首先，在计划经济时期，由于实行统收统支、包干制等财政体制，还不完全具备事权划分的体制基础。如刘尚希等认为，只有实行了社会主义市场经济体制改革之后，我国才初步建立划分事权的财税体制框架。[5] 因为相对计划经济体制难以克服居民对公共产品和公共服务偏好的缺陷，市场经济体制有助于增强事权与支出责任的"地方化"，公共财政的"公共性"才能获得有效保证。[6] 其次，针对传统"大政府、弱市场"所诱发的政府事权交叉重叠与越位、缺位并存的问题，多数学者认为这源于政府职能界定不合理，基层政府的事权过多，尤其是国有企业承担了太多社会职能。[7] 金子宏认为，政府应当转变全能形象，树立以

---

① 参见宋立：《各级政府事权及支出责任划分存在的问题与深化改革的思路及措施》，载《经济与管理研究》2007 年第 4 期。

② 参见宋立：《深化财政税收体制改革的总体思路、主要任务与战略步骤》，载《经济学动态》2008 年第 10 期。

③ 参见刘尚希、邢丽：《从县乡财政困难看政府间财政关系改革——以西安贫困县为例》，载《地方财政研究》2006 年第 3 期。

④ 参见杨志勇：《分税制改革中的中央和地方事权划分研究》，载《经济社会体制比较》2015 年第 2 期。

⑤ 参见刘尚希、石英华、武靖州：《公共风险视角下中央与地方财政事权划分研究》，载《改革》2018 年第 8 期。

⑥ See Shah A. et al., *Intergovernmental Fiscal Relations in Indonesia: Issues and Reform Options*, World Bank Discussion Papers, 1994, p. 474.

⑦ 参见黄海燕：《建立与政府事权和支出责任相适应的制度》，载《宏观经济管理》2014 年第 12 期。

公共服务为己任的理念。[①] 当财政成为国家治理的基础和重要支柱之后，财政的现代化应匹配国家治理现代化，公共财政转向了现代财政，[②]事权与支出责任划分不能固守于政府系统内部解决，而应该在国家治理视角下，先通过政府与市场、非营利组织之间的分权，进行横向的权力分解，[③]再通过中央与地方政府的纵向权力划分获得事权与支出责任的合理划分。[④] 最后，由于事权划分的起点即公共权力的边界，对事权的不同认知也衍生出不同的制度化路径。不同于多数学者只是概括性地要求将事权等财税体制要素法治化，贾康和苏京春认为，事权是随着时代变迁和社会转型而变化的；刘承礼、徐阳光提出，制定事权与支出责任划分清单，[⑤]实行动态调整。[⑥] 刘尚希等人也认为，我国正处于市场化和后工业化时代，无法彻底划定政府与市场的职能边界，应建立事权立法的动态调整机制。

政府间事权与支出责任划分是一个系统性工程，既承载了中央与地方财政分权的逻辑，也承载了政府与市场配置资源的逻辑。制度化策略必须立足现代财税体制和市场经济体制改革总体框架，单纯地认为法治化程度不高，而将问题固守于事权与支出责任方面，势必忽略以下问题：其一，事权与支出责任划分需要有相应财权与财力等财税体制要素的保障；其二，事权与支出责任划分的法治化面临事权动态化难题，在法治化与动态化之间存在两难。当前的研究还缺乏对相关法律文本的分析，极

---

① 参见[日]金子宏：《日本税法》，战宪斌等译，法律出版社2004年版，第3页。

② 参见高培勇：《中国财税改革40年：基本轨迹、基本经验和基本规律》，载《经济研究》2018年第3期。

③ 参见白晓峰：《预算法视角下的中央与地方关系——以事权与支出责任分配为中心》，载《法商研究》2015年第1期。

④ 参见张建波、马万里：《政府间事权划分论纲：一个总体框架——兼论事权有效履行的财力保障机制》，载《理论学刊》2016年第4期。

⑤ 参见刘承礼：《省以下政府间事权和支出责任划分》，载《财政研究》2016年第12期。

⑥ 参见徐阳光：《论建立事权与支出责任相适应的法律制度——理论基础与立法路径》，载《清华法学》2014年第5期。

易导致问题的表面化、概括化，难以论及制度因素对事权与支出责任划分的双重影响。

二、事权与支出责任划分的法治化现状与困境

事权，是指政府所承担的社会经济事务管理职能，在市场经济条件下也可以理解为政府提供公共物品的职责，国内主流观点越来越将事权理解为提供公共服务的支出责任。[①] 但从法律文本角度视之，事权更接近于政府职权，而支出责任更侧重事权的保障责任，呈现不同的法律表述形式。

在法律制度层面，我国政府间事权的划分标准呈现"事权要素为主、事务属性为辅"的特征，也即在上下级政府之间和互不隶属的政府及其部门之间进行分配。[②] 合理的事权划分可以在满足资源自由流动的条件下，引发地方政府间的良性竞争，从而有效推进经济增长和社会治理效力。[③] 完整的事权既包括以决策权为核心的管理职权，又包括执行权、监督权和支出责任等基本要素。因此，在各级政府的职权分工中，理论上应当体现为中央政府的决策管理权、省级政府或者上级政府的监督权和规则细化权，以及基层政府的执行管理权。但通过选取部分典型法律文本，我们发现，目前除《教育法》区分了高等教育和其他教育的管理权限外，其他法律文本仅规定了高度相同的共同管理职权，不同之处仅在于下级政府对上级管理职权适用范围的限缩。

除在事权要素上我国各级政府职权划分和机构设置呈现高度同构性外，在具体事务上也往往出现对同一事务"齐抓共管"，承担责任时推诿扯

---

① 参见刘剑文、侯卓：《事权划分法治化的中国路径》，载《中国社会科学》2017 年第 2 期。

② 参见刘卓珺、于长革：《中国财政分权演进轨迹及其创新路径》，载《改革》2010 年第 6 期。

③ See Tiebout C. ,*A Pure Theory of Local Expenditures*, Journal of Political Economy, Vol. 64 : 5, p. 416 - 424(1956).

皮的局面。[①] 如作为生态文明建设的重要内容，空间规划职权既涉及发展改革部门的主体功能区规划权，又涉及住建部门的城乡规划管理权，还涉及国土部门的国土规划和土地利用规划权，导致部门规划之间标准不一、各自为政等弊端。这正是当前组建自然资源部统一行使国土用途管制职权的主要目的之一，也是中共中央制定《深化党和国家机构改革方案》的基本宗旨。

总体来看，由于政府间职权划分的同构性程度较高，“可以”“根据情况”“因地制宜”等宽泛性的语言表述赋予了县级以上政府灵活执行法律和政策的权限，导致各级政府事权划分缺乏确定性和稳定性，在财税实践中往往依赖“三定方案”等文件作为各级政府事权的政策性指引。同时，受政府事权的同构化影响，我国政府间的支出责任通常表现为中央与地方各级政府共同负担，多数法律条款没有进一步明确中央与地方、地方政府之间支出划分的原则和比例。[②] 法律文本中仅对支出责任的分担方式作出模糊性规定，诸如“中央与地方共同负担”“国家保障地方工作经费”“国家加大对中西部地区、贫困地区、革命老区的经费支出”等，缺乏对支出责任的主体、标准、用途以及责任追究的细化规定。共同事权与支出责任分担机制不明确、不透明，缺乏执行与监督的可操作性，部分事项成了各级政府若有若无的责任（如表4－1所示）。

---

① 参见李淑芳、张启春：《横向预算权力配置与政府治理能力：一个预算交易费用的视角》，载《地方财政研究》2016年第12期。

② 参见刘尚希、石英华、武靖州：《公共风险视角下中央与地方财政事权划分研究》，载《改革》2018年第8期。

表4-1　法律文本中的支出责任表述

名称	法律文本	表述方式
分担机制	《国防动员法》第6条;《人民防空法》第4条;《教育法》第56条;《社会保险法》第65条	纵向政府间: 国防动员经费按照事权划分的原则,分别列入中央和地方财政预算; 人民防空经费由国家和社会共同负担; 各级人民政府的教育经费支出,按照事权和财权相统一的原则,在财政预算中单独列项; 县级以上人民政府在社会保险基金出现支付不足时,给予补贴
	《教育法》第57条;《公共文化服务保障法》第46条;《水污染防治法》第9条	横向政府间: 对革命老区、民族地区、边疆地区、贫困地区的援助、扶助、转移支付义务
责任监督	《公共文化服务保障法》第55条第1款、第56条;《农业法》第39条;《教育法》第63条;《食品安全法》第7条	行政监督:加强监督管理、保证资金安全,提高资金的使用效率
	《公共文化服务保障法》第55条第2款;《农业法》第39条第2款	审计监督:加强对农业的财政和信贷等资金的审计监督
	《公共文化服务保障法》第57条	社会监督:各级人民政府及有关部门应当及时公开公共文化服务信息,主动接受社会监督
	部门法中的预算条款,详见表4-2"纳入预算条款"	人大监督:纳/列入本级预算

注:责任主体多冠以"国家、国务院和/或地方各级人民政府/县级以上人民政府"字样;除部分支出责任存在强制性增长的预算标准,如教育拨款、农业、科技等经费外,还有部分财政支出受到用途限制,如教育经费、科技成果转化经费、农业财政资金等。

作为各级政府履行事权的支出义务和资金保障,财政支出承担方式在法律文本中主要表现为以下4种方式:一是"纳入预算条款",授予各级政府支出资金、履行事权并评价支出绩效的权力;二是"财政补贴条款",

通常要求县级以上各级政府针对部分事项提供补贴、奖励、经费支持等，此外，还存在政策优先、给予税收优惠等税式支出补贴；三是“转移支付条款”，主要针对特定区域实施“帮扶义务”，如在教育、文化、污染防治等重点领域实行转移支付；四是“补偿支出条款”，主要表现为针对特定行政相对人的受损利益给予适当的经济补偿，通常以行政给付方式实现（如表4－2所示）。

表4－2　法律文本中的支出责任承担方式

名称	法律文本	表述方式
纳入预算条款	《国防法》第39条；《教育法》第56条；《体育法》第40条；《公共文化服务保障法》第45条；《精神卫生法》第62条；《食品安全法》第8条；《农业法》第38条、第39条、第86条；《水污染防治法》第49条；《城乡规划法》第6条；《人民防空法》第4条	（根据……原则）将……经费纳/列入本级预算
转移支付条款	《教育法》第57条；《公共文化服务保障法》第46条；《水污染防治法》第8条	重点扶持（扶助）革命老区、民族地区、边疆地区、贫困地区开展……
财政补贴条款	《就业促进法》第15条、第36条；《人口与计划生育法》第8条、第28条；《教育法》第64条、第65条	给予补贴、奖励、扶持、必要经费支持、资金支持；实行优先、优惠政策
补偿支出条款	《土地管理法》第2条、第47条；《农村土地承包法》第17条；《国防法》第51条、第58条	对……给予适当补偿

注：由于相关法律文本较多，本部分侧重从一般公共支出项目的10余个领域，包括国防、教育、医疗、卫生以及农林等领域相关的基本法律入手整理，整理的30余部法律仍可以代表当前立法现状。

经由以上分析可以看出，政府间事权的同构与支出责任的共担，在现有财税体制安排下出现了灵活执行的问题，中央政府可以基于自身考虑而将支出责任下放，而地方政府也可以依据法律文本的概括性、原则性寻求非制度性的变通策略,或者放任公共服务的缺位,或者在体制之外寻求财力支撑、"跑部钱进",既诱发中央与地方财政关系的非制度化、复杂化,又导致政府与市场在公共服务供给上的越位、缺位。而当中央和地方事权与支出责任完全由中央划分并裁决、省级以下事权与支出责任完全由省级划分并裁决时,则会导致中央和省级政府在裁决具体争议时在程序上难以保障地方政府尤其是基层政府的参与权,进而影响事权与支出责任划分的公平性。作为现代财税体制的基本要素,事权与支出责任、财权与财力是政府间财政关系的必要要素,"分税制"改革本质上就是在各级政府间事权与支出责任明确划分的基础上,处理好政府间财权与财力的集散关系。①

三、事权与支出责任划分困境的体制性诱因

作为财税体制要素的建制化过程,政府间事权与支出责任的法治化有助于推进各级政府权力与职责的规范化和确定化,在一定程度上形塑作为公共服务载体的政府财政收入与支出行为。② 通过对我国政府间事权与支出责任建构的实证法律文本分析,解构当前法治化现状与形成轨迹,有助于寻求突破制度障碍的治理路径。

(一)财税体制安排的行政与政策并行

财税体制是国家划分中央与地方以及各级政府之间,国家同国有企业、行政、事业单位之间在财政管理方面的职责、权力和利益分配的根本制度。③ 尽管自 1994 年之后我国的"分税制"财税体制经历了多次微调,

---

① 参见华国庆、汪永福:《论我国中央与地方财政关系的法治化——以地方债发行为视角》,载《安徽大学学报(哲学社会科学版)》2016 年第 5 期。

② 参见[美]爱伦·鲁宾:《公共预算中的政治:收入与支出,借贷与平衡》,叶娟丽、马骏等译,中国人民大学出版社 2001 年版,第 137 页。

③ 参见孙文基主编:《财政学》,中国财政经济出版社 2004 年版,第 286 页。

但其本质特征和基本框架依然没有偏离改革的初衷和目的。[①] 目前我国财税体制的法定框架已经形成以宪法为核心，以宪法相关法、法律和行政法规为主导的法律体系（如表4－3所示）。

表4－3 涉及财税体制安排的法律体系框架

法律位阶	相关条款
宪法	《宪法》第3条、第14条、第15条、第27条、第117条
宪法相关法	《立法法》第8条；《地方各级人民代表大会和地方各级人民政府组织法》第59条、第61条；《香港特别行政区基本法》第106条、第107条、第108条；《澳门特别行政区基本法》第104条、第105条、第106条；《民族区域自治法》第32条、第34条、第37条、第55条、第59条、第60条、第62条、第63条
法律	《预算法》第6条、第7条、第14条、第15条、第16条、第29条、第39条
行政法规	《预算法实施条例》第7条、第8条

《宪法》规定了政府间职权划分和运行的基本原则，提出中央统一领导与发挥地方积极性、主动性，成为指导我国"分税制"建立与完善的宪法性规范。此外，《宪法》也分别规定了中央和地方各级国家机关的基本财政管理职权，但主要通过《地方各级人民代表大会和地方各级人民政府组织法》《民族区域自治法》对地方权力机关、行政机关的职权进行细化，基本确立了纵向的政府间职权划分。而作为当前财税体制构建的基本法，2018年《预算法》再一次从法律上明确了中央和地方实行"分税制"，即"一级政府、一级预算"的规定，将"分税制"与纵向五级政府预算结构相衔接，又在形式上概括性地确认了转移支付制度的合法性。如第15条规定"国家实行中央和地方分税制"，第16条第1款规定"国家实行财政转移支付制度"。

① 参见倪红日、张亮：《基本公共服务均等化与财政管理体制改革研究》，载《管理世界》2012年第9期。

地方主动性、积极性的发挥，还有赖中央的统一领导。如《宪法》第89条第3款将中央和省级政府的职权划分交由国务院统一领导，授权国务院决定地方政府职权，在事实上形成了中央统一领导、地方分级管理、剩余权力归中央的财税体制安排。而对于省级以下财税体制改革，国务院则通过批转财政部《关于完善省以下财政管理体制有关问题意见的通知》（国发〔2002〕26号）授权省级政府确定省级以下财税体制，由此就构成了当前国务院决定省级、省级决定省级以下财税体制的制度框架。由于1994年的“分税制”改革目标在于提高“两个比重”，而对中央和地方的事权与支出责任划分采用以共同承担为主、专属承担为辅的划分模式（如表4-4所示），导致共同事权过多，地方政府不能获得平等的表达权、参与权。[①] 从2017年地方一般公共预算支出决算表中的支出细则就可以看出，地方政府承担了本应专属于中央支出责任的国防费、外交和援外支出，两项费用分别高达206.02亿元和2.08亿元。

表4-4 1994年“分税制”确立的财政支出划分框架

中央与地方共同支出	中央专属支出	地方专属支出
武警经费	国防费	民兵事业费
行政管理费	外交和援外支出	城市维护和建设经费
基本建设投资	地质勘探费	价格补贴支出以及其他支出
技术改造和新产品试制费	—	—
支农支出	—	—
国内外债务的还本付息支出	—	—
文化、教育、卫生、科学等各项事业费支出	—	—

① 参见王绍光、胡鞍钢：《中国国家能力报告》，辽宁人民出版社1993年版，第173页。

与此同时,即使党的十四大之后我们力图协调财税体制与社会主义市场经济体制相适应,更好地发挥市场和政府在公共服务供给上的不同作用,但对此问题的认知也经历了不断改革和摸索的过程。[①] 加之,以《宪法》为主导的相关法律、行政法规对财税体制安排多是原则性规定,缺乏直接适用性,以至于我国"分税制"基本框架的建立、运行与完善主要依赖执政党的政策、国务院及其财政部门颁布的大量规范性文件。其中,单行性政策文本主要对财税体制相关要素进行具体化,而综合性政策在很大程度上决定了当前和今后一段时间财税体制改革的基本目标、原则和主要措施,形成了执政党政策先行、财税体制法规跟进、政策与法互动的态势(如表4－5所示)。

表4－5　党的政策与财税体制规范性文件的互动框架

党的政策性文件	主要内容	国家规范性文件	主要内容	文本属性
党的十四届三中全会决定(1993年)	"分税制"	国务院《关于实行分税制财政管理体制的决定》(1994年);《预算法》(1994年);国务院批转财政部《关于完善省以下财政管理体制有关问题意见的通知》(2002年)	事权与财权相结合;"分税制"	综合性

① 自党的十四大报告提出建立社会主义市场经济体制之后,党的十四届三中全会提出"使市场在国家宏观调控下对资源配置起基础性作用",党的十六届三中全会提出"更大程度地发挥市场在资源配置中的基础性作用",党的十八届三中全会提出"使市场在资源配置中起决定性作用和更好发挥政府作用",党的十九大报告提出"使市场在资源配置中起决定性作用,更好发挥政府作用"。可见,我们对政府与市场关系的理解也经历了不同的认知阶段,但总体来说是对政府配置资源范围的收缩和对市场配置资源能力的增强。虽然党的十九大报告只是在市场与政府作用之间增加了一个逗号,但中央财经领导小组办公室原副主任杨伟民却认为,这显示了我们坚持社会主义市场经济改革的立场和决心。参见贾存斗等:《中国改革(2017)年会暨深改五周年高层研讨会在北京召开》,载中国改革网2018年1月14日,http://m.chinareform.net/index.php?m=content&c=index&a=show&catid=306&id=23759。

续表

党的政策性文件	主要内容	国家规范性文件	主要内容	文本属性
党的十六届三中全会决定(2003年)	公共财政体制	中共中央、国务院《关于促进农民增加收入若干政策的意见》(2003年);财政部《关于进一步推进乡财县管工作的通知》(2006年)	农村税费改革;乡财县管	综合性
党的十七大报告(2007年)	财力与事权相匹配;完善省以下财政体制	财政部《关于推进省直接管理县财政改革的意见》(2009年)	省直管县	单行性
党的十八大报告(2012年);党的十八届三中全会决定(2013年)	财力与事权相匹配、公共财政体系;治理现代化、现代财政制度、两个积极性	《预算法》(2014年)	"分税制"、财政转移支付	综合性
《深化财税体制改革总体方案》(2014年);党的十八届四中全会决定(2014年)	现代预算制度、税收制度改革、中央和地方政府间财政关系;事权规范化、法律化	国务院《关于推进中央与地方财政事权和支出责任划分改革的指导意见》(2016年)	研究起草"政府间财政关系法"	单行性
党的十九大报告(2017年);党的十九届三中全会决定(2018年)	中央和地方财政关系、省级以下自主权;两个积极性	国务院《关于印发"十三五"推进基本公共服务均等化规划的通知》(2017年);国务院办公厅《基本公共服务领域中央与地方共同财政事权和支出责任划分改革方案》(2019年);国务院办公厅《医疗卫生领域中央与地方财政事权和支出责任划分改革方案》(2019年)	基本公共服务均等化;基本公共服务领域划分;分领域推进	单行性

可见，虽然我国财税体制正处于改革时期，行政性与政策性体制安排具有适度的灵活性，也为政府间事权与支出责任的划分提供了操作规则。但作为《立法法》第 8 条第 9 项所确立的财政基本制度，财税体制应当遵守立法保留和授权明确原则，否则会出现频繁的、极不规则的变动，助长中央与地方尤其是基层地方政府的双重行为。

（二）税收的集权与非税收入的分权

作为事权与支出责任保障的财政基础，政府财权是指各级政府所拥有的对财政资源的获取权、支配权。[①] 从财权上看，各级政府因保障事权与支出责任而具有的财政资源获取权、支配权主要通过税收征收权予以实现，税收成为一般公共预算支出的主体支撑。如 2015 ~ 2017 年，我国税收收入分别占当年全国一般公共预算收入的 82.07%、81.70% 和 83.65%。

税种的分配、收入的划分、税制结构的调整、税收征管体制的改革等因素变化势必会对各级政府间的财政关系以及地方政府对市场资源的汲取和支配产生多方面的影响。1994 年的“分税制”改革只对中央与地方的税收收入划分作出原则性规定，并未建立起覆盖各级政府的财政分权体系，而随着《立法法》第 8 条将税收立法权限缩为中央专属立法事项后，地方缺乏符合地方实际偏好的，稳定、可持续收入的主体税收，央地税制结构渐趋失衡。截至 2021 年 10 月底，作为地方主体税种的营业税也经过“营改增”之后予以取消，我国现有的 18 个税种之中，大多存在不同程度的央地分享比例。即使属于共享税种，也时常存在中央提高分享比例、发布税收减免优惠等情形，导致地方政府财权的减损。与其说税收法定原则的确立是对国家介入市场财产权的控制，倒不如说是对中央和地方、政府和市场在事权上的财政保障——财权与财力的控制。

---

① 参见张建波、马万里：《政府间事权划分论纲：一个总体框架——兼论事权有效履行的财力保障机制》，载《理论学刊》2016 年第 4 期。

作为与税收收入对应的概念，非税收入由我国的“预算外资金”管理制度改革演变而来，体现了规范政府收入机制和健全公共财政体系的内在要求。[①] 但直到2003年，财政部等四部委才第一次明确界定“非税收入”的范围，[②]2014年又对非税收入的分类管理、政府分成、收缴管理、票据管理、预算管理、监督检查等事项进行明确，标志着我国非税收入逐步走上了规范化管理的新起点。但2016年财政部颁布的财税〔2016〕33号文仍将非税收入设定为行政审批制，部分事项只需要经过省级财政部门的批准即可征收。事实上，无论是“预算外资金”还是“非税收入”，本质上都是政府间财权与财力、政府与市场边界划分问题，而不仅仅表现为财政收入形式问题。一方面，各类非税收入的法治化程度参差不齐，征管依据多为行政机关单向度的管理规范，缺乏权力机关的明确授权或委托立法。另一方面，各类非税收入在征管程序中主要按照隶属关系交由各个主管部门征收，呈现碎片化管理与部门利益化并存样态，难以适应政府预算体系的统筹衔接和预算监督，[③]非税收入的体制外运行便是典型例证（如表4－6所示）。

表4－6　我国非税收入项目的设立与征收法律依据

非税收入项目	设立和征收依据	备注
行政事业性收费收入	国务院和省、自治区、直辖市人民政府及其财政、价格主管部门的规定	—
政府性基金收入	国务院和财政部的规定	法律概括授权

① 参见齐守印、王朝才：《非税收入规范化管理研究》，经济科学出版社2009年版，第3页。

② 财政部、国家发展改革委、原监察部、审计署《关于加强中央部门和单位行政事业性收费等收入“收支两条线”管理的通知》（财综〔2003〕29号）通过列举的方式规定，中央部门和单位按照国家有关规定收取或取得的行政事业性收费、政府性基金、罚款和罚没收入、彩票公益金和发行费、国有资产经营收益、以政府名义接受的捐赠收入、主管部门集中收入等属于政府非税收入。

③ 参见岳红举、单飞跃：《政府性基金预算与一般公共预算统筹衔接的法治化路径》，载《财政研究》2018年第1期。

续表

非税收入项目	设立和征收依据	备注
国有资源有偿使用收入、特许经营收入	国务院和省级人民政府及其财政部门的规定	土地财政问题
国有资产有偿使用收入、国有资本收益	拥有国有资产(资本)产权的人民政府及其财政部门按照国有资产(资本)收益管理规定征收	《企业国有资产法》
彩票公益金收入	国务院和财政部的规定	—
中央银行收入	法律法规	《中国人民银行法》
罚没收入	法律、法规和规章	—
主管部门集中收入、以政府名义接受的捐赠收入、政府收入的利息收入及其他非税收入	按照同级人民政府及其财政部门的管理规定	—

资料来源:财税〔2016〕33号文。

(三)财政汲取权力与能力的分离

财政汲取权力主要表现为以税收收入为主体形式的财政收入征收权、举债权等,而财政汲取能力则是指各级政府在一定时期内可以支配的财政资源,包括税收收入、非税收入、转移支付收入、举债收入等,前者侧重财政收入的权力,具有财政自决权的属性;后者则侧重财政收入的能力,包括自有收入和转移性收入。作为支出责任的财政保障,财力需要与支出责任相适应,但财力的来源与财权之间并无直接关系,[①]可能源于自身的财权,也可能源于上级的财权。换言之,地方政府的财政汲取能力可以是基于其自身财权产生的财力,也可以是基于上级转移支付转化的财力。基于对地方政府财政汲取权力和能力认知的不同,财税体制要素匹配原则也经历了事权与财权相统一到事权与财力相匹配的过渡。

① 参见马万里:《政府间事权与支出责任划分:逻辑进路、体制保障与法治匹配》,载《当代财经》2018年第2期。

一方面，由于“分税制”改革的初衷在于提高“两个比重”，在导致税权集中与非税收入分权并存的同时，也使地方政府的财政汲取财权与能力相分离。收入上移、支出责任下放，事权与财权不统一，加重了地方尤其是基层政府的财政支出压力。虽然《预算法》秉持适度放开的谨慎态度，地方政府债务除需要获得全国人大和国务院的双重审批外，举债主体、举债方式、支出用途、预算调整等内容仍需要遵守相关法律规定，但不可否认的是，相较于税权的高度集中，作为具有政府权力属性和市场经济属性的财政资源，地方政府债务却是地方政府经由市场机制有效提升财政汲取能力的直接方式，也充分体现了地方政府的财政汲取权力——财政自决权（如表4－7所示）。[①]

表4－7　地方政府债务管理权限划分

权限类别	权限规定	备注
举债主体	省级政府（计划单列市经省级政府批准）	排除了其他地方政府及其部门
举债方式	地方政府债券（一般和专项债券）	排除了其他政府举债方式
举债规模	国务院限额和全国人大批准	财政部提出各省级分配限额意见
预算调整	本级人大常委会批准	—
支出用途	限于公益性资本支出	不得用于经常性支出
偿还主体	省级财政部门统一还本付息	违约制裁权
发行主体	省级财政部门统一发行	发行计划、期限结构、发行时点
管理主体	省级财政部门统一管理	—
市县债务规模	省级政府审批	省级财政部门提出市县分配意见
地方政府信用评级	省级财政部门	信息披露权

① 参见戴传利：《我国地方政府债务融资监管立法模式选择问题研究》，载《江淮论坛》2014年第3期。

另一方面,财税体制安排中多数事权属于中央和地方共同承担或委托地方承担,中央则按照一定的比例对地方进行补助,建立了当前以一般转移支付为主导、专项转移支付为辅助的财政转移支付制度。相较依靠本地经济努力而增加税收以及地方政府债务的最终偿还义务,从中央直接获得转移支付资金可以有效弥补地方财政汲取能力的不足,诱发地方政府“跑部钱进”的行为。一般转移支付旨在均衡地区财力差异、推进基本公共服务均等化,其与财政分权的观点是一致的,也有助于增强地方政府的财政汲取能力和支出责任,而专项转移支付更接近于有条件和配套的拨款,但目前除均衡性转移支付具有均等化效果外,其他转移支付由于照顾部门和地方既得利益而逐渐演变成专项转移支付。反观当前的专项转移支付,虽然其理论意义在于弥补公共物品外溢性所产生的地方政府积极性缺陷,以及实现中央政府的特定政策目标,但诸如退耕还林还草工程、天然林保护工程、社会保障制度建设等专项拨款却有助于促进基本公共服务均等化,专项转移支付与一般转移支付在事实上产生了功能混同。① 加之,当前的转移支付缺乏相关法律法规的明确约束,中央也存在将理应由中央承担的公共支出事项下放给地方,或者将理应交由地方管理的事项演变为中央补助、转移支付等,导致诸如跨区域劳动力流动、污染治理和社会保障等公共服务缺失的同时,变相增强了中央的财政集中能力。所以,有学者认为,转移支付制度使中央在有效配置财政资源的同时增强了中央政府的政治控制力。②

经由以上分析可以发现:(1)政府间事权与支出责任划分不是孤立存在的命题,需要现代财税体制与市场经济体制的协同配合。(2)“分税制”体制改革的渐进性和政府与市场在资源配置中的不同法律地位,决定了政府间事权与支出责任划分的概括性、原则性。(3)政府间事权与支出责

---

① 参见夏冬泓:《财政转移支付结构调整困境及其人权再定位》,载《法学杂志》2018 年第 2 期。

② 参见刘尚希、李敏:《论政府间转移支付的分类》,载《财贸经济》2006 年第 3 期。

任划分的法治化路径应遵从市场的决定性作用，更好发挥政府作用，在中央统一领导下，充分发挥地方主动性、积极性，构建事权、支出责任、财权和财力等体制要素协调配合的制度体系。

四、事权与支出责任划分的体制保障及制度创新

（一）事权与支出责任划分的逻辑起点

单纯从语义上理解，政府间事权与支出责任的划分侧重从财政支出角度界定政府职权与职责，但如果从政府职权与职责的保障角度理解，政府间事权与支出责任划分又需要与财政收入相连。作为国家治理的基础和重要支柱，现代财政需要从财政收入与财政支出双重角度建立起权责清晰、财力协调、区域均衡的中央和地方财政关系，确立市场在资源配置中的决定性作用，更好发挥政府作用。

首先，市场与政府边界的厘清是政府间事权与支出责任划分的出发点和落脚点。综观我国改革开放40多年的发展历程，无论是新中国成立之后的放权让利，还是1994年的“分税制”，改革任务的出发点均是恢复或扩大市场的资源配置作用，无论是辅助性作用、基础性作用，还是决定性作用，都是逐步放松政府对市场的管制以及增强市场对资源的配置能力。在本质上都是试图通过政府和市场在事权与支出责任上的协同配合，增强财政资金的公共服务供给能力。① 因为无论是实行放权让利的计划经济体制，还是从行政性分权转向经济性分权的市场经济体制改革，国家所能放权或分权的“权”只能是财政资源汲取权力，即中央和地方的财政管理权以及政府和市场的资源配置权；所能让的“利”也只能是财政资源汲取能力，主要是财政收入在中央和地方以及政府和市场之间的份额比例。②

① 参见柯华庆：《财税分级制原则的体系建构》，载《理论视野》2014年第12期。

② 参见刘卓珺、于长革：《中国财政分权演进轨迹及其创新路径》，载《改革》2010年第6期。

其次,在转轨国家的市场化改革进程中,政府和市场对事权与支出责任的合理界定是现代国家财政治理的前提与核心问题。长期以来,"大政府、小社会"的实践模式使政府常常跨越社会公共事务领域,介入经济和社会领域,各级政府不仅从市场中获得了大量的预算外收入,也承担了许多本应由社会承担的支出责任,挤压了市场配置资源的机会和能力。政府职能转变已经成为当下我国行政体制、经济体制、社会体制改革的重要交会点。在经济转轨时期,政府间事权与支出责任划分虽然也面临政府职能转变所诱发的政府和市场边界的变动和不确定性,以至于产生不同阶段下对两者配置资源能力的不同认知,但总体上却是增强和扩大市场资源配置的能力和领域。党的十八届三中全会和党的十九大报告均提出使市场在资源配置中起决定性作用,更好发挥政府作用,就是要让政府退出对市场的越位,补充政府的缺位领域,通过市场的决定性作用倒逼行政管理体制改革,以简政放权实现投资型政府向公共服务型政府转变。① 这种转变将大大降低政府间事权与支出责任划分的难度,促进财政关系的合理化与规范化,进而推动财政治理的现代化。

最后,从事权的属性来看,事权不能简单地理解为中等级化的行政管理权。市场化改革进程中,事权主要是指政府间公共服务的职能划分,越来越接近支出责任的划分,"责"字十分重要。② 与政府公共服务职责相对应的是市场主体享有的财政权利,该权利源于现代财政根植于国家与公民之间的公共信托关系,政府事权划分从积极权利和消极权利两个向度框定了政府和市场的边界。在积极向度上,我国《宪法》文本中主要通过"国家条款"来确认市场和社会主体的财政受益权。如总则中明确了国家

---

① 在财税实践中,我们也是以简政放权为名义清理政府间事权与支出责任的。如 2015 年中共中央办公厅、国务院办公厅联合印发《关于推行地方各级政府工作部门权力清单制度的指导意见》和国务院办公厅印发《国务院部门权力和责任清单编制试点方案》就为事权与支出责任划分提供了具体思路,也为政府与市场的边界厘定提供了政策指导。

② 参见楼继伟:《中国政府间财政关系再思考》,中国财政经济出版社 2013 年版,第 37 页。

保障公民在教育(第19条)、科学研究(第20条)、医疗卫生(第21条)、公共文化服务(第22条)、国防(第29条)领域的基本受益权;在公民基本权利条款中规定了国家对劳动者权益保障义务(第42条、第43条)、对公民的社会保障义务(第45条)。又如教育事权,《宪法》第19条第4款规定国家鼓励社会多元主体依法举办各种教育事业,包括集体经济组织、国有企业事业组织、其他社会力量,其主体是"国家和社会"。在消极向度上,《宪法》第15条已经明确了我国实行社会主义市场经济,宣告了市场经济体制原则。在市场经济体制中,政府与市场是一种"保持距离型"关系,政府不得通过财政活动恣意干预市场主体,特别是在社会资本积累规模已持续扩张的条件下,各级政府应当把职能收缩到提供地方公共服务上来,退出一般竞争性领域。

综上所述,作为事权与支出责任的财政工具,财政支出的公共化源自财政收入的公共化,而财政收入的公共化又源自经济的市场化,政府和市场的边界才是政府间事权与支出责任划分的逻辑起点,这是公共财政转为现代财政,并成为国家治理基础和重要支柱的应有之义。

(二)事权与支出责任划分的体制保障

事权与支出责任划分着重处理的是各级政府的收入、支出与事权的匹配问题,最终目的是实现三者间的长期动态均衡。法治理想中的政府财政治理不能是"相互攀比""互相较劲"的"晋升锦标赛"激励模式,[①]也不能是"收放松紧"的调解相济治理策略,[②]而应当跳出执政者对集权—分权的二元抉择,通过法律治理对政府、市场、社会行为的塑造与引导,以及制度化衍生的确定性与稳定性,围绕财政资源这种公共财产在政府间财政收入、事权与财政支出等财税体制调整的规范化、制度化,实现政府间财政关系的科学化、法治化,如图4-2所示。

---

① 参见周黎安:《中国地方官员的晋升锦标赛模式研究》,载《经济研究》2007年第7期。

② 参见周雪光:《中国国家治理的制度逻辑——一个组织学研究》,生活·读书·新知三联书店2017年版,第424~428页。

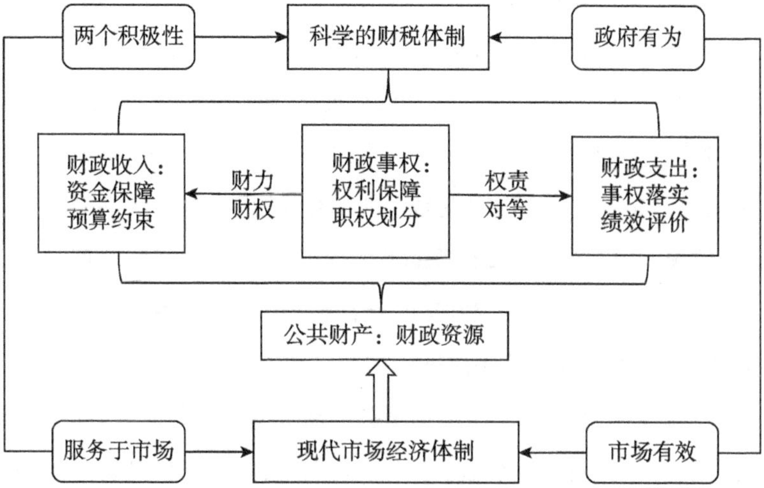

图4-2 国家治理现代化视域中政府间财政关系的体制保障

首先，财政收入是各级政府履行事权的资金保障与预算约束，财权与财力是保障政府财政收入的关键要素。事权与支出责任划分的法治化更加强调财政资源汲取权力与能力的合法性、合理性。一方面，公共服务的资金来源具有多样性，政府可选择多种方式进行公共物品供给。公共服务存在政府服务、政府间协议、政府出售、合同外包、政府补助、特许经营、自由市场与志愿服务等多种不同的供给机制。① 而且财政汲取形式的多元化有助于降低政府公共开支，提高供给效率，减少政府干预市场和权力寻租的可能性。另一方面，财权与事权的划分原则本就具有差异性，单纯强调以财权匹配事权，势必会遇到财权集中的中国国情以及区域经济发展不平衡、省级以下政府层级过多的困境。地方政府履行政府事权所产生的财力短缺完全可以通过规范化的转移支付制度解决。

其次，财政支出既是政府事权与支出责任落实的必要途径，也是财政监督的逻辑起点。一方面，财政支出的终极价值在于政府事权的高效落

① 参见[美]E. S. 萨瓦斯：《民营化与公私部门的伙伴关系》，周志忍等译，中国人民大学出版社2002年版，第68~92页。

实,支出责任与事权的内涵具有一定程度的相通性,都强调政府公共服务职责的履行效果。另一方面,支出责任需与事权划分相适应,以实现权责对等。因为支出责任在事权框架下更趋近于"问责制"与"绩效考评"的概念表述,财政收入源自政府事权,理应通过财政支出服务于事权。现代财政的本质要求是在"分钱"和"花钱"的表象背后,实现对公共服务责任合理、有效的规制,以寻求公共利益的最大化。① 因此,应当将政府财政支出全面纳入预算体系控制,研究并适时修订《预算法实施条例》,明确四本预算的功能定位,细化预算体系之间的统筹衔接。

最后,事权作为政府提供公共服务的法定职责,既是公共财产汲取、调配、使用、管理的制度性前提,也是评价各级政府是否实现财政职能的重要标准。提升我国财政治理能力的关键在于明晰各级政府事权范围,具体包括事权的价值定位和政府间事权划分两个方面,两者互为表里,相辅相成。在事权的价值定位上,事权是指不同层级政府在社会经济发展中具有的相同公共职能属性,即服务于公民的基本权利,满足社会的共同需要。政府间事权划分的本旨就是更好地保障公民权利的需要。② 在政府间事权划分上,公共物品受益范围的大小决定了事权履行层级的高低,只有当低一层级的单位不能发挥其作用时,更高一层级的政府才能够介入。③ 如德国的《基本法》就通过"剩余权归属原则"来划分联邦专属财政立法权和各州的递补性立法权,联邦专属财政立法权通过法律明确列示,而各州议会仅具有补充立法效力。④ 对于受益范围超出管辖区域的公共物品,应由高层次的地方政府提供以取得规模收益并相应在其管辖范围

---

① 参见贾康:《合理界定事权是财税改革的首要环节》,载《南方日报》2013 年 12 月 10 日,A04 版。

② 参见刘剑文、侯卓:《事权划分法治化的中国路径》,载《中国社会科学》2017 年第 2 期。

③ See Robert K. Vischer., *Subsidiarity as a Principle of Governance: Beyond Devolution*, Indiana Law Review, Vol. 35:1, p. 103 - 142(2001).

④ 参见许闲:《德国权力制衡模式下的政府间财政关系》,载《经济社会体制比较》2011 年第 5 期。

内分摊成本。从这个意义上讲,明确事权不能简单理解为对事权法定条款的细化,而是在承认地方政府治理优势的前提下,尊重并赋予其法定框架内事权划分的决策权。

(三)事权与支出责任划分的制度构建

在我国推进国家治理体系与治理能力现代化的进程中,各级政府既需要国家公共服务职能的转变,又需要妥善处理好政府之间、政府与市场、社会之间财产利益分配问题。事权与支出责任的制度化实质上可转化为在现代市场经济体制下,如何实现各级政府财政权、责、利配置的规范化和确定化。

首先,以基本公共服务均等化为突破口,优先细分基本公共服务领域的交叉重叠事项,使基本公共服务的普遍性与特定公共服务的非均衡性相结合。基本公共服务的普遍性既源于《宪法》对公民基本权利的法律确认,也源于财政的基本职能,而特定公共服务的非均衡性主要源于我国区域经济社会发展不平衡的现实。当前法律支出责任条款中对老少边穷地区的支持帮助、协同发展等财政转移支付通常以"政治任务"形式体现出来,这恰恰是源于基本公共服务标准的缺失,单纯的"分税制"改革反而可能会扩大地区经济社会发展的不平衡。一方面,通过界定基本公共服务的国家最低标准,将政府间转移支付纳入各级政府的法定职责,增强制度约束力、强制力。另一方面,鼓励各级政府结合自身财力实际,提供差异化的公共服务,按照成本与收益对等原则,吸引社会资本与政府合作,增强市场对特定公共服务的配置能力。党的十九大报告已经将我国社会主要矛盾调整为人民日益增长的美好生活需要和不平衡不充分的发展之间的矛盾,现代财政势必要求适应和满足人民群众对美好生活的向往,使财政收入取之于民、财政支出用之于民。现有的财税实践也是首先从基本公共服务领域划分中央和地方的财政事权与支出责任,并分领域逐步推进,为今后的财税体制改革提供了有益借鉴。

其次,以央地事权与支出责任划分清单为样本,突出省级政府的协调职权、职责,使中央与地方之间、省级与省级以下地方政府之间的自上而下与自下而上改革相结合。省级以下政府间事权与支出责任的划分应在参照央地划分清单样本的基础上,突出省级政府的统筹协调职能。当前省级以下地方财政体制改革中,省级政府既是改革的决定者,又是改革的参与者,如果按照“谁划分、谁裁决”的基本原则,由省级政府划分并裁决省级以下所属市县的事权与支出责任,容易忽略省级政府对地方财税体制改革的决定性地位,在省级以下地方政府的收支划分仍取决于省级政府的情况下,传统的“跑部钱进”极易演变为“跑省钱进”。因此保障地方政府尤其是市县级地方政府的参与权至关重要,否则,“两个积极性”也无从谈起。下级政府的参与权是防止上级政府不当介入下级事权与支出责任划分的重要屏障,也是遵循事权划分外部性、信息复杂性、激励相容性三原则的基本要求。[①] 短期内,我国事权与支出责任划分仍然处于摸索阶段,争议裁决的行政优先可能还存在行政效率的考虑,但从长期来看,势必要求从单向度的行政性裁决过渡到行政、人大和司法机关三者相结合的财政裁决机制,以落实财政公平、财政民主的实质价值。

最后,以政策先行、分领域试点探索为治理策略,逐步推进事权与支出责任划分的法治化,以及财税体制改革与党的政策良性互动的制度实践,我国政府间事权与支出责任划分改革的合理化程度必然取决于政治、经济、社会、历史等多元因素,取决于我国法律文本修订的特定实际,适合我国本土国情的法治化策略才是最好的解决方案。相对于由国家认可和制定并由国家强制力保证实施的实证法,公共政策作为国家治理方略的重要组成部分,具有灵活、高效的特点。现代国家治理中,公共政策与传统国家制定的实证法紧密相连并相互融合,是现代法治的重要非正式渊源。[②] 应从国家治理体系和治理能力现代化的高度引领财税体制改革,既

① 参见楼继伟:《中国政府间财政关系再思考》,中国财政经济出版社2013年版,第37页。

② 参见[美]E.博登海默:《法理学:法律哲学与法律方法》,邓正来译,中国政法大学出版社2004年版,第487页。

要遵循财政法定原则的总体要求，又要尊重“摸着石头过河”的探索实践；既要注重财政关系调整与政治体制、经济体制改革的契合，又要激发基层民主参与和民主监督。短期内采用立法授权的形式分领域逐步探索，条件成熟时进行立法跟进，最终制定政府间财政关系法。① 通过政治治理与财税法治相结合，确保政府间事权与支出责任划分的法治化满足国家治理体系和治理能力现代化的基本要求。

第四节　本章小结

通过对预算编制行为的梳理和预算编制权的解构，笔者发现：

(1)预算编制权不仅是程序性权力，更是实体性权力。(2)预算编制行为不仅是预算过程的开始，更是绩效预算实施的终点。(3)预算编制权具有可诉性。(4)预算编制行为分为不同环节，预算权能分化出预算建议权、文本确定权等。(5)中国的预算编制具有非对抗性，党的领导地位体现出其是现代预算制度的“设计者”、政府预算决策的“定盘者”和人大预算监督的“支持者”。(6)预算编制权由“行政专享”演变为“多元共享”势态。

预算支出即政府事权与支出责任的对价，对预算支出的控制需要以政府间事权与支出责任划分为前提，其中，央地关系是核心问题。央地支出责任划分应立足财政治理体系和治理能力现代化，使市场起决定性作用，更好发挥政府作用，提升中央和地方两个积极性，秉承市场决定与政府有效相结合、地方自治与中央适度集中相结合、纵向公平与横向公平相结合的基本原则。在改革策略上，央地支出责任划分应遵从合理化、民主化、法治化 3 个基本要求，符合中国国情、财政民主和绩效预算、财税实践

---

① 参见徐阳光：《论建立事权与支出责任相适应的法律制度——理论基础与立法路径》，载《清华法学》2014 年第 5 期。

变革的基本逻辑。

通过阐释事权和支出责任相适应的含义,本章解构出支出责任划分的基本原则及其逻辑关系。通过分析发现,事权和支出责任相适应具有双重意蕴,两者的目标均在于促进政府公共服务职能,但在语义上呈现公共服务权利与义务的对应性,在结构上呈现财政收入与支出的对应性。

通过对央地支出责任划分的改革策略进行论证,我们试图落实党的十八届三中全会和党的十九大报告对政府与市场定位、社会主要矛盾变化以及财税体制改革的基本要求。央地支出责任调整需要符合合理化、民主化、法治化3个基本要求,分别对应于中国基本国情、财政民主和绩效预算以及财税实践变革的逻辑,在契合央地支出责任划分基本原则的同时,也为当前的财政治理提供策略建议。

中央与地方的财政分权、政府与市场在资源配置中的地位,决定了政府间事权与支出责任划分的概括性、非法定性。在梳理已有研究的基础上,笔者认为,我国当下政府间事权与支出责任划分并非孤立的财税改革,而应当提升到国家治理层面加以审视和思考。政府间事权与支出责任的法律或政策调整,不仅追求中央与地方政府间平衡协调的财政格局,而且服务于市场化改革进程中政府与市场的重新定位。① 理解我国政府间事权与支出责任调整的动态性和复杂性特征,需要从现实制度实践上理解其制度因素与体制因素。在理论上,本章首次通过对相关法律文本的梳理,分别验证了我国政府间事权与支出责任划分的同构性与共担性特征。这源于我国财政体制改革中既存的依赖行政与政策安排、税收集权与非税分权、财政汲取权力与能力分离等问题。

事权与支出责任划分的逻辑起点在于坚持发挥市场在资源配置中的决定性作用,最终目的是实现各级政府间的收入、支出、事权三端的长期

① 参见马万里:《多中心治理下的政府间事权划分新论——兼论财力与事权相匹配的第二条(事权)路径》,载《经济社会体制比较》2013年第6期。

动态均衡。这需要通过基本公共服务事项及标准法律化,突出省级政府的财政统筹协调职能,综合运用政策先行与法律跟进的法治化策略,最终实现各级政府财政权力、职责、利益配置的规范化和确定化。

第五章　预算技术间的制约与协调

预算和绩效管理的一体化，合法是基础，绩效是归宿。① 预算绩效管理，作为一种技术工具，在具有辅助决策、约束监督和政策驱动等工具理性的同时，也客观上具有了提升财政公信力、促进预算民主的价值理性。

本章主要围绕现代预算转型的技术支撑，立足于公共财产权保障的可持续性，从会计核算模式、预算效力模式和绩效管理对象等方面展开研究，试图构建授权法与控权法兼具的技术体系，体现预算技术的工具价值和理念价值，促进预算作为公共受托责任的本质实现。

第一节　收付实现制与权责发生制

基于《预算法》从"预算管理法"向"管理预算法"的立法转变，现代预算制度的决策重点亟须从

---

① 参见孟庆瑜：《绩效预算法律问题研究》，载《现代法学》2013 年第 1 期。

投入转向产出，构建以预算结果为导向的预算模式，预算不仅要控制政府收支，还要衡量财政支出的成果与成本，将财政资源配置的绩效评价纳入下一年度预算资源的配置过程，达到善治目标。[①]《预算法》在明确政府部门预算按照收付实现制编制的同时，要求各级财政部门按照权责发生制编制政府综合财务报告，报本级人大备案。由此也形成了当前以政府预算"收付实现制"为主导、以政府财务报告"权责发生制"为辅助的"双轨制"预算编制模式。

一、"双轨制"预算模式的作用机理

权责发生制是以权利和责任、义务发生为标志，将财政收支活动所导致的资产、负债、收入、费用等信息记录在相应会计期间的一种会计核算模式。一方面，可以通过客观反映财政和财务运行状况，更好地评价和衡量预算绩效；另一方面，可以通过政府资产和负债变化，真实地反映政府财务状况，为政府信用评价和债务风险化解提供决策依据。收付实现制则是以现金是否收支为标志，通过记载当期实际产生的现金流来确认收入和费用的一种会计核算模式。以收付实现制为基础的预算管理模式，无法核算当期已经产生但尚未实际负债而未来可能承担的或有债务，以及虽无法律约束但在未来确定产生支出的隐性负债，而且不计提资产折旧，难以有效反映资产的真实价值。[②] 即使在"预算管理法"理念下，此种预算技术也难以有效应对政府预算决策的长期效应，而在预算理念转向控权法之后，更难以适应代议制民主对政府财政收支的有效控制。

虽然相对收付实现制，权责发生制会计模式更关注产出结果和绩效，

---

① 参见陈志斌、李敬涛：《政府善治目标的实现与政府会计治理效应》，载《会计研究》2015年第5期。

② See Brixi H., Schick A., *Government at Risk: Contingent Liabilities and Fiscal Risk*, World Bank Publications, 2002, p. 79.

不仅能够反映现金收支信息，而且可以有效反映资产、负债、费用等信息，财政状况从静态体现转为动态反映，可以更加客观地呈现政府财政能力。但权责发生制也存在诸多缺陷，如执行成本过高、编制程序复杂、可理解性较差，对财政数据统一性、会计计量系统完整性、资产评价全面性以及编制时间效率性都提出了较高要求，面临改革成本与收益的质疑。而这正是收付实现制会计模式的优势之处。两者的差异在于由于核算功能不同所导致的记录方法和会计确认时间的不同，共同点都是优点与缺点兼具。

二、“权责发生制”抑或“收付实现制”

正是基于以上考虑，财政部要求从 2011 年开始试编权责发生制的政府综合财务报告，选取了 11 个省市进行试点，并在逐步积累经验的基础上，自 2014 年在全国展开。在财税实践中，日常业务核算仍适用收付实现制，只在年终时按照权责发生制，采用统计与估算的方式对有关数据进行转换、调整，最后形成政府综合财务报告制度。这种做法也被《预算法》所确认。可见，我国已经建立了预算会计收付实现制和财务会计权责发生制的“双系统”。

（一）预算功能决定预算技术

伴随市场与政府对资源配置作用的认知差异，市场与政府的边界处于不断调整的动态过程，政府预算会计制度改革的初衷是提高政府运行效率，通过全面公开透明的方式反映政府资产、负债等财政、财务状况，接受社会监督。由于“预算管理”是“管理预算”的前提和必要条件，现代预算制度在落实“控权法”理念的同时，不可避免地呈现“预算管理法”问题，预算被政府作为社会治理政策和宏观调控的工具，随着政府职能与市场资源配置的互动，往往出现政府侵占市场、政府规模持续扩大的情形。依靠能够真实反映预算总体规模和支出项目的会计制度，即权责发生制，必然成为现代预算功能转变的工具，由此，也推动了财政可持续理论和预算绩效管理理论的发展。

（二）预算目标决定预算功能

在预算管理理念下，预算编制和执行按照权责发生制会计模式，可以使政府在管理预算项目和配置预算资源时注重长效机制，有助于避免收付实现制模式下的短期行为。但在管理预算理念下，更重要的是，代议制机关和社会公众可以在政府行政效率提高的基础上，以政府支付责任的发生和现金取得的权利为标志，来确认某个预算年度内政府的全部收支和债权、债务，反映公共财产资源的权利、责任和义务的匹配状况。通过发挥财政资源在弥补市场失灵层面的决定性作用，向社会公众清晰地展示财政资源配置的效率和效果、政策变化依据等信息，①促进政府更好地履行预算的公共受托责任。

所以，预算功能的变化影响预算目标的实现程度，反过来，预算目标的设定又要求充分发挥预算的资源配置功能。党的十九大报告将现代预算制度的建设目标提升为"全面规范透明、标准科学、约束有力"，这种预算目标决定了预算法的控制功能必然选择最能够直接反映资源配置效率的预算技术。权责发生制下的政府会计能够清楚地显现政府职能履行结果，是一种以结果—产出为导向的预算决策过程，能够有效促进"预算管理法"转型为"管理预算法"，实现公共预算的最终体现。虽然在2018年《预算法》实施之前，我们仍固守于预算管理理念，但不可否认，管理预算必须以预算管理为前提和基础条件，随着政府部门预算、国库集中收付和政府采购等财政制度的引入，这些明显具有内部控制取向的措施，也在客观上使人大对政府的外部监督具有了明确的抓手和依据。② 党的十八届三中全会将财政确立为国家治理的基础和重要支柱，而作为现代财政最

---

① 参见陈志斌、李敬涛：《政府善治目标的实现与政府会计治理效应》，载《会计研究》2015年第5期。

② 参见田祥宇、王鹏、唐大鹏：《我国行政事业单位内部控制制度特征研究》，载《会计研究》2013年第9期。

基本的制度基础,现代预算建设目标的提升,决定了预算功能的转变,即从投入管理的财政模式转向以产出和结果为导向的管理模式,并从“控制取向”走向“绩效导向”,最终促进现代预算与国家治理的契合。①

三、“双系统”还是“单系统”

虽然以权责发生制为基础的政府预算模式有助于动态化展示政府的财务状况,不仅反映了财政资源使用的合规性,而且有助于通过财政资源增量、存量的动态展示,反映财政资金使用的绩效情况。但正如上文分析,权责发生制与收付实现制都只是预算技术的变革,两者各有优势,也各有缺陷。如何抉择,既取决于预算功能的转型,更取决于预算目标的选择,两者在本质上都服从和服务于当前的预算改革实践。

(一)“双系统”向“单系统”的转变

通过梳理当前世界上不同国家的政府预算核算模式,可以发现,权责发生制和收付实现制都存在于不同的国家和地区,只不过整体趋势正在向权责发生制转变。按照两种模式在政府预算体系中的实施程度,可以进一步细分为以下 4 种模式:完全的权责发生制、修正的权责发生制、完全的收付实现制和修正的收付实现制。② 前两种的主要区别在于,是否计提资产折旧和资产资本化,后两种的主要区别在于,是否对利息费用、员工养老金等在会计处理中遵循收付实现制。③ 目前,采用单系统的主要有新西兰、英国、瑞士等国家,完全采用权责发生制。而采用双系统的主要有美国、加拿大、德国等国家,主要采用以收付实现制为基础的预算会计

---

① 参见马蔡琛:《现代预算制度的演化特征与路径选择》,载《中国人民大学学报》2014 年第 5 期;何文盛、蔡泽山:《新时代预算绩效管理推进国家治理现代化的多元维度审视》,载《上海行政学院学报》2018 年第 3 期。

② See Brixi H. , Schick A. , *Government at Risk: Contingent Liabilities and Fiscal Risk*, World Bank Publications, 2002, p. 79.

③ 参见高珂、白楠、黄珉:《OECD 国家权责发生制政府会计改革的分析与借鉴》,载《中国注册会计师》2017 年第 7 期。

系统和以权责发生制为基础的财务会计系统。值得注意的是，法国采用了3套相互独立的会计系统：一是以收付实现制为核算基础的预算会计体系；二是以权责发生制为基础对政府所有活动进行核算，主要反映政府财务状况的财务会计体系；三是以权责发生制为核算基础，反映政府各项政策活动成本的成本会计体系。①

可见，究竟是采用权责发生制还是采用收付实现制，取决于一国的基本国情。我国已经开始在政府预算中实行权责发生制，而在政府财务会计中实行收付实现制。2014年国务院批准了财政部《权责发生制政府综合财务报告制度改革方案》，随后财政部《政府会计准则——基本准则》确立了预算会计和财务会计的双系统。可见，我国的政府会计正从单一的收付实现制向修正的收付实现制转变。虽然这种转变只是"修正式"，而且我国实施的还是政府预算与综合财务报告的"双系统"，但西方国家预算会计权责发生制的实施，往往也都是先从收付实现制转向修正的收付实现制，并逐渐转向权责发生制的渐进式改革。② 而且我国政府综合财务报告权责发生制会计技术的引入，已经促使传统预算收付实现制发生颠覆性改革，并可以为下一步的会计制度转型提供经验积累和技术支撑。

（二）转变的路径选择

首先，以现代预算的"公共财产法"理念重置政府预算和政府财务报告制度，将预算的全面规范透明、标准科学、约束有力作为政府预算体系革新的基础目标。通过推动预算会计和财务会计的衔接配合，构建相互协调、相互制约的会计核算系统。可以参考德国的做法。德国虽然采用单系统做法，按照收付实现制建立一套预算会计账户，但也设置了若干按

---

① 参见宁美军：《政府会计核算模式构建：国际比较与启示》，载《财务与会计》2016年第11期。

② 参见马蔡琛、桂梓椋：《全面预算绩效管理视域下的政府会计准则体系构建——基于国际比较视野的考察》，载《河北学刊》2020年第3期。

照权责发生制进行核算的财务会计账户，并通过增加"盈余调整"这一净资产账户，从而在财务账户和会计账户之间建立了钩稽关系。[①]

其次，注重预算会计、财务会计与审计制度的协同优化，促进预算审计结果报告系统与预算模式的衔接与互补。《权责发生制政府综合财务报告制度改革方案》提出，政府会计和财务会计核算是财政实现可持续发展目标的基础，而有效的审计监督机制是政府会计和财务报告体系的重要保障。

最后，注重局部变革与全面推进的协同发展，通过先行试点、以点带面，逐步扩围，分领域、分步骤展开权责发生制改革试点。典型案例如英国，该国也是采用循序渐进的方式，先在中央各个部门采用权责发生制，将预算绩效与部门资金分配挂钩，经过3年的试点，最后才在2000年最终确立并通过《政府资源与账户法案》(GRAA 2000)予以保障。有学者立足我国国情提出了相应的改革思路：先进行修正的收付实现制，逐步过渡到修正的权责发生制，并针对特定的事项，如土地等资产资源、养老金等负债进行核算，最后逐步过渡到完全的权责发生制。[②] 这种渐进式改革不但符合我国经济改革逻辑，而且完全可以应用于预算会计制度的变革。

第二节 年度预算与中期财政规划

在通常意义上，我们只将预算确定为年度预算，并认为年度性是预算的基本原则之一，导致"年度预算、预算一年"的问题。[③] 由于预算编制、审批、执行、监督都以年度为标准，往往无法有效约束部分跨年度公共支出，

---

① 参见王晨明：《〈权责发生制政府综合财务报告制度改革方案〉四大任务间的逻辑关系探析》，载《财务与会计》2016年第11期。

② 参见宁美军：《政府会计核算模式构建：国际比较与启示》，载《财务与会计》2016年第11期。

③ 参见王雍君：《"全口径预算"改革探讨》，载《中国财政》2013年第6期。

如政府债务、财政赤字、大型投资性基础设施项目，导致跨年度财政收支与年度限额的冲突，也难以有效评估预算绩效实施情况。2014 年，党的十八届三中全会就提出，预算审核的重点由平衡状态、赤字规模向支出预算和政策拓展，并约束着人大的预算审核与批准。2018 年《预算法》第 55 条明确禁止各级政府向预算收入征收部门下达收入指标，多数学者将其理解为预算法不再要求将预算收入作为征收部门的约束性任务，只作为预期性指标。[①] 当预算支出的刚性遭遇收入的预期性，年度预算平衡必然被打破，而财政赤字将成为常态，势必会冲击财政的可持续性。由此，中期财政规划和中期预算便成为理论和实践探讨的热点话题。2015 年国务院发布了《关于实行中期财政规划管理的意见》（国发〔2015〕3 号），要求按照 3 年滚动编制方式启动中期财政规划。

一、预算平衡的含义

基于预算收入与预算支出之间存在不可调和的矛盾，预算平衡面临预算收入与预算支出的结构性矛盾。当实际预算收入大于预期收入时，超收收入必须依据《预算法》的要求，要么用于冲减赤字，要么补充预算稳定调节基金，不能自由支配。但随着经济发展进入新常态，经济增速放缓使财政收入增长乏力，收不抵支成为常态，预算平衡必然面临收入下降而支出增加的“两难”处境。年度预算尽管在形式上可以对预算资源进行分配和管理，却难以从整体意义上实现预算决策、政策目标和国家战略的衔接配合，也难以适应现代财政在国家治理中的基础性地位。改革预算年度性、提升治理现代化，已经成为跨年度预算实施的出发点，也成了当下政府预算改革的重点。中期财政规划的最大优势在于，其可以在预算总

---

① 姑且不论预算收入与预算支出之间基于结构性矛盾所产生的财政赤字危机，仅就该条文是属于强行性禁止条款还是属于任意性命令条款，抑或是只禁止政府任务而不禁止人大任务，或者仅限于预算执行过程而不限于预算编制环节，均存在诸多争议。

额控制下，使国家政策过程与预算过程能够衔接与配合。[①] 本质上是通过优化公共资源配置，把中长期的国家战略目标和政策体现到预算中，以实现财政风险、经济风险、社会风险、环境风险等公共风险的综合平衡。[②]

正如预算专家鲁宾所言："公共预算就是要将政府支出限制在政府可能获得的收入之内来防止透支，从而确保平衡。"[③]即便由于各种因素不能准确预测未来，预算实际收入与预期收入、收入与支出之间的差异存在现实必然性，但如果放任预算的不平衡或者偏离度过高，一方面，反映出预算决策的不合理、不科学；另一方面，如果忽略预算平衡，势必会引发持续性财政赤字，危及财政安全。[④] 因此，现代预算最重要的要求依然是约束预算收支的平衡，预算总收入必须大于或者至少等于总支出。然而这种平衡不再是只强调单纯的年度平衡，因为即使西方国家所遵循的预算平衡也不是静态意义上的绝对平衡，而是动态的相对平衡，是随着经济发展事态随机调整，并非一成不变的平衡。但是，值得注意的是，《预算法》第5条在明确四本预算完整、独立的前提下，要求政府性基金预算、国有资本经营预算、社会保险基金预算应当与一般公共预算相衔接，后者在政府预算体系内有条件充当四本预算的衔接桥梁和规范化参照系，[⑤]负有兜底平衡责任。[⑥] 然而，当一般公共预算出现短收，通过调入预算稳定调节基金、

---

① 参见王雍君：《中国的预算改革：引入中期预算框架的策略与要点》，载《中央财经大学学报》2008年第9期。

② 参见刘尚希、韩凤芹、张绘：《从政府治理看中期财政规划——基于河北省的经验与教训》，载《学术研究》2015年第12期。

③ [美]爱伦·鲁宾：《公共预算中的政治：收入与支出，借贷与平衡》，叶娟丽、马骏等译，中国人民大学出版社2001年版，第1页。

④ 参见廖家勤、宁扬：《防范地方政府债务风险的预算平衡机制创新研究》，载《当代财经》2014年第9期。

⑤ 参见于树一：《经济新常态下发挥"四本预算"整体功能的探讨》，载《财贸经济》2016年第10期。

⑥ 《预算法》强调其他三本预算与一般公共预算相衔接，突出了一般公共预算的主导与主体作用，尤其在社会保险基金预算收不抵支时需要对其承担单向的资金调入责任，所以一般公共预算便具有了预算平衡的兜底功能。参见邓力平：《新预算法：基于中国特色社会主义财政的理解》，载《财政研究》2015年第10期。

减少支出等方式仍不能实现收支平衡的,省级政府经本级人大或其常委会批准,可以增列赤字,但这却不适用于其他三本预算。政府性基金预算强调的是"以收定支",当出现短收时,"通过削减支出实现平衡";国有资本经营预算则是"应当按照收支平衡的原则编制,不列赤字";社会保险基金预算更强调支出的专用性,"做到收支平衡"。

综上所述,预算平衡的含义包括:(1)即便以税收为主体的强制性财政收入出现不平衡,也可以通过预算审批的债务等自由性收入获得平衡;(2)即便不能实现一般公共预算的年度平衡,但最起码应当是特定时间段的预算平衡,即跨年度预算平衡;(3)即便一般公共预算不能够获得年度平衡,但包括政府性基金预算在内的其他三本预算必须实现年度或者跨年度预算平衡。

二、预算平衡的制度化困境

当预算总收入难以应对总支出,出现持续性财政赤字时,财政可持续便面临债务危机的可能。典型案例如南美洲国家阿根廷,正是由于债务问题和多年的财政赤字,导致阿根廷至今未能走出财政危机的阴影,也错过了经济社会发展的良机。欧元区债务危机更是困扰其走出治理困境的主要矛盾,财政紧缩成为核心议题。① 截至 2021 年 7 月末,我国地方政府债务余额快速增至 28 万亿元,在经济发展进入新常态后,面临收入增长放缓和支出增加的双重矛盾。财政可持续性已经成为我国预算面临的最大挑战。②

(一)收入预期性与支出刚性的矛盾

蔡茂寅认为,预算本就是对特定时期政府收支的预测,针对强制性收

① See Reinhart C. M., Rogoff K. S., *Growth in a Time of Debt*, American Economic Review, Vol. 100:2, p. 573 - 578(2010).

② 参见马骏:《中国公共预算面临的最大挑战:财政可持续性》,载《国家行政学院学报》2013 年第 5 期。

入没有拘束力，也不能对税务部门课以强制征收的法律效力，收大于支，或者支大于收、收支不平衡必然成为常态。[①] 收支不平衡的危害既包括超收收入的行政自由支配脱离人大的民主控制，也包括收不抵支时对财政可持续的冲击，且重点在于控制财政赤字。预算收入不但包括以债务收入为主体的自由性收入，而且包括以税收为主体的强制性收入，自由性收入虽然可以经由预算审议程序获得确定性，但税收不能仅依据预算，而且税收法定是主要依据。[②] 2018 年《预算法》顺应财政客观规律和对税收法定原则的尊重，已经将预算收入设定为预期性，当支出刚性面临收入预期性时，年度预算势必会出现不平衡状态。

(1)法定支出

法定支出是由相关法律确定的强制性支出，本意是通过法律的强行性规定，保障特定基础性事业的优先发展，或者采用与 GDP 增长、财政收入挂钩等方式，要求财政支出按照固定的比例倾斜支持。[③] 当前法定支出的方向主要分为教育、水利、科技等相关领域，相关法律主要包括《农业法》《教育法》《科学技术普及法》等。由于此类支出具有法律依据明确、法定支出比例确定等特性，因而决定了预算的平衡配置能力。值得注意的是，特定目的税，如资源税、城市维护建设税等税种，如果需要统筹使用，既存在法律修订的困难，又存在行政法规变更的问题。除特定目的税外，其实还存在诸多的专项收入，包括一般公共预算中的专项收入和政府性基金预算中的所有资金，原则上都属于专款专用资金，均具有相应的规范性依据，试图将其统筹使用的前提，便是修改或者废止相应的专用性依据。

---

① 参见蔡茂寅：《预算法之原理》，台北，元照出版有限公司 2008 年版，第 56～64 页。

② 参见王强、叶姗：《政府理财观的抉择："量入为出"与"以支定收"——源于美国 1985 年〈平衡预算和紧急赤字控制法〉第 252 条之启示》，载《法学杂志》2006 年第 2 期。

③ 参见牛美丽：《中国地方政府的零基预算改革：理性与现实的冲突和选择》，中央编译出版社 2010 年版，第 122 页。

(2)赋权型支出

赋权型支出,是指由于某种财政支出项目已经深入人心,而普遍被认为是一种权利的强制性支出,国家应承担道义上的责任。“当赋权型支出演变为一种权利时,事实上在预算中就没有可商讨的余地了。”[①]比如,民生支出中的扶贫专项资金,就具有支出刚性。为实现中共中央提出的2020年的脱贫目标,2017年的《政府工作报告》就明确提出,中央财政专项扶贫资金要比2016年增长30%以上。2021年,为提高基本医疗服务水平,健全稳定的公共卫生事业投入机制,居民医保和基本公共卫生服务经费人均财政补助标准在2020年增加30元的基础上,分别再增加30元和5元。在资金总量既定的条件下,为了确保扶贫资金和医疗资金的确定性,必然需要以其他具有自由裁量权的支出缩减为代价。[②] 所以希克教授提出:“刚性的赋权型支出在支出中所占的比重越来越大,预算究竟还有什么用处,预算是否还有一个未来?”[③]

(二)部门利益固化

在财税实践中,虽然零基预算编制模式从理念上更合理,更能有效反映客观环境的变化,但马骏和叶娟丽在研究中国的预算模式时,发现零基预算并没有改变预算结果,由于部门预算编制逐渐形成了稳定的财政资金分配格局,“基数+增长”的渐进式预算模式依然是当前部门预算通常采用的基本模式。[④] 零基预算更多是一种理念上的替代,而非实践中的操

---

① [美]爱伦·鲁宾:《公共预算中的政治:收入与支出,借贷与平衡》,叶娟丽、马骏等译,中国人民大学出版社2001年版,第166页。

② 典型情况如近几年的减税降费与财政支出压减并重局面。为应对新冠疫情所引发的经济冲击,我国在实施大规模减税降费的同时,严控一般性支出,2020年中央政府本级支出安排负增长,其中非急需非刚性支出压减50%以上,2021年中央又继续实施支出负增长,进一步大幅压减非急需非刚性支出。

③ Schick A., *Does Budgeting have a Future*?, OECD Journal of Budgeting, Vol. 2:2, p. 7–48 (2003).

④ 参见马骏、叶娟丽:《零基预算:理论和实践》,载《中国人民大学学报》2014年第2期。

作,是一种让人们摒弃基数加增长的预算模式的教育手段。[①]

虽然为了强化预算的中期控制,自 2015 年开始,我国逐渐实施中期财政规划,意图通过编制 3 年滚动预算,使年度预算、中期财政规划与国民经济发展的 5 年规划相衔接,但仍面临许多问题。首先,中期财政规划不具有强制约束力,类似于政府部门的内部计划,不但难以衔接国民经济社会发展的 5 年规划,而且与部门专项发展规划也难以衔接。如土地、城乡、生态保护等各个部门都具有自己的部门规划,“各自为政”、彼此冲突。其次,由于关注的政策焦点不同,经常出现部门规划目标与可支配财力之间的矛盾,难以有效协调。这种局面明显带有部门利益固化的痕迹,在缺乏核心预算内部门统一协调的前提下,财政部门编制的中期财政规划只能是各个部门可以参考或者可以不参考的意见,预算支出控制数并没有强制的约束力。因为如果缺乏法律和制度的明确要求,预算部门和单位完全可以依照支出基准而非支出上限的角度编制预算。[②] 最后,财税实践中,随着中期财政规划演变为财政部门的“独角戏”,财政部门也逐渐丧失了编制中期财政规划的积极性。

(三)地方财政自主性差

在当前中央与地方事权和支出责任划分还不清晰的情况下,中央与上级政策变动频繁,短期政策势必干扰下级政府的规划预期。诸如减税降费等财政减收、提高社会保障标准等扩大支出行为导致地方政府难以有效获得预期信息。[③] 即使当期编制了中期财政规划,也会遇到领导任期届满、下任领导变动的局面,当地方政府缺乏中期财政规划所需的实施方案、规程、操作细则等配套措施时,“以文件落实文件”必然成为地方尤其

---

① 参见牛美丽:《中国地方政府的零基预算改革:理性与现实的冲突和选择》,中央编译出版社 2010 年版,第 112 页。

② See Schick A., *Macro-budgetary Adoptions to Fiscalstress in Industrialized Democracies*, Public Administration Review, Vol. 46:2, p. 124 – 134(1986).

③ 参见刘尚希、韩凤芹、张绘:《从政府治理看中期财政规划——基于河北省的经验与教训》,载《学术研究》2015 年第 12 期。

是基层政府不得已而为之的选项。

其实，在国务院启动中期财政规划之前，河北省就作为全国唯一的省级试点单位，从2003年开始试编3年滚动式预算模式，但由于以上种种缺陷，自2013年便停止编制3年期滚动预算。即使中期预算在很多西方国家也已经实施了多年，但仍面临诸多质疑，被称为“史上最不靠谱的预算”，如已经实施了11年中期预算的俄罗斯就在2015年停止实施。①

三、财政可持续发展的路径构建

中期财政规划能够增强预算的前瞻性，其在实现财政资源合理配置的同时，可以有效控制支出膨胀，推动预算审核从赤字规模、预算平衡转向支出预算和政策拓展，已经成为国家财税制度的重要内容。但正如前文所述，预算平衡仍应是预算审核的重要内容，只不过在预算收入由指标性转向预期性之后，人大预算审核的预算平衡不再是机械的年度平衡，而将是在跨年度预算平衡的框架内，审查“滚动规划对年度预算的约束性”。②

（一）“结构平衡”下的预算平衡

预算收入与支出存在持续的平衡矛盾，这是预算计划所具有的本质属性。局部性、短期性财政赤字必然是我国新常态经济发展时期的常态，收支的差异也只有在出现持续性财政赤字时才具有治理价值。大量的实证研究表明，财政赤字引发的财政危机源于财政资金的错配和债务治理的信心，大部分出现财政危机的国家，其危机产生的根源仍在于资金周转出了问题而非绝对规模本身。③ 在经济增长指标能够呈现明确的财政潜

---

① 参见童伟、宋天伊、雷婕：《俄罗斯为什么中止实施中期预算？》，载《经济研究参考》2016年第31期。

② 参见邓力平：《中国特色社会主义财政、预算制度与预算审查》，载《厦门大学学报（哲学社会科学版）》2014年第4期。

③ See Bohn H., *Who Bears What Risk*? An Intergenerational Perspective, Paper Prepared for Presentation at the 2005 Pension Research Council Symposium, April 2005, p. 1 – 37.

力和国家治理能力的情况下,债务治理信心的增强仍能克服财政赤字危机。

由于预算收入既包括税收等强制性收入,又包括债务等自由性收入,或者按照税收法定原则,或者按照行政审批、预算审批等形式获得征收合法性,而财政支出计划通常是按照当年 GDP 的增长幅度估算出来的,所以收入与支出之间不具有一一对应的约束关系,必然产生结构性差异,导致结构性预算失衡。[①] 南美洲国家智利就发展出一种结构性平衡规则,经过多年的改进,已经成功地将之前的财政危机消除,并形成了可持续的财政发展态势。在预算专家希克教授看来,结构性预算平衡规则不仅是智利财政治理模式的关键,而且代表了总额控制或财政规则未来的发展方向。[②]

结构性平衡规则强调财政支出按照结构性收入来确定。如智利政府要求每年财政储蓄至少占到上年度 GDP 的 1%,在经济下行、财政短收时才可支出,增强了财政的稳健性和公共决策的连续性,有助于克服经济的逆周期现象。同时,在 2006 年,智利国会通过了《财政责任法》,将结构性平衡规则予以法定化,确保了财政资金能够进行长期预算和发展规划。[③]

当前我国已经在一般公共预算中建立了预算稳定调节基金,《预算法》要求将当年的超收收入调入预算稳定调节基金,并要求政府性基金预算中连续两年未支出的结转资金应当作为结余资金管理。同时规定了用于自然灾害等突发事件的预备费和用于调节季节性收支差额的预算周转金,试图通过预算稳定调节基金、预算周转金、预备费来弥补预算短缺,以

---

① 参见王朝才等:《中期预算制度的国际经验及其启示》,载《财经科学》2016 年第 5 期。

② See Schick A., *Post-Crisis Fiscal Rules: Stabilizing Public Finance while Responding to Economic Aftershocks*, OECD Journal on Budgeting, Vol. 1:2, p. 1 – 17(2010).

③ 参见马骏:《从财政危机走向财政可持续:智利是如何做到的?》,载《公共行政评论》2014 年第 1 期。

实现财政可持续性。[①] 但只有预备费规定了提取比例,2020 年的《预算法实施条例》只是对预算周转金额度的规定进行细化,如不得超过本级一般公共预算支出总额的 1% ,而预算稳定调节基金仍没有明确的比例要求,不具有稳定性,如果提取比例过低,难以有效弥补一般公共预算支出的缺陷。此外,突发事件往往由于其突发性、紧急性、不可预测性等特点,既可能导致季节性收支差额,也可能产生持续性财政紧缩,因此构建包括决策、执行、绩效评价以及监督制度等制度体系就成为应急预算制度建立的关键。[②]

其实,按照结构性平衡规则,我们可以在明确界定突发事件概念的基础上,通过在政府预算体系中设置应急预算的形式,形成"常态预算 + 应急预算"的混合模式。[③] 一方面,将《突发事件应对法》中传统的自然灾害、事故灾难、公共卫生事件和社会安全事件四种类型,扩展为包括经济、社会、政治等应急事件,分类设置应急预案,明确中央与地方财政事权与支出责任,[④]并构建常态化、专业化的应急管理体系。另一方面,调整政府预算体系,设置总应急预算和分应急预算。适当增加预算稳定调节基金的提取比例,并以法律法规的形式明确下来,增强制度稳定性和强制性,并参照美国的特别预算、日本的补正预算、澳大利亚的灾害预算等,在一般公共预算中设立总应急预算的同时,设立不同的应急预算,作为分应急预算,并实施基金式的预备费管理模式,经由投入与产出的绩效评价体系建设,保障应急预算的安全稳健运行。

---

① 这也从侧面说明,一般公共预算具有政府预算体系统筹衔接的桥梁和纽带作用,预算平衡的重点只在于一般公共预算,其他三本预算自有其不同于一般公共预算的平衡机理,否则也应当设置预算稳定调节基金、预算周转金和预备费。

② 参见苗庆红:《应急预算制度构建研究》,载《中央财经大学学报》2021 年第 7 期。

③ 参见邹新凯、熊伟:《应急预算的问题检视与统分结合型构造》,载《现代经济探讨》2021 年第 3 期。

④ 2020 年 7 月国务院办公厅印发了《应急救援领域中央与地方财政事权和支出责任划分改革方案》,但也仅限于对传统的 4 种突发事件进行划分。

(二)"项目治国"下的预算平衡

相对预算基本支出的定员定额、易于控制等特点,部门项目支出预算构成了预算部门的主要内容,形成了当前我国部门预算以项目支出为主、基本支出为辅的资源分配格局,项目支出也成为预算部门和单位之间争夺的主战场。"项目治国"成了我国当前部门预算支出的基本特征。无论是理论层面还是实践层面,普遍认为项目支出预算最能反映预算总支出中的部门资源配置状况。无论是中共中央、国务院《关于全面实施预算绩效管理的意见》,还是财政部《关于贯彻落实〈中共中央、国务院关于全面实施预算绩效管理的意见〉的通知》(财预〔2018〕167 号),两者的重点都在于将项目绩效评价作为全过程、全方位、全覆盖绩效管理的抓手。

一是预算编制模式以项目管理为主线,替代之前的以资金分配为主线,在预算编制阶段,优选项目只限定于从项目库中选取。[①] 同时,将纳入项目库的项目支出作为评估和规范的主要内容,将一定数额以上的支出项目和年度新增支出以及重大决策项目作为绩效审核和评价的重点,主要参考是否与本部门职能密切相关、以往类似项目支出绩效等依据。通过细化项目预算计划,滚动编制项目预算中长期规划,提升项目支出可操作性。可以考察法国对预算项目的特定措施,给予那些不适用年度预算原则的项目以"项目准许制度",经过特别准许的项目在预算年度结束后并不失效,政府部门可以在授权范围内,于多个年度内自由分配。[②]

二是建立预算项目信息数据库,实现信息共享。我国当前仍存在财政部门负责编制和执行预算、发展和改革委员会负责预算项目审批的情形。基于项目预算管理的二元主体结构所导致的信息失灵、各自为政局面,一方面,应结合双方的预算管理职能,成立跨部委的核心预算管理机

---

① 参见范必:《滚动编制政府投资规划和资本预算 增强积极财政政策实施力度》,载《宏观经济管理》2017 年第 12 期。

② 参见黄严:《法国中期预算规划改革:"政策导向型"预算模式》,载《公共行政评论》2016 年第 6 期。

构,负责建立项目预算编制方法、编制程序、编制技术、项目审核、资金安排等内容,做到项目库与经济社会发展规划相衔接。另一方面,应在项目信息共享上建立项目数据库,为预算项目入库和预算安排提供信息支撑。可以由发展和改革委员会主要负责项目的入库审核,由财政部主要负责项目配套资金的审核,并设置跨部委的核心预算管理机构,按照预算项目控制数设定一个支出上限,作为不可突破的约束性条件。例如,韩国就是将预算责任和项目支出规划交由国家预算规划办公室来协调政府部门,在设定政府总支出和部门支出上限的基础上,依靠政府部门之间的协调配合,自下而上地制定预算项目。① 支出上限一旦设定,部门预算便不能突破,如有违反,将受到财政惩罚。

三是逐步取消强制性支出。针对我国目前多数预算项目存在法定强制性支出肢解预算统一性的弊端,党的十八届三中全会提出,清理和规范挂钩事项,一般不采取挂钩方式。《各级人民代表大会常务委员会监督法》要求,涉及农业、教育等特定预算支出调减情况的,应经过人大批准。2018 年《预算法》最终将这一做法普遍化、程序化。基于预算项目的重要地位,项目库建设成为中期财政规划和人大预算绩效管理的重要依据,政府部门一旦违反,势必导致预算项目入库和资金配置失去人大外部监督的技术支撑。应提高预算项目库的法律地位,在《预算法实施条例》中安排一个特别条款,针对基本预算支出和项目支出设定一个总额控制,政府部门可以在此基础上进行支出科目之间的调整,但禁止增加支出总额,也不能将项目支出调整到基本支出。② 此外,还可以将法定支出的增减与其他已有的法定支出或者增减的财政收入挂钩,通过"量入为出"的方式限制法定支出的增长,并适时引入"日落规则",对法定支出进行定期评估,

---

① 参见张岌:《后危机时代的韩国预算改革:通往财政可持续之路》,载《公共行政评论》2014 年第 3 期。

② See Marcel M., Tokman M., *Building a Consensus for Fiscal Reform: The Chilean Case*, OECD Journal of Budgeting, Vol. 2:3, p. 35 – 56(2002).

实行动态调整,逐步削减并最终取消强制性支出。

(三)“规划治国”下的预算平衡

将决算决策由年度预算转向年度预算与中期财政规划相结合的双轨制,在促进财政职能适应经济社会发展战略和政策前瞻性的同时,也面临年度预算与中期发展规划、中期发展规划与其他预算部门规划之间的衔接配合难题。① 从某种程度上讲,如果仅仅将规划预测偏重规划导向和管理导向,又不能够形成相互配合、相互协调的体制机制,必将冲击当前的改革进程。

我国一直坚持对国民经济和社会发展的提前规划,且已经连续实施了十四届,基本上贯穿了新中国成立以来的所有重要发展阶段,形成了“规划治国”的传统,也一直是党和政府治理国家的基本方略。② 按照《中华人民共和国国民经济和社会发展第十四个五年规划和2035年远景目标纲要》的要求,中期财政规划和年度预算、政府投资计划都需要依据该规划纲要确定的任务目标,确定支出规模和结构,坚持项目跟着规划走、资金和要素跟着项目走,发挥规划纲要的统领作用。因此,当前的主要问题并非财政政策不能衔接5年规划,而是发展和改革委员会主导的5年规划与财政部主导的3年中期规划时间上不一致,可以通过更改后者的规划时间,进行微观调整。

一方面,提升5年规划纲要的引导功能,构建以5年规划纲要为核心、部门规划配合5年财政规划,以及财政规划配合5年规划纲要的良性循环过程。要注重其他部门规划与中期发展规划的衔接性,通过跨部门核心预算管理机构的沟通、协调,使部门规划更好地协调变更后的5年财政规划,进而使其与规划纲要相衔接。可以借鉴法国的经验,将政府预算分解

---

① 参见黄严:《法国中期预算规划改革:“政策导向型”预算模式》,载《公共行政评论》2016年第6期。

② 参见范必:《滚动编制政府投资规划和资本预算 增强积极财政政策实施力度》,载《宏观经济管理》2017年第12期。

为任务—项目—行动三个层级，以规划纲要为引领，部门预算项目围绕战略目标进行分解，匹配相应的财政支出，最后在行动上落实。① 另一方面，要注重将人大审议预算的重点转向预算的动态平衡，注重5年规划纲要对5年财政规划和年度预算的约束性，使中期财政规划和年度预算能够合理反映规划纲要的侧重点和决策目标。通过民主代议制的审批获得相应的法律约束力，逐步将中期财政规划过渡到中期预算，从立法上使中期预算对年度预算具有必要的约束力。②

第三节　预算收入与预算支出绩效管理

预算收入的有限性与预算支出的无限性之间存在持续不断的冲突。在以产出和结果为导向的预算模式下，究竟是将有限的财政资源应用于A部门还是B部门，取决于哪个部门更能使稀缺资源的社会效用达到最大化。③ 2018年《预算法》第一次通过法律形式明确要求实施预算绩效评价，不但要求各级预算部门和单位按照绩效管理目标编制预算，而且明确将预算支出绩效评价作为预算部门和单位的法定义务，更是要求将其作为各级人大预算审查结果报告的重点内容。党的十九大则进一步将预算绩效评价扩展为预算绩效管理，要求全面实施预算绩效管理。中共中央、国务院《关于全面实施预算绩效管理的意见》提出，力争用3～5年的时间基本建成全方位、全过程、全覆盖的预算绩效管理体系，实现预算和绩效管理一体化。

---

① 参见付敏杰：《国外中长期预算编制的经验与启示：以美国为例》，载《地方财政研究》2015年第3期。

② 参见张韬：《构建中期预算与年度预算联动机制的思考》，载《中央财经大学学报》2017年第4期。

③ 参见卓越：《政府绩效评估指标设计的类型和方法》，载《中国行政管理》2007年第2期。

一、预算收入绩效管理的困境与缘由

(一)超收收入的预算软约束

虽然预算完整性原则适用于预算收入与预算支出,但传统的财税法研究和财政理论研究,只关注于财政支出的绩效评价,而将财政收入作为绩效评价的外生变量,似乎只要约束好支出,便能控制好政府预算。[①] 一方面,此类理解导致当前的理论认知忽略了财政收入的绩效评价研究,进而在指导财税实践中陷入"财政支出主义"。另一方面,预算绩效评价只是预算绩效管理的一个组成部分,全面绩效管理不仅包括收支两端的绩效管理,还包括目标管理、运行监控、绩效评价和结果应用在内的全过程、立体化管理。如果仅将预算支出作为绩效评价的全部,则在误解"全面"含义的同时,不能真正理解国家治理能力所依赖的财政汲取和支出能力。[②]

然而,当前的《预算法》只要求部门和单位开展支出绩效评价,而没有规定收入绩效评价职责与权限,更没有关于预算绩效管理的规定。这就导致当前缺乏针对预算收入的绩效管理规范,财政超收成为一种常态化趋势,地方政府具有将本年度超收收入转化为预算支出的强烈冲动和条件,形成了超收与超支之间的"直通车"。[③] 即使《预算法》也试图将超收收入纳入预算控制,规定超收收入只能冲减赤字或者补充预算稳定调节基金,但如果财政超收常态化,在政绩考核的激励机制下,地方政府势必在收入预测中人为地低估预算收入,而在获得超收政绩提升受益的同时,

---

① 参见马蔡琛:《中国政府预算超收资金的形成机理与治理对策》,载《财贸经济》2009 年第 4 期。

② See Skocpol T., *Bring the State Back In*: *Strategies of Analysis in Current Research*, in Evans P. B, Rueschemeyer D. & Skocpol T. eds., Bring the State Back In, Cambridge University Press, 1985, p. 3 – 37.

③ 参见高培勇:《关注预决算偏离度》,载《涉外税务》2008 年第 1 期。

具有将超收收入用于减赤的逆向激励，[①]进而导致恶性循环，即人为低估收入—预算超收—获得政绩—弥补赤字—继续低估—继续超收。[②] 超收收入的持续膨胀，既反映了税收法定原则实施效果的弱化，也反映出收入预算的软约束。

（二）预算收入结构的异化

当前，理论研究忽略了对预算收入的关注，也难以有效指导预算收入绩效管理活动。地方政府的预算收入结构呈畸形发展，非税收入居高不下、土地财政难以持续、债务依赖日益严重等诸多问题困扰着地方政府，也制约着中央与地方财政关系的调整。[③] 一个典型情况就是当前我国的征税成本畸高，已经远超过 1994 年的 3.12%。如有学者根据调研结果发现，某些地级市的国税部门的税收成本是 8.87%，如果外加基本建设成本，税收经费占到税收收入的 13.14%。而在更低层次的县区一级，税收成本更是高达 26%，个别地方甚至达到 50%。[④] 相对发达国家税收成本普遍保持在 2% 以内，我国目前的征税成本已经引发社会的普遍质疑：税收究竟是纳税人的税收还是税务部门的税收？这还只是强制力较高的税收，具有税法、征管部门等强力保障，如果将视角扩展到非税收入，其征收成本可能更高。[⑤] 对此问题，财税法学界却很少关注，就连国税地税合并、税务部门征收社保费等财政收入体制改革，也较少从税收征收绩效角度展开研究。

究其原因，一方面可能是预算支出绩效评价是预算控制的重点，当前

---

① 参见叶姗：《一般公共预算收入预期之实现》，载《税务研究》2015 年第 1 期。

② 参见王银梅：《官僚预算最大化理论与财政超收问题探析》，载《财政研究》2012 年第 2 期。

③ 参见赵海利、吴明明：《我国地方政府收入预算的科学性——基于 1994～2010 年地方收入预算执行情况的分析》，载《经济社会体制比较》2014 年第 6 期。

④ 参见张小平：《中国征税成本高，机构庞大是主因》，载《中国经济导报》2013 年 2 月 26 日，B01 版。

⑤ 参见齐守印、王朝才主编：《非税收入规范化管理研究》，经济科学出版社 2009 年版，第 13 页。

亟须解决的问题是将预算支出纳入人大控制范围,使之符合预算的本质目的。目前,我国还没有专门的预算支出绩效评价管理机构,绩效评价还未触及预算收入绩效,自然无法针对预算收入规模、结构进行绩效评价。① 另一方面可能是预算支出绩效评价便于设置评价目标、指标和监控体系,有助于为全面实施预算绩效管理提供技术参照和路径支撑,支出绩效评价成为绩效管理的"试验田"。但预算资源的稀缺性决定了预算绩效评价的必要性,只有将预算收入与预算支出作为一个整体看待,才能正确认识预算资源的本质特征,才能准确理解国家资源配置能力。预算支出的绩效评价不能替代预算收入的绩效评价,更不能替代预算收入的绩效管理。同理,固守预算收入绩效评价就如同固守预算支出绩效评价一样,难以获得预算资源配置的全貌,更难以理解财政对于国家治理的基础性地位。当财政成为国家治理的基础和重要支柱时,现代预算就要求将预算治理纳入国家能力建设中来,构建预算收支一体化的绩效管理模式。

二、预算包括预算收入和预算支出

预算绩效管理是以绩效目标为前提,以绩效评价结果为依据,贯穿预算实施全程的预算制度模式。② 通过以结果和产出为导向,将预算收入和

① 参见郑方辉、廖逸儿:《论财政收入绩效评价》,载《中国行政管理》2017年第1期。

② 不同于发达国家普遍使用的绩效预算概念,我国采用了预算绩效管理概念。有学者比较了两者在改革着眼点、路径与模式、预算主线和技术工具方面的差异,认为后者只是前者的初级阶段。参见高志立:《从"预算绩效"到"绩效预算"——河北省绩效预算改革的实践与思考》,载《财政研究》2015年第8期;胡晓东、尹艳红、陈珏如:《中国政府预算绩效管理研究述评——基于2003—2017年文献》,载《甘肃行政学院学报》2018年第3期。但也有学者认为,绩效预算只是学术研究的称谓,经过100多年的发展仍未能有统一的准确定义。参见王泽彩:《预算绩效管理:新时代全面实施绩效管理的实现路径》,载《中国行政管理》2018年第4期。我国率先使用预算绩效管理,将改革重点嵌入预算管理的行政过程中,打破了必须在立法层面实行预算资金分配的假设前提,具有自己独特鲜明的特征。See Ho, A. T-K, *From Performance Budgeting to Performance Budget Management: Theory and Practice*, Public Administration Review, Vol. 78:5, p. 748 - 758(2018);王红梅、李佳鹏、曹堂哲:《中西方政府预算绩效管理体系的共性与差异——基于1990—2018年的文献考察》,载《中央财经大学学报》2020年第4期。

支出的经济性、效益性、效率性和公平性作为绩效考评的基本指标，[①]构造财政资金的正向激励机制。一方面，通过将预算绩效目标内置于政府、部门和单位预算编制过程，为基本支出和项目支出提供可靠的依据，提高预算编制的科学性。另一方面，通过将评价结果作为预算资金安排的重要依据，将其与部门、单位预算增加或者削减支出挂钩，建立起激励和约束机制。最终以期能够促进实现共治、法治和善治的核心价值诉求，彰显预算作为公共受托责任的本质。[②] 所以，从绩效预算角度看，与其说决算监督是预算过程的终点，毋宁说决算是下一年度预算编制的起点。

我国《预算法》第1条就开宗明义地说明该法的目的是规范政府收支行为，并在《预算法》中明确以一般公共预算为主体的四本预算各自的收入范围和支出原则。可以说，按照《预算法》表述的逻辑，预算管理中的绩效评价应不限于预算支出的绩效评价，当然包含预算收入的绩效评价，不但包括一般公共预算的收支评价，而且应当包括政府性基金、国有资本经营预算和社会保险基金预算等所有应当纳入预算收支的财政资金，这也是党的十九大报告提出全面实施绩效管理的应有之义。预算收入是预算支出的基础，具有前提性，没有收入便没有支出，只有多收才能多支，如果少收则只能少支，而且收入结构的特定化影响支出方向的特定化。典型情况如政府性基金预算，“以收定支”是《预算法》明确的法定性原则，如果没有收入或者收不抵支，则只能缩减开支，因为不列赤字、收支平衡原则是其强制性要求。[③] 只有将预算收入与预算支出作为一个整体看待，才能真正解决财政汲取能力对于财政民主的依赖，即预算收入源于民、预算支出用于民，才能获得公平性、民主性。正如刘剑文教授所言，现代财税法

---

① 参见徐阳光：《收入预测与预算法治——预决算收入偏差的法律评估》，载《社会科学》2011年第4期。

② 参见何文盛、蔡泽山：《新时代预算绩效管理推进国家治理现代化的多元维度审视》，载《上海行政学院学报》2018年第3期。

③ 参见岳红举、单飞跃：《政府性基金预算与一般公共预算统筹衔接的法治化路径》，载《财政研究》2018年第1期。

视野下,只有将法定的征税扩展到用税,打通财政收支的整体环节,才能形成对纳税人权利的完满保护。①

如果将预算支出与预算收入脱离,而将绩效管理固守于预算支出,那么预算收入的低效就直接降低了可用于预算支出的总额和质量,势必会加剧收支矛盾,刺激政府对市场财产权的侵犯,在增加市场主体税费负担的同时,又反过来刺激市场主体逃避征收,进而增加征管成本,最终将形成收入效率低—支出水平受限—提高征管强度—增加税费负担—逃避征管—增加征管成本的恶性循环。② 同样的逻辑也适用于预算支出的绩效管理水平。也正是基于预算收入与预算支出的一体化评估的必要性,1789 年法国的《人权和公民权利宣言》第 14 条就规定,"公民有权亲自或者通过代表来确定赋税的必要性,自由地加以认可,注意其用途,并且决定税额、税率、征收方式和时期",在确立税收法定原则的同时,将税收的合理使用作为征税的基本前提。

三、预算绩效管理的收支联动机制

2018 年《预算法》已经要求开展绩效预算评价。2020 年《预算法实施条例》在细化预算绩效评价含义的同时,要求将绩效评价结果作为改进管理和编制以后年度预算的依据,而全面绩效管理也必然以预算绩效评价为核心,逐步由"建立预算绩效评价体系"拓展到"推进预算绩效管理"。从职权与职责的对应性来看,公权力主体的职权也是职责。职权的不作为主要包括两层责任:义务和责任。前者主要是从法律上明示职权的义务属性,提示公权力机关积极作为;后者则主要从消极、结果的角度衡量不作为的代价,形成与后果相适应的责任形式。因此,从义务和责任的功能看,预算绩效管理的目的不在于绩效管理自身,而在于借助绩效管理结

① 参见刘剑文:《落实税收法定原则的现实路径》,载《政法论坛》2015 年第 3 期。

② 参见[美]珍妮特·M. 凯丽、[美]威廉姆·C. 瑞文巴克:《地方政府绩效预算》,苟燕楠译,上海财经大学出版社 2007 年版,第 88 页。

果所带来的引导效应和约束效应,即通过激励和约束机制,提高预算作为公共受托责任的实现程度。其中,引导效应侧重提示绩效管理职能的积极开展,对绩效好的政策和项目原则上优先保障,通过绩效评价信息直接影响政府,提升其履行公共受托责任的效果;而约束效应则侧重纠正不符合绩效目标的行为,通过预算绩效管理所带来的处罚措施反作用于公权力主体的行为取向。如对绩效一般的政策和项目要督促改进,对交叉重复、碎片化的政策和项目予以调整,对低效无效资金一律削减或取消,对长期沉淀的资金一律收回并按照有关规定统筹用于亟须支持的领域。

(一)公共受托责任理念的内化

预算绩效管理的收支一体化以结果和产出为导向,旨在追求公共财政的民主性、法治性和规范性,以现代预算的共治、法治、善治为工具理性和价值理性的预算技术模式。[①] 包括预算收入的绩效管理和预算支出的绩效管理,最终通过收支一体化实现预算作为公共受托责任的本质。预算绩效管理的效果在于是否被应用,而不是进行了多少次评价、创造了多少个目标。[②] 这就要求改变以往预算管理中仅重视预算过程,而忽略预算结果应用的弊端,将绩效管理的引导效应和约束效应相结合,改善公共部门收支结构和治理能力。针对当前"以文件落实文件"的务虚现象,应在预算评价结果应用上提高约束力,做到预算运行全程的内化,以责任为手段,以资金挂钩为抓手,督促各级政府部门和单位预算实施绩效管理。如针对当前地方政府税费结构不合理以及借债冲动,将预算收入绩效管理作为专项资金清理、整合、取消的重要依据,进而为规制地方政府在体制外活动提供标准和依据。[③]

---

① 参见胡明:《预算治理现代化转型的困境及其破解之道》,载《法商研究》2016 年第 6 期。

② 参见[美]多纳德·莫尼汉等:《绩效管理改革的效果:来自美国联邦政府的证据》,载《公共管理学报》2012 年第 2 期。

③ 参见赵学群:《关于财政支出绩效评价和管理制度的思考》,载《现代经济探讨》2010 年第 12 期。

对绩效预算收入管理来说，应重点关注税费结构是否合理，税收法定是否严格执行，征收成本是否符合行政效率原则，程序是否合规、合法，等等。由于预算收支的经济效益和社会效益难以量化，加之部门和单位预算的收支数据分割，导致公共部门对收支绩效指标和标准难以量化，成为绩效预算推行的制度“瓶颈”，政府绩效评价指标体系也被视为世界难题。[①] 但既然预算的本质是国家与公民之间的公共受托责任，对于难以量化的指标，应当以公民满意度为标准，对预算收支行为的依据、过程和产出结果进行综合评判和测量。将公共受托责任内化于预算绩效管理，不仅是对支出合规性、绩效目标的评价，也是对绩效预算管理本身的矫正。

（二）授权与限权的结合

预算绩效管理以结果和产出控制替代了传统的投入控制，实质上是一个适度授权于政府并以可预期获得的结果为导向的评估系统，这也意味着授权与限权的结合。[②] 一方面，按照政府整体绩效目标在不同部门职能之间进行分解，并按照不同目标分配相应配套资源，在进行预算执行评价的同时，按照绩效管理目标考核执行结果，促使部门预算绩效服从和服务于政府整体绩效目标。针对兼有收入与支出的部门和单位，不仅要对预算收入征收过程负责，更要对预算资金的征收后果承担责任。进而督促各级政府和部门、单位，从部门分割转变为整体统筹，从权力导向转向责任导向，从部门政绩转向公共服务职能。[③] 另一方面，细分预算部门和单位的基本支出和项目支出，构建以项目支出为主、基本支出为辅的支出管理模式。基本支出按照定职责等“三定方案”的定额模式配置财政资源，而项目支出则按照各个部门具体职责，专项规划、尽量压缩，构建部门

① 参见卓越：《政府绩效评估指标设计的类型和方法》，载《中国行政管理》2007年第2期。

② 参见李森：《应该分权还是授权？——对我国财政管理体制的反思》，载《经济体制改革》2008年第2期。

③ 参见冯辉、沈肇章：《地方财政收入预决算偏离：晋升激励与税收任务》，载《广东财经大学学报》2015年第5期。

边界清晰、协同配合的项目规划系统，提高资金支出的决策和使用效率、效益、效果及公平性。

（三）内部评价与外部评价的结合

随着现代预算制度由“预算管理法”向“管理预算法”的转变，以代议制民主为主体的预算外部监督成为预算控制理论的核心，预算绩效评价也相应地呈现绩效内部评价与外部评价两种模式。[①] 2018 年《预算法》不但要求政府部门和单位预算实施绩效评价，而且将人大和社会公众的外部绩效评价作为财税实践的必要条件。预算绩效评价不但具有工具价值，还具有理性价值和民主价值。正如当前基层参与式预算实践所展示的，公民的预算参与是一种创新的公民学校，经由公民对于预算绩效的评价和参与式预算，公民已经由预算决策的旁观者转变为公共预算的主角，形成了一种更加民主的政治文化。[②]

2014 年，广东省人大作为省级试点，率先尝试使用第三方对部门重点财政专项资金进行预算评价，实现了评价主体、体系和理念的突破，创造了中国典范，被视为“全国先河”。东莞市就对第三方评估结果满意度比较低的项目停止预算支持，佛山市还将专家评审作为预算项目安排的主要依据，评审通过的进入绩效项目库，安排相应预算资金，不同意立项的，不予安排，已经形成了公民预算绩效评价的制度化过程。[③] 至此，除政府内部绩效评价外，外部绩效评价也成为预算绩效管理的重要模式。由于绩效评价的目标是促使政府官员合理地履行公共受托责任，这就需要将绩效评价的价值问题转换为程序问题，使公民预算权利在得到实体法律确认的同时，经过以代议制民主为主导的外部评价程序，获得程序法保

---

① 参见何文盛、蔡泽山：《新时代预算绩效管理推进国家治理现代化的多元维度审视》，载《上海行政学院学报》2018 年第 3 期。

② 参见高志立：《从“预算绩效”到“绩效预算”——河北省绩效预算改革的实践与思考》，载《财政研究》2015 年第 8 期。

③ 参见卫学军、严铧：《财政项目第三方评估公众满意度也影响绩效》，载《南方都市报》2016 年 1 月 5 日，D02 版。

障,从而促使政府内部预算评价的规范化、制度化,形成内外一体的评价模式。

第四节 本章小结

立足现代预算制度的转型与预算法的三重使命,预算技术间的制约与协调机制主要围绕预算制度转型的基本国情,以“公共财产保障法”为导向,以结果和产出为抓手,构建控权法与授权法兼具的技术体系。因为单从技术工具价值的角度来看,预算技术间的制约与协调机制不能完全适应于预算治理的现代化,还需要从预算技术的价值理念上革新,促进预算作为公共受托责任的本质实现。本章试图从预算技术的理性价值和工具价值两个角度展开研究,经过理论研究和实证分析,主要内容和结论如下:

第一,通过分析收付实现制和权责发生制的作用机理,发现预算功能决定了预算技术,而预算目标又决定了预算功能,“全面规范透明、标准科学、约束有力的预算制度,全面实施绩效管理”的建设目标,决定了从投入管理的财政模式转向以产出和结果为导向的管理模式,并从“控制取向”走向“绩效导向”,而后者又决定了应坚守渐进式改革路径,最终确立以权责发生制为基础的预算编制模式。

第二,通过分析预算平衡在当前中国《预算法》语境中的含义,可以得知,预算平衡将不再是年度的静态平衡,而应当从预算支出和政策落实角度实行动态平衡,但预算平衡仍应是预算控制的主要目标。强制性收入与自由性收入在预算平衡中具有不同的作用和地位;年度平衡和跨年度预算平衡的共同点均是平衡;一般公共预算和其他三本预算的平衡要求存在诸多差异。预算平衡应在实施手段上,从“结构平衡”“项目治国”“规划治国”三方面努力,在实现方式上,实行中期财政规划,经由年度预算和中期财政规划的衔接配合,达到财政可持续发展的基本目标。

第三,通过分析当前预算绩效管理实施的财税实践,可以发现,理论和实践中侧重预算支出的绩效评价,而忽略了预算收入的绩效评价,更忽略了绩效评价只是预算绩效管理的基本方式之一,导致收入与支出在预算绩效评价指标、目标、方式和体系上的不兼容,更掩盖了绩效目标设定、运行监控和绩效评价结果的应用。构建全方位、全过程、全覆盖的绩效管理体系,必然要求在评价预算支出绩效的同时,也将预算收入纳入绩效评价体系。本章在将公共受托责任理念内化的同时,采用授权与限权相结合、内部评价与外部评价相结合的模式,以预算管理的技术化、程序化替代价值问题,保障实体理性与程序理性,以期最终促进现代预算治理的理念转型与制度实施。

第六章　研究结论、启示与政策建议

第一节　研究结论与启示

一、现代预算制度转型与预算治理构造

财政是国家的治理基础和重要支柱，建立全面规范、公开透明的现代预算制度，既是现代财政制度的核心内容，更是国家治理体系和治理能力现代化的基础性工程。2018 年《预算法》顺应了国家治理现代化要求，确立了“控权法”理念。党的十九大报告将现代预算制度的建设目标提升为“全面规范透明、标准科学、约束有力”，并要求全面实施预算绩效管理。现代预算制度经由传统的行政主导过渡到以人大为主导、社会共同参与的预算实施过程，形成了多元主体共同参与的治理格局，预算转型呈现由传统的“预算管理法”转向“管理预算法”，并逐步转向“公共财产保障法”的演进逻辑。现代预算制度也呈现工具理性和价值理性的双重目标，最终将由“权力分配法”转型为“公共财产权保障法”，以促进预算作为公共信托责任的价值实现。

现代预算制度控制的重心源于由预算管理转向管理预算、由收入控制转向收支并重，其公共属性也源于对政府预算的尊重和扬弃，而预算法定又源于对税收法定的尊重和扬弃。预算权体系既包括国家预算权力（预算管理权），又包括公民预算权利；既包括预算支出控制权的基本属性，又具有预算收入控制的基本属性。预算权呈现公权和私权的双重属性，但具有私权属性的公民权利具有本源性、宪法性地位。预算权利视角下，预算权不限于知情权、参与权、监督权等概括性权利，还包括预算听证权、表达权、决策权以及问责权、诉讼权等具体权能。同时，基于对参与式预算实践的研究，笔者发现，公民已经实质性地介入预算编制过程，预算编制权呈现党委、政府、人大与公民等主体共同分享的格局。

二、预算治理中的央地、政府与市场、部门预算关系

现代预算制度的多元主体共治局面与国家治理强调的多元互动格局不谋而合，不仅体现于对传统“管理预算法”的根本性重构，还体现于“预算管理法”的控权法本质，更着眼公共财产经由财政汲取、支出与监管的全程约束。地方债承载了中央与地方、政府与市场、国家与国民以及预算部门与单位之间的分权化逻辑，是《预算法》修订后的重要课题。通过研究发现，地方债管理主体的构建既是地方债管理的核心，也是财政体制改革的关键。管理主体地位应符合中央与地方、省与省级以下“分税制”财政体制，以及地方债管理的协调功能，要求在中央财政集中控制下通过适度分权，加强省级政府的债务管理权，保障权、责、利相统一。研究还发现，2018 年《预算法》授权地方政府举债权的规定，使省级政府作为省级以下财政管理体制改革主导者的同时，兼有发行地方政府债券的专属权、债务规模的分配权，以及债务管理制度的决定权。作为承接中央与地方并作为地方政府的“代名词”，省级政府既是地方政府债务管理体制的核心，也是“分税制”财政管理体制改革的关键。地方政府债务承载了中央与地方分权化的逻辑，中央与地方的财政分权并不意味着省级以下地方

政府的财政分权,“中央不救助”与“省级政府负总责”也并不意味着省级政府负有兜底责任。地方债务经由私有财产向公共财产转化的过程,是政府与市场分权化的过程,转化的结果并不意味着市场约束机制对债务治理过程的退出,相反,市场机制的约束一直贯穿债务资金管理的全过程,从而应当构建资金转化全过程的“公共财产保障法”体系,即规制预算资金的收、支、管全过程。

预算监督是现代预算“控权法”理念实施的重点内容。以部门预算为核心的预算管理制度改革在强化政府预算治理效能的同时,也客观上增强了以人大为核心的外部监督能力。作为中国预算体系中“事实上的核心预算机构”,财政部门的预算监督又是行政监督的核心。在《预算法》的语境中,财政部门既有预算编制、执行、监督等垄断性职权,又有绩效评价与制裁职权;既是预算收入征收的主体部门,又是预算资源配置的执行主体。预算治理的多元治理构造,势必要求“监督预算”以“预算监督”为前提,在预算法充分授权财政部门预算监督的同时,通过制度化限权,构建符合中国财政体制改革的复合型预算监督模式,确保预算制度优势转化为国家治理效能。

三、公共财产的收、支、管一体化协调机制

当前,税法与预算法之间存在功能抵牾,以及由此引发的效力冲突,既体现在政府预算体系的边界不清、效力不明,又体现于预算收入与预算支出的割裂和预算赤字的不可持续,本质在于预算收入与支出、管理之间缺乏制约与协调的法律机制。研究发现,定位清晰、分工明确的政府预算体系有助于预算的分类控制,相对其他三本预算而言,一般公共预算具有政府预算体系统筹衔接的桥梁和纽带作用,预算的分类控制本质还在于促进公共信托责任的实现。将政府性基金转入一般公共预算的前提是确保资金的公用性,而具有专用性属性的预算资金仍应坚持“以收定支、收不抵支时自动削减”原则。预算统筹衔接的作用在于确保预算体系之间

边界清晰,而不应单纯补助一般公共预算的支出短缺,预算统筹衔接的目的应是构建分类控制的预算体系,制约公共财产权对私有财产权的过度侵犯,而非划转一般公共预算之后继续征收。

公共财产汲取方式的差异导致法律规制方式各不相同,并且规制程度也有强弱之分。基于对私有财产权的侵犯强度不同,基本公共物品的供给需经由税收法定和法律保留原则来保障其民主性、正当性,而特定公共物品的供给则需秉承成本补偿原则以实现财政公平。预算收入的法律规制存在以税收法定为主导的法律优先、法律保留和预算法定两种规制路径,前者只能对强制性收入实施单向控制而不能约束收入总量,后者可以约束自由性收入且可以约束预算收入总量,实现私有财产与公共财产之间适度的平衡。研究发现,《预算法》第 9 条在规范政府性基金预算管理的同时,也将政府性基金的设立依据涵摄于内,具有了规制基金设立的法律效力,实现了预算收入、支出与管理的一体化规制,是公共财产法体系的重要组成部分。

同时,预算收入中存在支出方向受限的专项资金,支出专用性限制导致了预算的"碎片化""部门化"等问题。除特定目的税具有专用性外,还有大量的非税收入也具有专款专用限制,这些具有专用性的预算收入既存在于一般公共预算之中,还存在于政府性基金预算、社会保险基金预算之中。客观上导致了税法对预算法的干扰、非税收入专用性对预算统一性的侵犯,违背了预算法定原则,本质上属于税权与预算权的法权结构问题。如资源税费转换过程中就应当妥善处理"专款专用"和"专款公用"的矛盾。税、费、租承载了市场和国家在资源配置中的不同法律地位,也承载了中央和地方对财力与财权划分的逻辑,在本质上并无道德高低之分,只是公共财产汲取的法理基础和承担的职能不同而已。法权结构的调整也应当在遵从税收法定原则的同时,将经由预算决议通过的预算法案作为预算收入征收的效力来源,实现公共财产的收、支、管一体化保障。

四、预算编制权、预算支出与政府事权关系

应当改变传统理论研究的冲突视角，转换为合作视角下的研究范式。在合作模式下，预算编制行为兼有实体性和程序性，权能包括但不限于预算草案建议权、修改权和文本确定权等，具有可诉性。预算编制权也由传统的政府专享转向了多元主体共享局面，尤其是党的地位具有现代预算制度的“设计者”、政府预算决策的“定盘者”和人大预算监督的“支持者”三重属性。

预算支出即政府事权的对价，对预算支出的控制需要以政府间事权与支出责任划分为前提。支出责任与事权固有属性、侧重点、实现途径和方式等方面存在诸多差异，两者并非一一对应关系，支出责任划分的基本原则不同于事权划分的基本原则。事权和支出责任相适应，具有公共服务权利与义务对应性、财政收入与支出对应性的双重意蕴，两者实现公共服务的共同目标均需市场经济体制与现代财税体制的协同配合。政府间事权与支出责任划分是一个回应时代需求的系统性工程，既需要财权与财力等财税体制要素的匹配，又需要克服经济社会转型时期事权的动态化难题。国家治理视域下的政府间事权与支出责任划分，既承载了中央与地方财政分权的逻辑，也事关资源配置中政府与市场的角色定位，理应通过财、事、责的协调配合予以规范化、法治化。

五、预算可持续性的保障

现代预算的成功转型，既需要坚持预算技术的工具价值，更需要预算技术的理性价值配合。收付实现制转向权责发生制、年度预算转向年度财政规划、预算支出转向预算收入绩效评价等预算技术转型，虽然目前都还处于“双轨制”状态，但这正是预算转型国家必然面临的制度变迁过程，也符合我国“摸着石头过河”的改革路径。

目标决定行动。落实全面实施绩效管理，必然要求以权责发生制来

编制政府预算，但仍需坚守渐进式改革路径。《预算法》将预算收入确立为预期性后，预算平衡将不再是年度的静态平衡，而应当从预算支出和政策落实角度实行动态平衡。然而，预算平衡仍应当是预算控制的主要目标，税收等强制性财政收入主要依赖于税收法定的约束，但债务等自由性收入仍是预算平衡的重要依据。预算平衡对一般公共预算和其他三本预算的约束要求存在强弱差异，典型情况如政府性基金预算仍应遵守"以收定支"的强制性规定，在收不抵支时应当自动削减支出。

研究还发现，理论上和实践中侧重预算支出的绩效评价，而忽略了预算收入的绩效评价，更忽略了绩效评价只是预算绩效管理的基本方式之一。只有实施预算收支一体化，在评价预算支出绩效的同时，也将预算收入纳入绩效评价体系中，并按照全面绩效管理的基本要求，构建全方位、全过程、全覆盖的绩效管理体系，使预算与绩效管理一体化，才能在促进财政可持续发展的同时，真正理解国家的预算治理能力，实现公共财产保障法的基本目标。基于财政可持续发展的目标，现代预算制度应立基于权责发生制的预算编制模式，明晰公共财产的运行状况，利用中期财政规划保持预算决策连续性，利用预算绩效管理，以技术理性保障价值理性，促进预算的良法善治。

第二节　政策建议

一、以制约与协调机制促进预算法的中国式现代化转型

1. 加强公共财产法理论研究，避免预算支出与预算收入、管理之间的分离状态。既要防止单纯以纳税人权利约束预算支出的缺陷，又要防止单纯以预算权约束公共财产对私有财产权的侵犯，而应当坚持公共财产汲取、管理、支出与法律规制方式、强度之间的平衡，将预算收入、预算支出、预算管理等统合进入公共财产法体系，经由税收法定、预算法定的双重规制，最终实现财政法定。

2. 完善预算权体系及其法律关系研究。厘清预算权利与预算权力的法律关系,抽象出预算权利的内涵,在完善预算权体系的同时,也为预算权利经由正当程序参与预算民主实践提供理论支持,真正使预算权利成为一种制度性的存在,而非一种抽象的权利宣言,从而构造出《预算法》实施的新通道。

3. 构建预算权利有效履行的公法保障机制。将具体预算权能内置于预算编制、审批、执行以及预算绩效评价等过程,通过技术、组织和法律等公法机制保障预算权利的实施,促使"以权力约束权力"和"以权利制约权力"之间的平衡协调。同时,将党委、人大介入预算编制过程的实践做法,通过相应程序法确定下来,可以有效形成以"党委统一领导、行政主导编制、人大提前介入"的"合作型预算编审"模式。

4. 综合法学、财政学、政治学等多学科方法,实施全领域研究,构建中国特色预算法研究的话语体系。财政是国家治理的基础和重要支柱,连接政治、经济与社会三大系统,党的领导又是中国特色社会主义最本质特征,将党的规范性文件与预算法进行有机互动,纳入财税法领域,既可以扩展研究视角,回答中国特色财政活动的本质特征、根本目的、理论根源、内容体系和方法论等关键问题,又可以基于中国问题取向,形成中国实践特征的理论体系。

二、以主体间的制约与协调促进预算硬约束

1. 细化预算法对地方债管理的约束功能,构建集中与分层次性相结合的地方债管理主体。地方债管理主体的构建应遵循"权、责、利相统一"原则,一方面,实行债务管理主体的财权和中央财权的集中;另一方面,实行各级地方政府及其财政部门财权的集中,并明确省级政府对省级以下地方债务的适度救助责任。

2. 强化省级政府在地方债治理中的法律地位。增强省级政府法律地位研究,立足发挥中央和地方的"两个积极性",在增加省级政府管理

权限的同时，实行债务限额和债务预算硬约束，构建事权与支出责任相匹配的省级以下财政关系。发挥政府和市场的“两个积极性”，通过构建市场约束与政府层级控制相结合的治理模式，体现市场的决定性作用和政府的有效作用。在管理体制、治理模式和治理方式上创新债务治理构造。

3. 构建复合型预算监督模式。“预算监督”是“监督预算”的前提，优先实施财政部门预算监督，为人大监督预算提供技术参考和体制支撑，在强化财政部门预算监督的同时，构建具有中国特色的复合型预算监督模式，使立法与行政、外部与内部、实体与程序、行为与组织、常规与重点、状态与绩效相结合。

三、以功能间的制约与协调促进预算分类控制

1. 明确政府预算体系的收入与支出边界。依据税收基本属性甄别政府性基金，依照税收法定原则或者立税，或者取消。对已经完成特定公共事业发展历史使命而且能够通过市场机制供给的，或者能够通过一般公共预算统筹安排的支出，政府性基金应该选择逐步退出。对预算结余较大而且连年结余的项目，需要重新核算课征标准，以体现财政公平。对支出范围相近、职能定位重叠的项目通过整合，进行立法管理，提升立法效力，完善征管程序。对目录基金与非目录基金混同的情形，通过取消、停征和整合，建立统一的政府性基金目录清单制度，确保政府性基金预算的资金均为目录基金。

2. 坚持政府性基金预算的“以收定支、专款专用”原则。政府性基金预算作为专款专用资金的预算管理制度，应当继续坚持并逐步完善，从而为特定公用事业发展提供财力支撑，这体现了政府预算体系的中国特色。政府性基金预算应立足《预算法》第 9 条的规定，体现专款专用原则，在缴纳义务人和受益之间获得适当的平衡，基金设立应该遵循法律优先，即依照法律、行政法规的规定，最低法律位阶也应当是行政法规。进而，在明

确预算法案对专用性资金征收具有法律规制效力的同时，厘清预算收入与预算支出之间的法权关系，保障预算资金汲取、支出、预算管理等全程处于公共财产法的规制体系之内。

3. 将预算收入与支出纳入公共财产法理论的一体化规制。预算收入经由财政筹集过程转化为公共财产，源于并必然用于公共服务的基本宗旨，亟须构建收入、管理与支出之间的衔接机制，公共财产法的一体化规制理论有助于消解相应矛盾。如资源税、费、租等具有专用性功能的公共财产，需要区分资源所有者权益保障与资源开发负外部性调节之间的差异，并立基于现代市场经济体制与现代财税体制的相互促进，构建市场有效、政府有为，以及中央和地方财政关系协调的规制路径，贯穿资金征收、管理和支出的全程。

四、以行为间的制约与协调促进预算权责利统一

1. 加强预算编制过程中权力与权利关系研究。基于现代预算制度在我国运行实践的认知，从国情出发，理性对待当前预算编制权的共享势态。当前党委、公民、人大等预算主体力量已经实质性地参与预算编制过程，预算权的共享势态已经获得预算实践的验证。除应在理论上加强党的地位以及预算权体系的研究外，还应当通过制度化的程序机制，保障此类主体实体权利的顺利行使。

2. 转换预算管理、管理预算为公共财产法理念。应当转换传统理论将事权与支出责任固守于政府内部财政关系的视角，扩展为市场经济体制与现代财税体制的协同配合。预算支出责任划分应秉承市场决定与政府有效相结合、地方自治与中央适度集中相结合、纵向公平与横向公平相结合的基本原则，遵从合理化、民主化、法治化 3 个基本要求，符合中国国情、财政民主和绩效预算、财税实践变革的基本逻辑。公共财产法理念有助于实现公共财产的动态与静态保护，促进收入、管理与支出的全程联动，符合政府与市场、中央与地方关系调整对现代预算制度转型的基本要

求，进而落实党的十九大报告、党的十九届五中全会提出的“市场有效、政府有为”，以及社会主要矛盾变化、财税体制改革的基本目标。

3. 强化预算在国家治理中基础性和支柱性地位的研究。预算涉及政府与市场、中央与地方关系，需要在遵从“两个积极性”原则以及市场决定性作用前提下，更好地发挥政府作用。应坚持各级政府间的收入、支出、事权三端的长期动态均衡，通过基本公共服务事项标准化、法律化，突出省级政府的财政统筹协调职能，综合运用政策先行与法律跟进的法治化策略，实现各级政府财政权、责、利配置的规范化和确定化。

五、以技术间的制约与协调促进预算可持续

1. 以现代预算目标引领预算草案编制技术革新。逐步将当前我国实施的“双轨制”转变为“单系统”，即首先从修正的收付实现制转变为修正的权责发生制，再经过预算技术的微调，最终过渡到权责发生制。在路径选择上，以“全面受托责任”理念整合预算制度与政府综合财务报告制度，促进预算会计、财务会计与审计制度的协同优化，注重局部变革与全面推进的协同发展。

2. 强化预算支出和政策落实对预算编审过程的引领功能。实行中期财政规划，经由年度预算和中期财政规划的衔接配合，实现财政可持续发展的基本目标。在路径构建上，以“结构平衡”理论为指导，以“项目治国”为重点，尊重“规划治国”的财税实践，将预算审核的重点由预算赤字、收支平衡转向预算支出和政策拓展，以保障预算可持续。

3. 落实全面绩效管理，促进绩效与预算管理一体化。全面绩效管理包括预算支出和预算收入的绩效管理，以及预算收支绩效联动管理。实施全面绩效管理，绩效评价只是主要程序之一，还需扩展到绩效评估、目标管理、运行监控等全过程，并将绩效评价结果与部门、单位的预算资源分配挂钩，实施激励与约束并重机制。在实施理念上，将预算管理的价值问题转换为预算管理的技术问题、程序问题，从程序理性角度保障绩效管

理的实体理性,促进预算治理理念转型。在实施路径上,将公共受托责任理念内化,采用授权与限权相结合、内部评价与外部评价相结合的评价模式。

参考文献

一、著作及译著类

[1][德]哈贝马斯:《公共领域的结构转型》,曹卫东等译,学林出版社 1999 年版。

[2][德]罗伯特·黑勒:《德国公共预算管理》,赵阳译,中国政法大学出版社 2013 年版。

[3][美]华莱士·E. 奥茨:《财政联邦主义》,陆符嘉译,译林出版社 2012 年版。

[4][德]柯武刚、[德]史漫飞:《制度经济学:社会秩序与公共政策》,韩朝华译,商务印书馆 2000 年版。

[5][德]罗尔夫·施托贝尔:《经济宪法与经济行政法》,谢立斌译,商务印书馆 2008 年版。

[6][德]齐佩利乌斯:《德国国家学》,赵宏译,法律出版社 2011 年版。

[7][法]狄骥:《公法的变迁》,郑戈译,商务印书馆 2013 年版。

[8][法]托克维尔:《旧制度与大革命》,冯棠译,商务印书馆 1992 年版。

[9][美]A. 普雷姆詹德:《预算经济学》,周慈铭等译,中国财政经济出版社 1989 年版。

[10][美]B. J. 理德、[美]约翰·W. 斯韦恩:《公共财政管理》,朱萍等译,中国财政经济出版社 2001 年版。

[11][美]阿尔伯特·C. 海迪等:《公共预算经典:现代预算之路》(第 2 卷),苟燕楠、董静译,上海财经大学出版社 2006 年版。

[12][美]威尔达夫斯基等:《预算过程中的新政治学》,邓淑莲译,上海财经大学出版社 2005 年版。

[13][美]爱伦·鲁宾:《公共预算中的政治:收入与支出,借贷与平衡》,叶娟丽、马骏等译,中国人民大学出版社 2001 年版。

[14][美]艾伦·希克:《当代公共支出管理办法》,王卫星译,经济管理出版社 2000 年版。

[15][美]爱伦·S. 鲁宾:《阶级、税收和权力:美国的城市预算》,林琳、郭韵译,格致出版社 2011 年版。

[16][美]布坎南:《民主过程中的财政》,唐寿宁译,上海三联书店 1992 年版。

[17][美]查尔斯·沃尔夫:《市场或政府——权衡两种不完善的选择/兰德公司的一项研究》,谢旭译,中国发展出版社 1994 年版。

[18][美]B. 盖伊·彼得斯:《税收政治学:一种比较的视角》,郭为桂、黄宁莺译,江苏人民出版社 2008 年版。

[19][美]卡罗尔·佩特曼:《参与和民主理论》,陈尧译,上海人民出版社 2006 年版。

[20][美]马斯格雷夫、[美]皮考克主编:《财政理论史上的经典文献》,刘守刚、王晓丹译,上海财经大学出版社 2015 年版。

[21][美]理查德·A. 马斯格雷夫、[美]佩吉·B. 马斯格雷夫:《财政理论与实践》,邓子基、邓力平译,中国财政经济出版社 2003 年版。

[22][美]罗伯特·D. 李、[美]罗纳德·W. 约翰逊、[美]菲利普·

G. 乔伊斯:《公共预算体系》,苟燕楠译,中国财政经济出版社 2011 年版。

[23][美]罗伊 · T. 梅耶斯等:《公共预算经典——面向绩效的新发展》(第 1 卷),苟燕楠、董静译,上海财经大学出版社 2005 年版。

[24][美]乔纳森 · 卡恩:《预算民主——美国的国家建设和公民权(1890—1928)》,叶娟丽等译,格致出版社、上海人民出版社 2008 年版。

[25][美]乔纳森 · 雷登等:《财政分权与硬预算约束的挑战》,《财政分权与硬预算约束的挑战》翻译组译,中国财政经济出版社 2009 年版。

[26][美]史蒂芬 · 霍尔姆斯、[美]凯斯 · R. 桑斯坦:《权利的成本——为什么自由依赖于税》,毕竞悦译,北京大学出版社 2004 年版。

[27][美]威廉姆 · A. 尼斯坎南:《官僚制与公共经济学》,王浦劬等译,中国青年出版社 2004 年版。

[28][美]维托 · 斯坦、[德]卢德格尔 · 舒克内希特:《20 世纪的公共支出》,胡家勇译,商务印书馆 2005 年版。

[29][美]詹姆斯 · M. 布坎南、[美]里查德 · A. 马斯格雷夫:《公共财政与公共选择:两种截然对立的国家观》,类承曜译,中国财政经济出版社 2000 年版。

[30][日]北野弘久:《税法学原论》,陈刚、杨建广等译,中国检察出版社 2001 年版。

[31][日]井手文雄:《日本现代财政学》,陈秉良译,中国财政经济出版社 1990 年版。

[32][日]金子宏:《日本税法原理》,刘多田、杨建津、郑林根译,中国财政经济出版社 1989 年版。

[33][日]美浓部达吉:《议会制度论》,邹敬芳译、卞琳点校,中国政法大学出版社 2005 年版。

[34][日]神野直彦:《财政学——财政现象的实体化分析》,彭曦等译,南京大学出版社 2012 年版。

[35]蔡茂寅:《预算法之原理》,台北,元照出版有限公司2008年版。

[36]陈清秀:《税法总论》,台北,元照出版有限公司2016年版。

[37]陈奕敏主编:《从民主恳谈到参与式预算》,世界知识出版社2012年版。

[38]葛克昌:《税法基本问题(财政宪法篇)》,北京大学出版社2004年版。

[39]葛克昌:《租税国的危机》,厦门大学出版社2016年版。

[40]苟燕楠:《绩效预算:模式与路径》,中国财政经济出版社2011年版。

[41]郭维真:《中国财政支出制度的法学解析:以合宪性为视角》,法律出版社2012年版。

[42]黄茂荣:《法学方法与现代税法》,北京大学出版社2011年版。

[43]蒋悟真:《预算治理现代化中国图景》,法律出版社2019年版。

[44]靳继东:《预算改革的政治分析:理论阐释与中国视角》,科学出版社2015年版。

[45]刘剑文、熊伟:《税法基础理论》,北京大学出版社2004年版。

[46]刘尚希主持:《财政风险及其防范问题研究》,经济科学出版社2004年版。

[47]楼继伟:《中国政府间财政关系再思考》,中国财政经济出版社2013年版。

[48]马骏:《治国与理财:公共预算与国家建设》,三联书店2011年版。

[49]谭建立编著:《中央与地方财政事权关系研究》,中国财政经济出版社2010年版。

[50]王绍光:《安邦之道:国家转型的目标与途径》,生活·读书·新知三联书店2007年版。

[51]王雍君、张拥军:《政府施政与预算改革》,经济科学出版社2006

年版。

[52]熊伟:《财政法基本问题》,北京大学出版社2012年版。

[53]闫海:《公共预算过程、机构与权力:一个法政治学研究范式》,法律出版社2012年版。

[54]叶姗:《财政赤字的法律控制》,北京大学出版社2013年版。

[55]俞可平主编:《治理与善治》,社会科学文献出版社2000年版。

[56]张献勇:《预算权研究》,中国民主法制出版社2008年版。

[57]郑永年:《中国的"行为联邦制":中央—地方关系的变革与动力》,邱道隆译,东方出版社2013年版。

[58]周刚志:《财政转型的宪法原理》,中国人民大学出版社2014年版。

[59]周黎安:《转型中的地方政府:官员激励与治理》,格致出版社、上海人民出版社2008年版。

[60]Brixi H., Schick A., *Government at Risk: Contingent Liabilities and Fiscal Risk*, World Bank Publications, 2002.

[61] Caiden N., Wildavsky A., *Lanning and Budgeting in Poor Countries*, John Wiley Inc., 1974.

[62]Fisher C., *State and Local Public Finance*, Richard D. Irwin, Inc., 1996.

[63]International Centre for Parliamentary Documentation of the Inter-Parliamentary Union, *Parliaments of the World : A Comparative Reference Compendium*(Vol. 2), Facts on File Publications, 1986.

[64]Irene S. Rubin, *The Politics of Public Budgeting: Getting and Spending, Borrowing and Balancing*, Chatham House Publishers, Inc., 1992, p. 2.

[65] Khan J., *Budgeting Democracy: State Building Citizenship in American* 1890 – 1928, Cornell University Press, 1992.

[66]Musgrave R. ,*The Theory of Public Finance*,Mc Graw-Hill,1959.

[67] Niskanen W. , *Bureaucracy and Representative Government*, Aldine-Athertor,1971.

[68]Oates W. ,*Fiscal Federalism*, Harcourt Brace Jovanovich,1972.

[69]Schick A. ,*Congress and Money*: *Budgeting*,*Spending*,*and Taxing*, The Urban Press,1980.

[70]Webber A. , Wildavsky A. ,*A History of Taxation and Expenditure in the Western World*,Simon & Schuster,1986.

[71] Wildavsky A. , *Budgeting*: *A Comparative Theory of Budgetary Process*, Transaction Publishers,1997.

二、论文及报道类

[1]白晓峰:《预算法视角下的中央与地方关系——以事权与支出责任分配为中心》,载《法商研究》2015 年第 1 期。

[2]蔡茂寅:《财政作用之权力性与公共性——兼论建立财政法学之必要性》,载《台大法学论丛》1996 年第 4 期。

[3]陈家刚、陈奕敏:《地方治理中的参与式预算——关于浙江温岭市新河镇改革的案例研究》,载《公共管理学报》2007 年第 3 期。

[4]陈家刚:《参与式预算的理论与实践》,载《经济社会体制比较》2007 年第 2 期。

[5]陈少英:《财税法的法律属性——以财税法调控功能的演进为视角》,载《法学》2016 年第 7 期。

[6]陈治:《地方预算参与的法治进路》,载《法学研究》2017 年第 5 期。

[7]陈治:《减税、减负与预算法变革》,载《中国法学》2019 年第 3 期。

[8]陈治:《预算法的功能主义趋向及其限度》,载《法学家》2019 年第

6期。

[9]邓力平:《新预算法:基于中国特色社会主义财政的理解》,载《财政研究》2015年第10期。

[10]邓力平:《中国特色社会主义财政、预算制度与预算审查》,载《厦门大学学报(哲学社会科学版)》2014年第4期。

[11]邓秋云、邓力平:《政府性基金预算:基于中国特色财政的理解》,载《财政研究》2016年第7期。

[12]邓研华:《从权力走向权利:预算改革的政治学分析》,载《海南大学学报(人文社会科学版)》2016年第3期。

[13]邓子基、唐文倩:《从新中国60年财政体制变迁看分税制财政管理体制的完善》,载《东南学术》2011年第5期。

[14]杜坤:《预算法现代化的法治逻辑》,载《华东政法大学学报》2015年第2期。

[15]傅勇、张晏:《中国式分权与财政支出结构偏向:为增长而竞争的代价》,载《管理世界》2007年第3期。

[16]高培勇:《论国家治理现代化框架下的财政基础理论建设》,载《中国社会科学》2014年第12期。

[17]高培勇:《中国财税改革40年:基本轨迹、基本经验和基本规律》,载《经济研究》2018年第3期。

[18]苟燕楠、王海:《公共预算的传统与变迁:美国预算改革对中国的启示》,载《财政研究》2009年第6期。

[19]郭婧、贾俊雪:《地方政府预算是以收定支吗?——一个结构性因果关系理论假说》,载《经济研究》2017年第10期。

[20]何俊志:《中国地方人大的三重属性与变迁模式》,载《政治学研究》2016年第5期。

[21]何文盛、蔡泽山:《新时代预算绩效管理推进国家治理现代化的多元维度审视》,载《上海行政学院学报》2018年第3期。

[22]胡明:《财政权利的逻辑体系及其现实化构造》,载《中国法学》2018年第1期。

[23]胡明:《预算治理现代化转型的困境及其破解之道》,载《法商研究》2016年第6期。

[24]胡伟:《财政民主之权利构造三题》,载《现代法学》2014年第4期。

[25]胡萧力:《财政分权与我国地方政府角色的再认识——地方化与辅助性原则的视角》,载《东方法学》2017年第5期。

[26]华国庆、汪永福:《论地方债预算的制度逻辑与规范控制》,载《学术界》2015年第2期。

[27]华国庆:《全口径预算:政府财政收支行为的立法控制》,载《法学论坛》2014年第3期。

[28]黄严:《法国中期预算规划改革:"政策导向型"预算模式》,载《公共行政评论》2016年第6期。

[29]蒋洪、温娇秀:《预算法修订:权力与职责的划分》,载《上海财经大学学报》2010年第1期。

[30]蒋悟真:《我国预算法修订的规范分析》,载《法学研究》2011年第2期。

[31]蒋悟真:《预算公开法治化:实质、困境及其出路》,载《中国法学》2013年第5期。

[32]蒋悟真:《中国预算法实施的现实路径》,载《中国社会科学》2014年第9期。

[33]黎江虹:《新〈预算法〉实施背景下的预算权配置》,载《税务研究》2015年第1期。

[34]李洺、侯一麟:《我国地方财政预算权及其决策过程分析》,载《中国行政管理》2008年第7期。

[35]刘光华:《预算权法律属性:基于法律关系的解读》,载《首都师

范大学学报(社会科学版)》2012 年第 6 期。

[36]刘剑文、王桦宇:《公共财产权的概念及其法治逻辑》,载《中国社会科学》2014 年第 8 期。

[37]刘剑文:《论领域法学:一种立足新兴交叉领域的法学研究范式》,载《政法论丛》2016 年第 5 期。

[38]刘剑文:《论财税体制改革的正当性——公共财产法语境下的治理逻辑》,载《清华法学》2014 年第 5 期。

[39]楼继伟:《深化财税体制改革 建立现代财政制度》,载《求是》2014 年第 20 期。

[40]吕铖钢:《公共财产与私有财产分离下的财税法一体化》,载《财政研究》2018 年第 12 期。

[41]马蔡琛、苗珊:《中国政府预算改革四十年回顾与前瞻——从“国家预算”到“预算国家”的探索》,载《经济纵横》2018 年第 6 期。

[42]马蔡琛:《现代预算制度的演化特征与路径选择》,载《中国人民大学学报》2014 年第 5 期。

[43]马骏、侯一麟:《中国省级预算中的非正式制度:一个交易费用理论框架》,载《经济研究》2004 年第 10 期。

[44]马骏:《从财政危机走向财政可持续:智利是如何做到的?》,载《公共行政评论》2014 年第 1 期。

[45]马骏:《中国公共预算面临的最大挑战:财政可持续》,载《国家行政学院学报》2013 年第 5 期。

[46]孟庆瑜:《绩效预算法律问题研究》,载《现代法学》2013 年第 1 期。

[47]申建林、谭诗赞:《参与式预算的中国实践、协商模式及其转型——基于协商民主的视角》,载《湖北社会科学》2016 年第 3 期。

[48]汤洁茵:《论预算审批权的规范与运作——基于法治建构的考量》,载《清华法学》2014 年第 5 期。

[49]王桦宇:《论财税体制改革的“两个积极性”——以财政事权与支出责任划分的政制经验为例》,载《法学》2017年第11期。

[50]王绍光、马骏:《走向“预算国家”——财政转型与国家建设》,载《公共行政评论》2008年第1期。

[51]王云霞:《治理范式下我国预算权法律规制的困境与突破》,载《现代经济探讨》2017年第2期。

[52]魏陆:《人大预算修正权困境研究》,载《社会科学》2014年第12期。

[53]肖鹏:《中美政府预算编制机制设计差异与启示》,载《中央财经大学学报》2009年第11期。

[54]熊伟:《财政分税制与地方预算自主权》,载《武汉大学学报(哲学社会科学版)》2015年第3期。

[55]徐键:《分权改革背景下的地方财政自主权》,载《法学研究》2012年第3期。

[56]徐阳光:《收入预测与预算法治——预决算收入偏差的法律评估》,载《社会科学》2011年第4期。

[57]徐阳光:《预算国家:财政法治的理想——源自美国的经验与启示》,载《环球法律评论》2009年第3期。

[58]徐毅:《博弈论视角下强化人大预算监督职能的路径分析》,载《经济问题探索》2012年第1期。

[59]许安拓:《预算权的相互制衡是我国行政管理体制改革的关键》,载《中国行政管理》2009年第2期。

[60]许聪:《省级人大预算监督权力考察——以30个地方预算监督条例(决定)为基础》,载《财政研究》2018年第10期。

[61]闫海:《预算民主:预算审批权为中心的构建》,载《重庆社会科学》2007年第4期。

[62]晏金平:《美国预算管理权责配置及其价值》,载《湖湘论坛》

2005 年第 2 期。

[63]杨雷:《国家治理现代化中的预算制度:美国预算改革的经验和教训》,载《财政研究》2015 年第 7 期。

[64]杨志勇:《我国预算管理制度的演进轨迹:1979 ~ 2014 年》,载《改革》2014 年第 10 期。

[65]叶姗:《法律规制税收竞争何以可能——基于我国省级预算单位的四重法律角色》,载《比较法研究》2015 年第 1 期。

[66]岳红举、单飞跃:《政府性基金预算与一般公共预算统筹衔接的法治化路径》,载《财政研究》2018 年第 1 期。

[67]张紧跟:《从行政赋权到法律赋权:参与式治理创新及其调适》,载《四川大学学报(哲学社会科学版)》2016 年第 6 期。

[68]张守文:《分配结构的财税法调整》,载《中国法学》2011 年第 5 期。

[69]张婉苏:《地方政府举债层级化合理配置研究》,载《政治与法律》2017 年第 2 期。

[70]赵海利、吴明明:《我国地方政府收入预算的科学性——基于 1994 ~2010 年地方收入预算执行情况的分析》,载《经济社会体制比较》2014 年第 6 期。

[71]郑方辉、廖逸儿、卢扬帆:《财政绩效评价:理念、体系与实践》,载《中国社会科学》2017 年第 4 期。

[72]郑方辉、廖逸儿:《论财政收入绩效评价》,载《中国行政管理》2017 年第 1 期。

[73]周飞舟:《分税制十年:制度及其影响》,载《中国社会科学》2006 年第 6 期。

[74]周黎安:《中国地方官员的晋升锦标赛模式研究》,载《经济研究》2007 年第 7 期。

[75]朱大旗、何遐祥:《议会至上与行政主导:预算权力配置的理想与

现实》,载《中国人民大学学报》2009 年第 4 期。

[76]朱大旗:《现代预算权体系中的人民主体地位》,载《现代法学》2015 年第 3 期。

[77]邹靖、梁永晋、王晓培:《美国政府绩效预算对我国预算绩效改革的启示》,载《财政研究》2015 年第 7 期。

[78] Boylan R. T., *Political Distortions in State Forecasts*, Public Choice, Vol. 136:3, p. 411 – 427(2008).

[79] Caiden N., *A New Perspective on Budgetary Reform*, Australia Journal of Public Administration, Vol. 48:1, p. 51 – 58(1988).

[80] Devins N. E., *In Search of the Lost Chord*, Case Western Reserve Law Review, Vol. 47:4, p. 1605 – 1642(1997).

[81] Douglas J. W., Hartley R. E., *The Politics of Court Budgeting in the States: Is Judicial Independence Threatened by the Budgetary Process?*, Public Administration Review, Vol. 63:4, p. 428 – 440(2003).

[82] Marcel M., Tokman M., *Building a Consensus for Fiscal Reform: The Chilean Case*, OECD Journal of Budgeting, Vol. 2:3, p. 35 – 56(2002).

[83] Oates W. E., *An Essay on Fiscal Federalism*, Journal of Economic Literature, Vol. 37:3, p. 1120 – 1149(1999).

[84] Olson M., *The Principle of "Fiscal Equivalence": The Division of Responsibilities among Different Levels of Government*, American Economic Review, Vol. 59:2, p. 479 – 487(1969).

[85] Posner P., Chung-Keun Park, *Role of the Legislature in the Budget Process: Recent Trends and Innovations*, OECD Journal on Budgeting, Vol. 7:3, p. 1 – 26(2007).

[86] Schick A., *Post-Crisis Fiscal Rules: Stabilizing Public Finance while Responding to Economic Aftershocks*, OECD Journal on Budgeting, Vol. 1:2, p. 1 – 17(2010).

[87] Schick A., *The Road to PPB: The Stages of Budget Reform*, Public Administration Review, Vol. 26:4, p. 243 - 258 (1966).

[88] Temple J., *The Debt/Tax Choice in the Financing of State and Local Capital Expenditures*, Journal of Regional Science, Vol. 34:4, p. 529 - 547 (1994).

[89] Tiebout C. M., *A Pure Theory of Local Expenditures*, Journal of Political Economy, Vol. 64:5, p. 416 - 424 (1956).

[90] Wildavsky A., *Rescuing Policy Analysis from PPBS*, Public Administration Review, Vol. 29:2, p. 189 - 202 (1969).

《预算法》1994 年版与 2018 年版对照表

《预算法》1994 年版	《预算法》2018 年版
第一章　总则	第一章　总则
第一条　为了强化预算的分配和监督职能,健全国家对预算的管理,加强国家宏观调控,保障经济和社会的健康发展,根据宪法,制定本法。	第一条　为了规范政府收支行为,强化预算约束,加强对预算的管理和监督,建立健全全面规范、公开透明的预算制度,保障经济社会的健康发展,根据宪法,制定本法。
	第二条　预算、决算的编制、审查、批准、监督,以及预算的执行和调整,依照本法规定执行。
第二条　国家实行一级政府一级预算,设立中央,省、自治区、直辖市,设区的市、自治州,县、自治县、不设区的市、市辖区,乡、民族乡、镇五级预算。 不具备设立预算条件的乡、民族乡、镇,经省、自治区、直辖市政府确定,可以暂不设立预算。	第三条　国家实行一级政府一级预算,设立中央,省、自治区、直辖市,设区的市、自治州,县、自治县、不设区的市、市辖区,乡、民族乡、镇五级预算。 全国预算由中央预算和地方预算组成。地方预算由各省、自治区、直辖市总预算组成。 地方各级总预算由本级预算和汇总的下一级总预算组成;下一级只有本级预算的,下一级总预算即指下一级的本级预算。没有下一级预算的,总预算即指本级预算。
	第四条　预算由预算收入和预算支出组成。 政府的全部收入和支出都应当纳入预算。

续表

《预算法》1994 年版	《预算法》2018 年版
	第五条　预算包括一般公共预算、政府性基金预算、国有资本经营预算、社会保险基金预算。 一般公共预算、政府性基金预算、国有资本经营预算、社会保险基金预算应当保持完整、独立。政府性基金预算、国有资本经营预算、社会保险基金预算应当与一般公共预算相衔接。
第四条　中央政府预算(以下简称中央预算)由中央各部门(含直属单位,下同)的预算组成。 中央预算包括地方向中央上解的收入数额和中央对地方返还或者给予补助的数额。	第六条　一般公共预算是对以税收为主体的财政收入,安排用于保障和改善民生、推动经济社会发展、维护国家安全、维持国家机构正常运转等方面的收支预算。 中央一般公共预算包括中央各部门(含直属单位,下同)的预算和中央对地方的税收返还、转移支付预算。 中央一般公共预算收入包括中央本级收入和地方向中央的上解收入。中央一般公共预算支出包括中央本级支出、中央对地方的税收返还和转移支付。
第五条　地方预算由各省、自治区、直辖市总预算组成。 地方各级总预算由本级政府预算(以下简称本级预算)和汇总的下一级总预算组成;下一级只有本级预算的,下一级总预算即指下一级的本级预算。没有下一级预算的,总预算即指本级预算。 地方各级政府预算由本级各部门(含直属单位,下同)的预算组成。 地方各级政府预算包括下级政府向上级政府上解的收入数额和上级政府对下级政府返还或者给予补助的数额。	第七条　地方各级一般公共预算包括本级各部门(含直属单位,下同)的预算和税收返还、转移支付预算。 地方各级一般公共预算收入包括地方本级收入、上级政府对本级政府的税收返还和转移支付、下级政府的上解收入。地方各级一般公共预算支出包括地方本级支出、对上级政府的上解支出、对下级政府的税收返还和转移支付。
第六条　各部门预算由本部门所属各单位预算组成。 第七条　单位预算是指列入部门预算的国家机关、社会团体和其他单位的收支预算。	第八条　各部门预算由本部门及其所属各单位预算组成。

续表

《预算法》1994 年版	《预算法》2018 年版
	第九条　政府性基金预算是对依照法律、行政法规的规定在一定期限内向特定对象征收、收取或者以其他方式筹集的资金，专项用于特定公共事业发展的收支预算。 政府性基金预算应当根据基金项目收入情况和实际支出需要，按基金项目编制，做到以收定支。
	第十条　国有资本经营预算是对国有资本收益作出支出安排的收支预算。 国有资本经营预算应当按照收支平衡的原则编制，不列赤字，并安排资金调入一般公共预算。
	第十一条　社会保险基金预算是对社会保险缴款、一般公共预算安排和其他方式筹集的资金，专项用于社会保险的收支预算。 社会保险基金预算应当按照统筹层次和社会保险项目分别编制，做到收支平衡。
第三条　各级预算应当做到收支平衡。	第十二条　各级预算应当遵循统筹兼顾、勤俭节约、量力而行、讲求绩效和收支平衡的原则。 各级政府应当建立跨年度预算平衡机制。
第九条　经本级人民代表大会批准的预算，非经法定程序，不得改变。	第十三条　经人民代表大会批准的预算，非经法定程序，不得调整。各级政府、各部门、各单位的支出必须以经批准的预算为依据，未列入预算的不得支出。
	第十四条　经本级人民代表大会或者本级人民代表大会常务委员会批准的预算、预算调整、决算、预算执行情况的报告及报表，应当在批准后二十日内由本级政府财政部门向社会公开，并对本级政府财政转移支付安排、执行的情况以及举借债务的情况等重要事项作出说明。 经本级政府财政部门批复的部门预算、决算及报表，应当在批复后二十日内由各部门向社会公开，并对部门预算、决算中机关运行经费的安排、使用情况等重要事项作出说明。 各级政府、各部门、各单位应当将政府采购的情况及时向社会公开。 本条前三款规定的公开事项，涉及国家秘密的除外。

续表

《预算法》1994 年版	《预算法》2018 年版
第八条　国家实行中央和地方分税制。	第十五条　国家实行中央和地方分税制。
	第十六条　国家实行财政转移支付制度。财政转移支付应当规范、公平、公开，以推进地区间基本公共服务均等化为主要目标。 财政转移支付包括中央对地方的转移支付和地方上级政府对下级政府的转移支付，以为均衡地区间基本财力、由下级政府统筹安排使用的一般性转移支付为主体。 按照法律、行政法规和国务院的规定可以设立专项转移支付，用于办理特定事项。建立健全专项转移支付定期评估和退出机制。市场竞争机制能够有效调节的事项不得设立专项转移支付。 上级政府在安排专项转移支付时，不得要求下级政府承担配套资金。但是，按照国务院的规定应当由上下级政府共同承担的事项除外。
	第十七条　各级预算的编制、执行应当建立健全相互制约、相互协调的机制。
第十条　预算年度自公历 1 月 1 日起，至 12 月 31 日止。	第十八条　预算年度自公历一月一日起，至十二月三十一日止。
第十一条　预算收入和预算支出以人民币元为计算单位。	第十九条　预算收入和预算支出以人民币元为计算单位。

续表

《预算法》1994年版	《预算法》2018年版
第二章　预算管理职权	第二章　预算管理职权
第十二条　全国人民代表大会审查中央和地方预算草案及中央和地方预算执行情况的报告；批准中央预算和中央预算执行情况的报告；改变或者撤销全国人民代表大会常务委员会关于预算、决算的不适当的决议。 全国人民代表大会常务委员会监督中央和地方预算的执行；审查和批准中央预算的调整方案；审查和批准中央决算；撤销国务院制定的同宪法、法律相抵触的关于预算、决算的行政法规、决定和命令；撤销省、自治区、直辖市人民代表大会及其常务委员会制定的同宪法、法律和行政法规相抵触的关于预算、决算的地方性法规和决议。	第二十条　全国人民代表大会审查中央和地方预算草案及中央和地方预算执行情况的报告；批准中央预算和中央预算执行情况的报告；改变或者撤销全国人民代表大会常务委员会关于预算、决算的不适当的决议。 全国人民代表大会常务委员会监督中央和地方预算的执行；审查和批准中央预算的调整方案；审查和批准中央决算；撤销国务院制定的同宪法、法律相抵触的关于预算、决算的行政法规、决定和命令；撤销省、自治区、直辖市人民代表大会及其常务委员会制定的同宪法、法律和行政法规相抵触的关于预算、决算的地方性法规和决议。
第十三条　县级以上地方各级人民代表大会审查本级总预算草案及本级总预算执行情况的报告；批准本级预算和本级预算执行情况的报告；改变或者撤销本级人民代表大会常务委员会关于预算、决算的不适当的决议；撤销本级政府关于预算、决算的不适当的决定和命令。 县级以上地方各级人民代表大会常务委员会监督本级总预算的执行；审查和批准本级预算的调整方案；审查和批准本级政府决算（以下简称本级决算）；撤销本级政府和下一级人民代表大会及其常务委员会关于预算、决算的不适当的决定、命令和决议。 设立预算的乡、民族乡、镇的人民代表大会审查和批准本级预算和本级预算执行情况的报告；监督本级预算的执行；审查和批准本级预算的调整方案；审查和批准本级决算；撤销本级政府关于预算、决算的不适当的决定和命令。	第二十一条　县级以上地方各级人民代表大会审查本级总预算草案及本级总预算执行情况的报告；批准本级预算和本级预算执行情况的报告；改变或者撤销本级人民代表大会常务委员会关于预算、决算的不适当的决议；撤销本级政府关于预算、决算的不适当的决定和命令。 县级以上地方各级人民代表大会常务委员会监督本级总预算的执行；审查和批准本级预算的调整方案；审查和批准本级决算；撤销本级政府和下一级人民代表大会及其常务委员会关于预算、决算的不适当的决定、命令和决议。 乡、民族乡、镇的人民代表大会审查和批准本级预算和本级预算执行情况的报告；监督本级预算的执行；审查和批准本级预算的调整方案；审查和批准本级决算；撤销本级政府关于预算、决算的不适当的决定和命令。

续表

《预算法》1994 年版	《预算法》2018 年版
	第二十二条　全国人民代表大会财政经济委员会对中央预算草案初步方案及上一年预算执行情况、中央预算调整初步方案和中央决算草案进行初步审查，提出初步审查意见。 省、自治区、直辖市人民代表大会有关专门委员会对本级预算草案初步方案及上一年预算执行情况、本级预算调整初步方案和本级决算草案进行初步审查，提出初步审查意见。 设区的市、自治州人民代表大会有关专门委员会对本级预算草案初步方案及上一年预算执行情况、本级预算调整初步方案和本级决算草案进行初步审查，提出初步审查意见，未设立专门委员会的，由本级人民代表大会常务委员会有关工作机构研究提出意见。 县、自治县、不设区的市、市辖区人民代表大会常务委员会对本级预算草案初步方案及上一年预算执行情况进行初步审查，提出初步审查意见。县、自治县、不设区的市、市辖区人民代表大会常务委员会有关工作机构对本级预算调整初步方案和本级决算草案研究提出意见。 设区的市、自治州以上各级人民代表大会有关专门委员会进行初步审查、常务委员会有关工作机构研究提出意见时，应当邀请本级人民代表大会代表参加。 对依照本条第一款至第四款规定提出的意见，本级政府财政部门应当将处理情况及时反馈。 依照本条第一款至第四款规定提出的意见以及本级政府财政部门反馈的处理情况报告，应当印发本级人民代表大会代表。 全国人民代表大会常务委员会和省、自治区、直辖市、设区的市、自治州人民代表大会常务委员会有关工作机构，依照本级人民代表大会常务委员会的决定，协助本级人民代表大会财政经济委员会或者有关专门委员会承担审查预算草案、预算调整方案、决算草案和监督预算执行等方面的具体工作。

续表

《预算法》1994 年版	《预算法》2018 年版
第十四条　国务院编制中央预算、决算草案；向全国人民代表大会作关于中央和地方预算草案的报告；将省、自治区、直辖市政府报送备案的预算汇总后报全国人民代表大会常务委员会备案；组织中央和地方预算的执行；决定中央预算预备费的动用；编制中央预算调整方案；监督中央各部门和地方政府的预算执行；改变或者撤销中央各部门和地方政府关于预算、决算的不适当的决定、命令；向全国人民代表大会、全国人民代表大会常务委员会报告中央和地方预算的执行情况。	第二十三条　国务院编制中央预算、决算草案；向全国人民代表大会作关于中央和地方预算草案的报告；将省、自治区、直辖市政府报送备案的预算汇总后报全国人民代表大会常务委员会备案；组织中央和地方预算的执行；决定中央预算预备费的动用；编制中央预算调整方案；监督中央各部门和地方政府的预算执行；改变或者撤销中央各部门和地方政府关于预算、决算的不适当的决定、命令；向全国人民代表大会、全国人民代表大会常务委员会报告中央和地方预算的执行情况。
第十五条　县级以上地方各级政府编制本级预算、决算草案；向本级人民代表大会作关于本级总预算草案的报告；将下一级政府报送备案的预算汇总后报本级人民代表大会常务委员会备案；组织本级总预算的执行；决定本级预算预备费的动用；编制本级预算的调整方案；监督本级各部门和下级政府的预算执行；改变或者撤销本级各部门和下级政府关于预算、决算的不适当的决定、命令；向本级人民代表大会、本级人民代表大会常务委员会报告本级总预算的执行情况。 乡、民族乡、镇政府编制本级预算、决算草案；向本级人民代表大会作关于本级预算草案的报告；组织本级预算的执行；决定本级预算预备费的动用；编制本级预算的调整方案；向本级人民代表大会报告本级预算的执行情况。	第二十四条　县级以上地方各级政府编制本级预算、决算草案；向本级人民代表大会作关于本级总预算草案的报告；将下一级政府报送备案的预算汇总后报本级人民代表大会常务委员会备案；组织本级总预算的执行；决定本级预算预备费的动用；编制本级预算的调整方案；监督本级各部门和下级政府的预算执行；改变或者撤销本级各部门和下级政府关于预算、决算的不适当的决定、命令；向本级人民代表大会、本级人民代表大会常务委员会报告本级总预算的执行情况。 乡、民族乡、镇政府编制本级预算、决算草案；向本级人民代表大会作关于本级预算草案的报告；组织本级预算的执行；决定本级预算预备费的动用；编制本级预算的调整方案；向本级人民代表大会报告本级预算的执行情况。 经省、自治区、直辖市政府批准，乡、民族乡、镇本级预算草案、预算调整方案、决算草案，可以由上一级政府代编，并依照本法第二十一条的规定报乡、民族乡、镇的人民代表大会审查和批准。

续表

《预算法》1994 年版	《预算法》2018 年版
第十六条　国务院财政部门具体编制中央预算、决算草案；具体组织中央和地方预算的执行；提出中央预算预备费动用方案；具体编制中央预算的调整方案；定期向国务院报告中央和地方预算的执行情况。 地方各级政府财政部门具体编制本级预算、决算草案；具体组织本级总预算的执行；提出本级预算预备费动用方案；具体编制本级预算的调整方案；定期向本级政府和上一级政府财政部门报告本级总预算的执行情况。	第二十五条　国务院财政部门具体编制中央预算、决算草案；具体组织中央和地方预算的执行；提出中央预算预备费动用方案；具体编制中央预算的调整方案；定期向国务院报告中央和地方预算的执行情况。 地方各级政府财政部门具体编制本级预算、决算草案；具体组织本级总预算的执行；提出本级预算预备费动用方案；具体编制本级预算的调整方案；定期向本级政府和上一级政府财政部门报告本级总预算的执行情况。
第十七条　各部门编制本部门预算、决算草案；组织和监督本部门预算的执行；定期向本级政府财政部门报告预算的执行情况。 第十八条　各单位编制本单位预算、决算草案；按照国家规定上缴预算收入，安排预算支出，并接受国家有关部门的监督。	第二十六条　各部门编制本部门预算、决算草案；组织和监督本部门预算的执行；定期向本级政府财政部门报告预算的执行情况。 各单位编制本单位预算、决算草案；按照国家规定上缴预算收入，安排预算支出，并接受国家有关部门的监督。
第三章　预算收支范围	第三章　预算收支范围
第十九条　预算由预算收入和预算支出组成。 预算收入包括： （一）税收收入； （二）依照规定应当上缴的国有资产收益； （三）专项收入； （四）其他收入。 预算支出包括： （一）经济建设支出； （二）教育、科学、文化、卫生、体育等事业发展支出； （三）国家管理费用支出； （四）国防支出； （五）各项补贴支出； （六）其他支出。	第二十七条　一般公共预算收入包括各项税收收入、行政事业性收费收入、国有资源（资产）有偿使用收入、转移性收入和其他收入。 一般公共预算支出按照其功能分类，包括一般公共服务支出，外交、公共安全、国防支出，农业、环境保护支出，教育、科技、文化、卫生、体育支出，社会保障及就业支出和其他支出。 一般公共预算支出按照其经济性质分类，包括工资福利支出、商品和服务支出、资本性支出和其他支出。

续表

《预算法》1994 年版	《预算法》2018 年版
	第二十八条　政府性基金预算、国有资本经营预算和社会保险基金预算的收支范围，按照法律、行政法规和国务院的规定执行。
第二十条　预算收入划分为中央预算收入、地方预算收入、中央和地方预算共享收入。 预算支出划分为中央预算支出和地方预算支出。	
第二十一条　中央预算与地方预算有关收入和支出项目的划分、地方向中央上解收入、中央对地方返还或者给予补助的具体办法，由国务院规定，报全国人民代表大会常务委员会备案。	第二十九条　中央预算与地方预算有关收入和支出项目的划分、地方向中央上解收入、中央对地方税收返还或者转移支付的具体办法，由国务院规定，报全国人民代表大会常务委员会备案。
第二十二条　预算收入应当统筹安排使用；确需设立专用基金项目的，须经国务院批准。	
第二十三条　上级政府不得在预算之外调用下级政府预算的资金。下级政府不得挤占或者截留属于上级政府预算的资金。	第三十条　上级政府不得在预算之外调用下级政府预算的资金。下级政府不得挤占或者截留属于上级政府预算的资金。
第四章　预算编制	第四章　预算编制
第三十五条　国务院应当及时下达关于编制下一年预算草案的指示。 编制预算草案的具体事项，由国务院财政部门部署。	第三十一条　国务院应当及时下达关于编制下一年预算草案的通知。编制预算草案的具体事项由国务院财政部门部署。 各级政府、各部门、各单位应当按照国务院规定的时间编制预算草案。
第二十四条　各级政府、各部门、各单位应当按照国务院规定的时间编制预算草案。	

续表

《预算法》1994 年版	《预算法》2018 年版
第二十五条　中央预算和地方各级政府预算,应当参考上一年预算执行情况和本年度收支预测进行编制。	第三十二条　各级预算应当根据年度经济社会发展目标、国家宏观调控总体要求和跨年度预算平衡的需要,参考上一年预算执行情况、有关支出绩效评价结果和本年度收支预测,按照规定程序征求各方面意见后,进行编制。 各级政府依据法定权限作出决定或者制定行政措施,凡涉及增加或者减少财政收入或者支出的,应当在预算批准前提出并在预算草案中作出相应安排。 各部门、各单位应当按照国务院财政部门制定的政府收支分类科目、预算支出标准和要求,以及绩效目标管理等预算编制规定,根据其依法履行职能和事业发展的需要以及存量资产情况,编制本部门、本单位预算草案。 前款所称政府收支分类科目,收入分为类、款、项、目;支出按其功能分类分为类、款、项,按其经济性质分类分为类、款。
第三十六条　省、自治区、直辖市政府应当按照国务院规定的时间,将本级总预算草案报国务院审核汇总。	第三十三条　省、自治区、直辖市政府应当按照国务院规定的时间,将本级总预算草案报国务院审核汇总。
第二十六条　中央预算和地方各级政府预算按照复式预算编制。 复式预算的编制办法和实施步骤,由国务院制定。	
第二十七条　中央政府公共预算不列赤字。 中央预算中必需的建设投资的部分资金,可以通过举借国内和国外债务等方式筹措,但是借债应当有合理的规模和结构。 中央预算中对已经举借的债务还本付息所需的资金,依照前款规定办理。	第三十四条　中央一般公共预算中必需的部分资金,可以通过举借国内和国外债务等方式筹措,举借债务应当控制适当的规模,保持合理的结构。 对中央一般公共预算中举借的债务实行余额管理,余额的规模不得超过全国人民代表大会批准的限额。 国务院财政部门具体负责对中央政府债务的统一管理。

续表

《预算法》1994 年版	《预算法》2018 年版
第二十八条　地方各级预算按照量入为出、收支平衡的原则编制，不列赤字。 除法律和国务院另有规定外，地方政府不得发行地方政府债券。	第三十五条　地方各级预算按照量入为出、收支平衡的原则编制，除本法另有规定外，不列赤字。 经国务院批准的省、自治区、直辖市的预算中必需的建设投资的部分资金，可以在国务院确定的限额内，通过发行地方政府债券举借债务的方式筹措。举借债务的规模，由国务院报全国人民代表大会或者全国人民代表大会常务委员会批准。省、自治区、直辖市依照国务院下达的限额举借的债务，列入本级预算调整方案，报本级人民代表大会常务委员会批准。举借的债务应当有偿还计划和稳定的偿还资金来源，只能用于公益性资本支出，不得用于经常性支出。 除前款规定外，地方政府及其所属部门不得以任何方式举借债务。 除法律另有规定外，地方政府及其所属部门不得为任何单位和个人的债务以任何方式提供担保。 国务院建立地方政府债务风险评估和预警机制、应急处置机制以及责任追究制度。国务院财政部门对地方政府债务实施监督。
第二十九条　各级预算收入的编制，应当与国民生产总值的增长率相适应。 按照规定必须列入预算的收入，不得隐瞒、少列，也不得将上年的非正常收入作为编制预算收入的依据。	第三十六条　各级预算收入的编制，应当与经济社会发展水平相适应，与财政政策相衔接。 各级政府、各部门、各单位应当依照本法规定，将所有政府收入全部列入预算，不得隐瞒、少列。
第三十条　各级预算支出的编制，应当贯彻厉行节约、勤俭建国的方针。 各级预算支出的编制，应当统筹兼顾、确保重点，在保证政府公共支出合理需要的前提下，妥善安排其他各类预算支出。	第三十七条　各级预算支出应当依照本法规定，按其功能和经济性质分类编制。 各级预算支出的编制，应当贯彻勤俭节约的原则，严格控制各部门、各单位的机关运行经费和楼堂馆所等基本建设支出。 各级一般公共预算支出的编制，应当统筹兼顾，在保证基本公共服务合理需要的前提下，优先安排国家确定的重点支出。

续表

《预算法》1994年版	《预算法》2018年版
	第三十八条　一般性转移支付应当按照国务院规定的基本标准和计算方法编制。专项转移支付应当分地区、分项目编制。 县级以上各级政府应当将对下级政府的转移支付预计数提前下达下级政府。 地方各级政府应当将上级政府提前下达的转移支付预计数编入本级预算。
第三十一条　中央预算和有关地方政府预算中安排必要的资金，用于扶助经济不发达的民族自治地方、革命老根据地、边远、贫困地区发展经济文化建设事业。	第三十九条　中央预算和有关地方预算中应当安排必要的资金，用于扶助革命老区、民族地区、边疆地区、贫困地区发展经济社会建设事业。
第三十二条　各级政府预算应当按照本级政府预算支出额的百分之一至百分之三设置预备费，用于当年预算执行中的自然灾害救灾开支及其他难以预见的特殊开支。	第四十条　各级一般公共预算应当按照本级一般公共预算支出额的百分之一至百分之三设置预备费，用于当年预算执行中的自然灾害等突发事件处理增加的支出及其他难以预见的开支。
第三十三条　各级政府预算应当按照国务院的规定设置预算周转金。	第四十一条　各级一般公共预算按照国务院的规定可以设置预算周转金，用于本级政府调剂预算年度内季节性收支差额。 各级一般公共预算按照国务院的规定可以设置预算稳定调节基金，用于弥补以后年度预算资金的不足。
第三十四条　各级政府预算的上年结余，可以在下年用于上年结转项目的支出；有余额的，可以补充预算周转金；再有余额的，可以用于下年必需的预算支出。	第四十二条　各级政府上一年预算的结转资金，应当在下一年用于结转项目的支出；连续两年未用完的结转资金，应当作为结余资金管理。 各部门、各单位上一年预算的结转、结余资金按照国务院财政部门的规定办理。

续表

《预算法》1994 年版	《预算法》2018 年版
第五章　预算审查和批准	第五章　预算审查和批准
第三十九条　中央预算由全国人民代表大会审查和批准。 地方各级政府预算由本级人民代表大会审查和批准。	第四十三条　中央预算由全国人民代表大会审查和批准。 地方各级预算由本级人民代表大会审查和批准。
第三十七条　国务院财政部门应当在每年全国人民代表大会会议举行的一个月前,将中央预算草案的主要内容提交全国人民代表大会财政经济委员会进行初步审查。 省、自治区、直辖市、设区的市、自治州政府财政部门应当在本级人民代表大会会议举行的一个月前,将本级预算草案的主要内容提交本级人民代表大会有关的专门委员会或者根据本级人民代表大会常务委员会主任会议的决定提交本级人民代表大会常务委员会有关的工作委员会进行初步审查。 县、自治县、不设区的市、市辖区政府财政部门应当在本级人民代表大会会议举行的一个月前,将本级预算草案的主要内容提交本级人民代表大会常务委员会进行初步审查。	第四十四条　国务院财政部门应当在每年全国人民代表大会会议举行的四十五日前,将中央预算草案的初步方案提交全国人民代表大会财政经济委员会进行初步审查。 省、自治区、直辖市政府财政部门应当在本级人民代表大会会议举行的三十日前,将本级预算草案的初步方案提交本级人民代表大会有关专门委员会进行初步审查。 设区的市、自治州政府财政部门应当在本级人民代表大会会议举行的三十日前,将本级预算草案的初步方案提交本级人民代表大会有关专门委员会进行初步审查,或者送交本级人民代表大会常务委员会有关工作机构征求意见。 县、自治县、不设区的市、市辖区政府应当在本级人民代表大会会议举行的三十日前,将本级预算草案的初步方案提交本级人民代表大会常务委员会进行初步审查。
	第四十五条　县、自治县、不设区的市、市辖区、乡、民族乡、镇的人民代表大会举行会议审查预算草案前,应当采用多种形式,组织本级人民代表大会代表,听取选民和社会各界的意见。
	第四十六条　报送各级人民代表大会审查和批准的预算草案应当细化。本级一般公共预算支出,按其功能分类应当编列到项;按其经济性质分类,基本支出应当编列到款。本级政府性基金预算、国有资本经营预算、社会保险基金预算支出,按其功能分类应当编列到项。

续表

《预算法》1994 年版	《预算法》2018 年版
第三十八条　国务院在全国人民代表大会举行会议时,向大会作关于中央和地方预算草案的报告。 地方各级政府在本级人民代表大会举行会议时,向大会作关于本级总预算草案的报告。	第四十七条　国务院在全国人民代表大会举行会议时,向大会作关于中央和地方预算草案以及中央和地方预算执行情况的报告。 地方各级政府在本级人民代表大会举行会议时,向大会作关于总预算草案和总预算执行情况的报告。
	第四十八条　全国人民代表大会和地方各级人民代表大会对预算草案及其报告、预算执行情况的报告重点审查下列内容: (一)上一年预算执行情况是否符合本级人民代表大会预算决议的要求; (二)预算安排是否符合本法的规定; (三)预算安排是否贯彻国民经济和社会发展的方针政策,收支政策是否切实可行; (四)重点支出和重大投资项目的预算安排是否适当; (五)预算的编制是否完整,是否符合本法第四十六条的规定; (六)对下级政府的转移性支出预算是否规范、适当; (七)预算安排举借的债务是否合法、合理,是否有偿还计划和稳定的偿还资金来源; (八)与预算有关重要事项的说明是否清晰。

续表

《预算法》1994 年版	《预算法》2018 年版
	第四十九条　全国人民代表大会财政经济委员会向全国人民代表大会主席团提出关于中央和地方预算草案及中央和地方预算执行情况的审查结果报告。 省、自治区、直辖市、设区的市、自治州人民代表大会有关专门委员会,县、自治县、不设区的市、市辖区人民代表大会常务委员会,向本级人民代表大会主席团提出关于总预算草案及上一年总预算执行情况的审查结果报告。 审查结果报告应当包括下列内容: (一)对上一年预算执行和落实本级人民代表大会预算决议的情况作出评价; (二)对本年度预算草案是否符合本法的规定,是否可行作出评价; (三)对本级人民代表大会批准预算草案和预算报告提出建议; (四)对执行年度预算、改进预算管理、提高预算绩效、加强预算监督等提出意见和建议。
第四十条　乡、民族乡、镇政府应当及时将经本级人民代表大会批准的本级预算报上一级政府备案。县级以上地方各级政府应当及时将经本级人民代表大会批准的本级预算及下一级政府报送备案的预算汇总,报上一级政府备案。 县级以上地方各级政府将下一级政府依照前款规定报送备案的预算汇总后,报本级人民代表大会常务委员会备案。国务院将省、自治区、直辖市政府依照前款规定报送备案的预算汇总后,报全国人民代表大会常务委员会备案。	第五十条　乡、民族乡、镇政府应当及时将经本级人民代表大会批准的本级预算报上一级政府备案。县级以上地方各级政府应当及时将经本级人民代表大会批准的本级预算及下一级政府报送备案的预算汇总,报上一级政府备案。 县级以上地方各级政府将下一级政府依照前款规定报送备案的预算汇总后,报本级人民代表大会常务委员会备案。国务院将省、自治区、直辖市政府依照前款规定报送备案的预算汇总后,报全国人民代表大会常务委员会备案。

续表

《预算法》1994 年版	《预算法》2018 年版
第四十一条　国务院和县级以上地方各级政府对下一级政府依照本法第四十条规定报送备案的预算，认为有同法律、行政法规相抵触或者有其他不适当之处，需要撤销批准预算的决议的，应当提请本级人民代表大会常务委员会审议决定。	第五十一条　国务院和县级以上地方各级政府对下一级政府依照本法第五十条规定报送备案的预算，认为有同法律、行政法规相抵触或者有其他不适当之处，需要撤销批准预算的决议的，应当提请本级人民代表大会常务委员会审议决定。
第四十二条　各级政府预算经本级人民代表大会批准后，本级政府财政部门应当及时向本级各部门批复预算。各部门应当及时向所属各单位批复预算。	第五十二条　各级预算经本级人民代表大会批准后，本级政府财政部门应当在二十日内向本级各部门批复预算。各部门应当在接到本级政府财政部门批复的本部门预算后十五日内向所属各单位批复预算。 中央对地方的一般性转移支付应当在全国人民代表大会批准预算后三十日内正式下达。中央对地方的专项转移支付应当在全国人民代表大会批准预算后九十日内正式下达。 省、自治区、直辖市政府接到中央一般性转移支付和专项转移支付后，应当在三十日内正式下达到本行政区域县级以上各级政府。 县级以上地方各级预算安排对下级政府的一般性转移支付和专项转移支付，应当分别在本级人民代表大会批准预算后的三十日和六十日内正式下达。 对自然灾害等突发事件处理的转移支付，应当及时下达预算；对据实结算等特殊项目的转移支付，可以分期下达预算，或者先预付后结算。 县级以上各级政府财政部门应当将批复本级各部门的预算和批复下级政府的转移支付预算，抄送本级人民代表大会财政经济委员会、有关专门委员会和常务委员会有关工作机构。
第六章　预算执行	第六章　预算执行
第四十三条　各级预算由本级政府组织执行，具体工作由本级政府财政部门负责。	第五十三条　各级预算由本级政府组织执行，具体工作由本级政府财政部门负责。 各部门、各单位是本部门、本单位的预算执行主体，负责本部门、本单位的预算执行，并对执行结果负责。

续表

《预算法》1994 年版	《预算法》2018 年版
第四十四条　预算年度开始后,各级政府预算草案在本级人民代表大会批准前,本级政府可以先按照上一年同期的预算支出数额安排支出;预算经本级人民代表大会批准后,按照批准的预算执行。	第五十四条　预算年度开始后,各级预算草案在本级人民代表大会批准前,可以安排下列支出: (一)上一年度结转的支出; (二)参照上一年同期的预算支出数额安排必须支付的本年度部门基本支出、项目支出,以及对下级政府的转移性支出; (三)法律规定必须履行支付义务的支出,以及用于自然灾害等突发事件处理的支出。 根据前款规定安排支出的情况,应当在预算草案的报告中作出说明。 预算经本级人民代表大会批准后,按照批准的预算执行。
第四十五条　预算收入征收部门,必须依照法律、行政法规的规定,及时、足额征收应征的预算收入。不得违反法律、行政法规规定,擅自减征、免征或者缓征应征的预算收入,不得截留、占用或者挪用预算收入。	第五十五条　预算收入征收部门和单位,必须依照法律、行政法规的规定,及时、足额征收应征的预算收入。不得违反法律、行政法规规定,多征、提前征收或者减征、免征、缓征应征的预算收入,不得截留、占用或者挪用预算收入。 各级政府不得向预算收入征收部门和单位下达收入指标。
第四十六条　有预算收入上缴任务的部门和单位,必须依照法律、行政法规和国务院财政部门的规定,将应当上缴的预算资金及时、足额地上缴国家金库(以下简称国库),不得截留、占用、挪用或者拖欠。	第五十六条　政府的全部收入应当上缴国家金库(以下简称国库),任何部门、单位和个人不得截留、占用、挪用或者拖欠。 对于法律有明确规定或者经国务院批准的特定专用资金,可以依照国务院的规定设立财政专户。

续表

《预算法》1994 年版	《预算法》2018 年版
第四十七条　各级政府财政部门必须依照法律、行政法规和国务院财政部门的规定，及时、足额地拨付预算支出资金，加强对预算支出的管理和监督。 各级政府、各部门、各单位的支出必须按照预算执行。	第五十七条　各级政府财政部门必须依照法律、行政法规和国务院财政部门的规定，及时、足额地拨付预算支出资金，加强对预算支出的管理和监督。 各级政府、各部门、各单位的支出必须按照预算执行，不得虚假列支。 各级政府、各部门、各单位应当对预算支出情况开展绩效评价。 第五十八条　各级预算的收入和支出实行收付实现制。 特定事项按照国务院的规定实行权责发生制的有关情况，应当向本级人民代表大会常务委员会报告。
第四十八条　县级以上各级预算必须设立国库；具备条件的乡、民族乡、镇也应当设立国库。 中央国库业务由中国人民银行经理，地方国库业务依照国务院的有关规定办理。 各级国库必须按照国家有关规定，及时准确地办理预算收入的收纳、划分、留解和预算支出的拨付。 各级国库库款的支配权属于本级政府财政部门。除法律、行政法规另有规定外，未经本级政府财政部门同意，任何部门、单位和个人都无权动用国库库款或者以其他方式支配已入国库的库款。 各级政府应当加强对本级国库的管理和监督。	第五十九条　县级以上各级预算必须设立国库；具备条件的乡、民族乡、镇也应当设立国库。 中央国库业务由中国人民银行经理，地方国库业务依照国务院的有关规定办理。 各级国库应当按照国家有关规定，及时准确地办理预算收入的收纳、划分、留解、退付和预算支出的拨付。 各级国库库款的支配权属于本级政府财政部门。除法律、行政法规另有规定外，未经本级政府财政部门同意，任何部门、单位和个人都无权冻结、动用国库库款或者以其他方式支配已入国库的库款。 各级政府应当加强对本级国库的管理和监督，按照国务院的规定完善国库现金管理，合理调节国库资金余额。
	第六十条　已经缴入国库的资金，依照法律、行政法规的规定或者国务院的决定需要退付的，各级政府财政部门或者其授权的机构应当及时办理退付。按照规定应当由财政支出安排的事项，不得用退库处理。

续表

《预算法》1994 年版	《预算法》2018 年版
	第六十一条　国家实行国库集中收缴和集中支付制度，对政府全部收入和支出实行国库集中收付管理。
第四十九条　各级政府应当加强对预算执行的领导，支持政府财政、税务、海关等预算收入的征收部门依法组织预算收入，支持政府财政部门严格管理预算支出。 财政、税务、海关等部门在预算执行中，应当加强对预算执行的分析；发现问题时应当及时建议本级政府采取措施予以解决。	第六十二条　各级政府应当加强对预算执行的领导，支持政府财政、税务、海关等预算收入的征收部门依法组织预算收入，支持政府财政部门严格管理预算支出。 财政、税务、海关等部门在预算执行中，应当加强对预算执行的分析；发现问题时应当及时建议本级政府采取措施予以解决。
第五十条　各部门、各单位应当加强对预算收入和支出的管理，不得截留或者动用应当上缴的预算收入，也不得将不应当在预算内支出的款项转为预算内支出。	第六十三条　各部门、各单位应当加强对预算收入和支出的管理，不得截留或者动用应当上缴的预算收入，不得擅自改变预算支出的用途。
第五十一条　各级政府预算预备费的动用方案，由本级政府财政部门提出，报本级政府决定。	第六十四条　各级预算预备费的动用方案，由本级政府财政部门提出，报本级政府决定。
第五十二条　各级政府预算周转金由本级政府财政部门管理，用于预算执行中的资金周转，不得挪作他用。	第六十五条　各级预算周转金由本级政府财政部门管理，不得挪作他用。

续表

《预算法》1994 年版	《预算法》2018 年版
	第六十六条　各级一般公共预算年度执行中有超收收入的,只能用于冲减赤字或者补充预算稳定调节基金。 各级一般公共预算的结余资金,应当补充预算稳定调节基金。 省、自治区、直辖市一般公共预算年度执行中出现短收,通过调入预算稳定调节基金、减少支出等方式仍不能实现收支平衡的,省、自治区、直辖市政府报本级人民代表大会或者其常务委员会批准,可以增列赤字,报国务院财政部门备案,并应当在下一年度预算中予以弥补。
第七章　预算调整	第七章　预算调整
第五十三条　预算调整是指经全国人民代表大会批准的中央预算和经地方各级人民代表大会批准的本级预算,在执行中因特殊情况需要增加支出或者减少收入,使原批准的收支平衡的预算的总支出超过总收入,或者使原批准的预算中举借债务的数额增加的部分变更。	第六十七条　经全国人民代表大会批准的中央预算和经地方各级人民代表大会批准的地方各级预算,在执行中出现下列情况之一的,应当进行预算调整: (一)需要增加或者减少预算总支出的; (二)需要调入预算稳定调节基金的; (三)需要调减预算安排的重点支出数额的; (四)需要增加举借债务数额的。
	第六十八条　在预算执行中,各级政府一般不制定新的增加财政收入或者支出的政策和措施,也不制定减少财政收入的政策和措施;必须作出并需要进行预算调整的,应当在预算调整方案中作出安排。

续表

《预算法》1994 年版	《预算法》2018 年版
第五十四条　各级政府对于必须进行的预算调整,应当编制预算调整方案。中央预算的调整方案必须提请全国人民代表大会常务委员会审查和批准。县级以上地方各级政府预算的调整方案必须提请本级人民代表大会常务委员会审查和批准;乡、民族乡、镇政府预算的调整方案必须提请本级人民代表大会审查和批准。未经批准,不得调整预算。	第六十九条　在预算执行中,各级政府对于必须进行的预算调整,应当编制预算调整方案。预算调整方案应当说明预算调整的理由、项目和数额。 在预算执行中,由于发生自然灾害等突发事件,必须及时增加预算支出的,应当先动支预备费;预备费不足支出的,各级政府可以先安排支出,属于预算调整的,列入预算调整方案。 国务院财政部门应当在全国人民代表大会常务委员会举行会议审查和批准预算调整方案的三十日前,将预算调整初步方案送交全国人民代表大会财政经济委员会进行初步审查。 省、自治区、直辖市政府财政部门应当在本级人民代表大会常务委员会举行会议审查和批准预算调整方案的三十日前,将预算调整初步方案送交本级人民代表大会有关专门委员会进行初步审查。 设区的市、自治州政府财政部门应当在本级人民代表大会常务委员会举行会议审查和批准预算调整方案的三十日前,将预算调整初步方案送交本级人民代表大会有关专门委员会进行初步审查,或者送交本级人民代表大会常务委员会有关工作机构征求意见。 县、自治县、不设区的市、市辖区政府财政部门应当在本级人民代表大会常务委员会举行会议审查和批准预算调整方案的三十日前,将预算调整初步方案送交本级人民代表大会常务委员会有关工作机构征求意见。 中央预算的调整方案应当提请全国人民代表大会常务委员会审查和批准。县级以上地方各级预算的调整方案应当提请本级人民代表大会常务委员会审查和批准;乡、民族乡、镇预算的调整方案应当提请本级人民代表大会审查和批准。未经批准,不得调整预算。

续表

《预算法》1994 年版	《预算法》2018 年版
第五十五条　未经批准调整预算，各级政府不得作出任何使原批准的收支平衡的预算的总支出超过总收入或者使原批准的预算中举借债务的数额增加的决定。 对违反前款规定作出的决定，本级人民代表大会、本级人民代表大会常务委员会或者上级政府应当责令其改变或者撤销。	第七十条　经批准的预算调整方案，各级政府应当严格执行。未经本法第六十九条规定的程序，各级政府不得作出预算调整的决定。 对违反前款规定作出的决定，本级人民代表大会、本级人民代表大会常务委员会或者上级政府应当责令其改变或者撤销。
第五十六条　在预算执行中，因上级政府返还或者给予补助而引起的预算收支变化，不属于预算调整。接受返还或者补助款项的县级以上地方各级政府应当向本级人民代表大会常务委员会报告有关情况；接受返还或者补助款项的乡、民族乡、镇政府应当向本级人民代表大会报告有关情况。	第七十一条　在预算执行中，地方各级政府因上级政府增加不需要本级政府提供配套资金的专项转移支付而引起的预算支出变化，不属于预算调整。 接受增加专项转移支付的县级以上地方各级政府应当向本级人民代表大会常务委员会报告有关情况；接受增加专项转移支付的乡、民族乡、镇政府应当向本级人民代表大会报告有关情况。
第五十七条　各部门、各单位的预算支出应当按照预算科目执行。不同预算科目间的预算资金需要调剂使用的，必须按照国务院财政部门的规定报经批准。	第七十二条　各部门、各单位的预算支出应当按照预算科目执行。严格控制不同预算科目、预算级次或者项目间的预算资金的调剂，确需调剂使用的，按照国务院财政部门的规定办理。
第五十八条　地方各级政府预算的调整方案经批准后，由本级政府报上一级政府备案。	第七十三条　地方各级预算的调整方案经批准后，由本级政府报上一级政府备案。
第八章　决算	第八章　决算
第五十九条　决算草案由各级政府、各部门、各单位，在每一预算年度终了后按照国务院规定的时间编制。 编制决算草案的具体事项，由国务院财政部门部署。	第七十四条　决算草案由各级政府、各部门、各单位，在每一预算年度终了后按照国务院规定的时间编制。 编制决算草案的具体事项，由国务院财政部门部署。

续表

《预算法》1994 年版	《预算法》2018 年版
第六十条　编制决算草案，必须符合法律、行政法规，做到收支数额准确、内容完整、报送及时。	第七十五条　编制决算草案，必须符合法律、行政法规，做到收支真实、数额准确、内容完整、报送及时。 决算草案应当与预算相对应，按预算数、调整预算数、决算数分别列出。一般公共预算支出应当按其功能分类编列到项，按其经济性质分类编列到款。
第六十一条　各部门对所属各单位的决算草案，应当审核并汇总编制本部门的决算草案，在规定的期限内报本级政府财政部门审核。 各级政府财政部门对本级各部门决算草案审核后发现有不符合法律、行政法规规定的，有权予以纠正。	第七十六条　各部门对所属各单位的决算草案，应当审核并汇总编制本部门的决算草案，在规定的期限内报本级政府财政部门审核。 各级政府财政部门对本级各部门决算草案审核后发现有不符合法律、行政法规规定的，有权予以纠正。
第六十二条　国务院财政部门编制中央决算草案，报国务院审定后，由国务院提请全国人民代表大会常务委员会审查和批准。 县级以上地方各级政府财政部门编制本级决算草案，报本级政府审定后，由本级政府提请本级人民代表大会常务委员会审查和批准。 乡、民族乡、镇政府编制本级决算草案，提请本级人民代表大会审查和批准。	第七十七条　国务院财政部门编制中央决算草案，经国务院审计部门审计后，报国务院审定，由国务院提请全国人民代表大会常务委员会审查和批准。 县级以上地方各级政府财政部门编制本级决算草案，经本级政府审计部门审计后，报本级政府审定，由本级政府提请本级人民代表大会常务委员会审查和批准。 乡、民族乡、镇政府编制本级决算草案，提请本级人民代表大会审查和批准。

续表

《预算法》1994 年版	《预算法》2018 年版
	第七十八条　国务院财政部门应当在全国人民代表大会常务委员会举行会议审查和批准中央决算草案的三十日前，将上一年度中央决算草案提交全国人民代表大会财政经济委员会进行初步审查。 省、自治区、直辖市政府财政部门应当在本级人民代表大会常务委员会举行会议审查和批准本级决算草案的三十日前，将上一年度本级决算草案提交本级人民代表大会有关专门委员会进行初步审查。 设区的市、自治州政府财政部门应当在本级人民代表大会常务委员会举行会议审查和批准本级决算草案的三十日前，将上一年度本级决算草案提交本级人民代表大会有关专门委员会进行初步审查，或者送交本级人民代表大会常务委员会有关工作机构征求意见。 县、自治县、不设区的市、市辖区政府财政部门应当在本级人民代表大会常务委员会举行会议审查和批准本级决算草案的三十日前，将上一年度本级决算草案送交本级人民代表大会常务委员会有关工作机构征求意见。 全国人民代表大会财政经济委员会和省、自治区、直辖市、设区的市、自治州人民代表大会有关专门委员会，向本级人民代表大会常务委员会提出关于本级决算草案的审查结果报告。

续表

《预算法》1994 年版	《预算法》2018 年版
	第七十九条　县级以上各级人民代表大会常务委员会和乡、民族乡、镇人民代表大会对本级决算草案,重点审查下列内容: (一)预算收入情况; (二)支出政策实施情况和重点支出、重大投资项目资金的使用及绩效情况; (三)结转资金的使用情况; (四)资金结余情况; (五)本级预算调整及执行情况; (六)财政转移支付安排执行情况; (七)经批准举借债务的规模、结构、使用、偿还等情况; (八)本级预算周转金规模和使用情况; (九)本级预备费使用情况; (十)超收收入安排情况,预算稳定调节基金的规模和使用情况; (十一)本级人民代表大会批准的预算决议落实情况; (十二)其他与决算有关的重要情况。 县级以上各级人民代表大会常务委员会应当结合本级政府提出的上一年度预算执行和其他财政收支的审计工作报告,对本级决算草案进行审查。
第六十三条　各级政府决算经批准后,财政部门应当向本级各部门批复决算。	第八十条　各级决算经批准后,财政部门应当在二十日内向本级各部门批复决算。各部门应当在接到本级政府财政部门批复的本部门决算后十五日内向所属单位批复决算。
第六十四条　地方各级政府应当将经批准的决算,报上一级政府备案。	第八十一条　地方各级政府应当将经批准的决算及下一级政府上报备案的决算汇总,报上一级政府备案。 县级以上各级政府应当将下一级政府报送备案的决算汇总后,报本级人民代表大会常务委员会备案。

续表

《预算法》1994 年版	《预算法》2018 年版
第六十五条　国务院和县级以上地方各级政府对下一级政府依照本法第六十四条规定报送备案的决算，认为有同法律、行政法规相抵触或者有其他不适当之处，需要撤销批准该项决算的决议的，应当提请本级人民代表大会常务委员会审议决定；经审议决定撤销的，该下级人民代表大会常务委员会应当责成本级政府依照本法规定重新编制决算草案，提请本级人民代表大会常务委员会审查和批准。	第八十二条　国务院和县级以上地方各级政府对下一级政府依照本法第八十一条规定报送备案的决算，认为有同法律、行政法规相抵触或者有其他不适当之处，需要撤销批准该项决算的决议的，应当提请本级人民代表大会常务委员会审议决定；经审议决定撤销的，该下级人民代表大会常务委员会应当责成本级政府依照本法规定重新编制决算草案，提请本级人民代表大会常务委员会审查和批准。
第九章　监督	第九章　监督
第六十六条　全国人民代表大会及其常务委员会对中央和地方预算、决算进行监督。 县级以上地方各级人民代表大会及其常务委员会对本级和下级政府预算、决算进行监督。 乡、民族乡、镇人民代表大会对本级预算、决算进行监督。	第八十三条　全国人民代表大会及其常务委员会对中央和地方预算、决算进行监督。 县级以上地方各级人民代表大会及其常务委员会对本级和下级预算、决算进行监督。 乡、民族乡、镇人民代表大会对本级预算、决算进行监督。
第六十七条　各级人民代表大会和县级以上各级人民代表大会常务委员会有权就预算、决算中的重大事项或者特定问题组织调查，有关的政府、部门、单位和个人应当如实反映情况和提供必要的材料。	第八十四条　各级人民代表大会和县级以上各级人民代表大会常务委员会有权就预算、决算中的重大事项或者特定问题组织调查，有关的政府、部门、单位和个人应当如实反映情况和提供必要的材料。
第六十八条　各级人民代表大会和县级以上各级人民代表大会常务委员会举行会议时，人民代表大会代表或者常务委员会组成人员，依照法律规定程序就预算、决算中的有关问题提出询问或者质询，受询问或者受质询的有关的政府或者财政部门必须及时给予答复。	第八十五条　各级人民代表大会和县级以上各级人民代表大会常务委员会举行会议时，人民代表大会代表或者常务委员会组成人员，依照法律规定程序就预算、决算中的有关问题提出询问或者质询，受询问或者受质询的有关的政府或者财政部门必须及时给予答复。

续表

《预算法》1994 年版	《预算法》2018 年版
第六十九条　各级政府应当在每一预算年度内至少二次向本级人民代表大会或者其常务委员会作预算执行情况的报告。	第八十六条　国务院和县级以上地方各级政府应当在每年六月至九月期间向本级人民代表大会常务委员会报告预算执行情况。
第七十条　各级政府监督下级政府的预算执行;下级政府应当定期向上一级政府报告预算执行情况。	第八十七条　各级政府监督下级政府的预算执行;下级政府应当定期向上一级政府报告预算执行情况。
第七十一条　各级政府财政部门负责监督检查本级各部门及其所属各单位预算的执行;并向本级政府和上一级政府财政部门报告预算执行情况。	第八十八条　各级政府财政部门负责监督本级各部门及其所属各单位预算管理有关工作,并向本级政府和上一级政府财政部门报告预算执行情况。
第七十二条　各级政府审计部门对本级各部门、各单位和下级政府的预算执行、决算实行审计监督。	第八十九条　县级以上政府审计部门依法对预算执行、决算实行审计监督。 对预算执行和其他财政收支的审计工作报告应当向社会公开。
	第九十条　政府各部门负责监督检查所属各单位的预算执行,及时向本级政府财政部门反映本部门预算执行情况,依法纠正违反预算的行为。
	第九十一条　公民、法人或者其他组织发现有违反本法的行为,可以依法向有关国家机关进行检举、控告。 接受检举、控告的国家机关应当依法进行处理,并为检举人、控告人保密。任何单位或者个人不得压制和打击报复检举人、控告人。

续表

《预算法》1994 年版	《预算法》2018 年版
第十章　法律责任	第十章　法律责任
第七十三条　各级政府未经依法批准擅自变更预算，使经批准的收支平衡的预算的总支出超过总收入，或者使经批准的预算中举借债务的数额增加的，对负有直接责任的主管人员和其他直接责任人员追究行政责任。	第九十二条　各级政府及有关部门有下列行为之一的，责令改正，对负有直接责任的主管人员和其他直接责任人员追究行政责任： （一）未依照本法规定，编制、报送预算草案、预算调整方案、决算草案和部门预算、决算以及批复预算、决算的； （二）违反本法规定，进行预算调整的； （三）未依照本法规定对有关预算事项进行公开和说明的； （四）违反规定设立政府性基金项目和其他财政收入项目的； （五）违反法律、法规规定使用预算预备费、预算周转金、预算稳定调节基金、超收收入的； （六）违反本法规定开设财政专户的。
	第九十三条　各级政府及有关部门、单位有下列行为之一的，责令改正，对负有直接责任的主管人员和其他直接责任人员依法给予降级、撤职、开除的处分： （一）未将所有政府收入和支出列入预算或者虚列收入和支出的； （二）违反法律、行政法规的规定，多征、提前征收或者减征、免征、缓征应征预算收入的； （三）截留、占用、挪用或者拖欠应当上缴国库的预算收入的； （四）违反本法规定，改变预算支出用途的； （五）擅自改变上级政府专项转移支付资金用途的； （六）违反本法规定拨付预算支出资金，办理预算收入收纳、划分、留解、退付，或者违反本法规定冻结、动用国库库款或者以其他方式支配已入国库库款的。

续表

《预算法》1994年版	《预算法》2018年版
第七十四条　违反法律、行政法规的规定，擅自动用国库库款或者擅自以其他方式支配已入国库的库款的，由政府财政部门责令退还或者追回国库库款，并由上级机关给予负有直接责任的主管人员和其他直接责任人员行政处分。	第九十四条　各级政府、各部门、各单位违反本法规定举借债务或者为他人债务提供担保，或者挪用重点支出资金，或者在预算之外及超预算标准建设楼堂馆所的，责令改正，对负有直接责任的主管人员和其他直接责任人员给予撤职、开除的处分。
第七十五条　隐瞒预算收入或者将不应当在预算内支出的款项转为预算内支出的，由上一级政府或者本级政府财政部门责令纠正，并由上级机关给予负有直接责任的主管人员和其他直接责任人员行政处分。	第九十五条　各级政府有关部门、单位及其工作人员有下列行为之一的，责令改正，追回骗取、使用的资金，有违法所得的没收违法所得，对单位给予警告或者通报批评；对负有直接责任的主管人员和其他直接责任人员依法给予处分： （一）违反法律、法规的规定，改变预算收入上缴方式的； （二）以虚报、冒领等手段骗取预算资金的； （三）违反规定扩大开支范围、提高开支标准的； （四）其他违反财政管理规定的行为。
	第九十六条　本法第九十二条、第九十三条、第九十四条、第九十五条所列违法行为，其他法律对其处理、处罚另有规定的，依照其规定。 违反本法规定，构成犯罪的，依法追究刑事责任。
第十一章　附则	第十一章　附则
第七十六条　各级政府、各部门、各单位应当加强对预算外资金的管理。预算外资金管理办法由国务院另行规定。各级人民代表大会要加强对预算外资金使用的监督。	

续表

《预算法》1994年版	《预算法》2018年版
	第九十七条　各级政府财政部门应当按年度编制以权责发生制为基础的政府综合财务报告，报告政府整体财务状况、运行情况和财政中长期可持续性，报本级人民代表大会常务委员会备案。
第七十八条　国务院根据本法制定实施条例。	第九十八条　国务院根据本法制定实施条例。
第七十七条　民族自治地方的预算管理，依照民族区域自治法的有关规定执行；民族区域自治法没有规定的，依照本法和国务院的有关规定执行。	第九十九条　民族自治地方的预算管理，依照民族区域自治法的有关规定执行；民族区域自治法没有规定的，依照本法和国务院的有关规定执行。
	第一百条　省、自治区、直辖市人民代表大会或者其常务委员会根据本法，可以制定有关预算审查监督的决定或者地方性法规。
第七十九条　本法自1995年1月1日施行。1991年10月21日国务院发布的《国家预算管理条例》同时废止。	第一百零一条　本法自1995年1月1日起施行。1991年10月21日国务院发布的《国家预算管理条例》同时废止。

注：根据2018年12月29日第十三届全国人民代表大会常务委员会第七次会议《关于修改〈中华人民共和国产品质量法〉等五部法律的决定》，《预算法》作了第二次修正。但是，本次修正只是着眼于财政部门与审计部门的职能优化，仅对第88条作了部分修改。

致 谢

预算制约与协调法律机制研究缘于2014年版《预算法》对1994年版的继承与超越，学术界通常将其确认为从“管理法”转向了“控权法”。然而，作为现代财政制度的重要内容，预算法律制度如何在实现与社会主义市场经济体制相匹配的同时，成为国家治理的基础和重要支柱，尚需从理论和实践层面开展反思和追问。本书立足预算制约与协调法律机制，历经数年的研究和多次修改，试图剖析预算法从“预算管理法”转向“管理预算法”，并最终实现“公共财产保障法”的属性转型，阐释了预算治理主体、预算治理功能、预算治理行为、预算治理技术之间的理论逻辑和现实构造。

值本书付梓之际，衷心感谢我的授业恩师——单飞跃教授，您是我敬爱的老师，也是我人生的榜样。感谢曾经指导我的刘水林教授，一位著作等身的体育全才，您的思路总是让我大开眼界。感谢曾经给我授业的周仲飞教授、廖益新教授、王全兴教授、郑少华教授、徐继强教授、张军旗教授、张圣翠教授、张淑芳教授、马洪教授等。感谢多次提携和指导我的刘剑文教授、熊伟教授。愿好人一生平安、幸福！

时光如白驹过隙，一晃数年匆匆而过，遥想当年在上海财经大学学习时的雄心壮志，仍不免感慨万千。您是那么美丽动人，又是那么温柔体贴，困顿时您为我提神，惆怅时您为我解忧，发奋时您为我呐喊助威。

感谢您，上海财经大学！请允许我小心翼翼地呼叫您的名字，在我心中您永远都是我的财小资。三门路的楼、情人坡的猫、国定路的花、风雨操场的风和雨，都还好吗？忘不了四教西柔软的草坪，无论是坐是躺，晒着太阳爽极了！忘不了羽毛球馆热闹的人群，无论是打是歇，休闲就是享受！无论今后世事如何变迁，都希望您越来越美、越来越靓！

感谢您，图书馆的兄弟姐妹！潘拥军，我们可爱的班长，总是那么善解人意和助人为乐！朱昱，我们威武的“朱司令”，总是雄赳赳、气昂昂，时常忆起挎起双枪上战场，但遗憾没能与其一道去靶场。夏东泓，我们的“夏教授”，总是一副文质彬彬的好模样。芦波，羽毛球高手中的高手，感谢你的指导和帮忙，好想与你再比试一场。有兄弟姐妹的图书馆就是天堂！

感谢您，一起战斗过的博士团！闫敏，一个常驻香港特别行政区偏爱臭美的妈妈，时常提醒我们养颜保健康。徐弘艳，一位精明干练的检察官，偶然知道她还是两个孩子的妈妈，多么年轻。胡荣荣，一位甜美纯净的女孩子，笑容总是挂在嘴角，祝愿你天天开心。胡枚玲，具有男孩子气魄的女孩子，符合湖北人的敢作敢为。张妮，又一次荣升为善良的妈妈，您的小棉袄一定很体贴。周逊志，我们中的“高富帅”，这样的青年才俊不多了，希望你和悠悠天长地久。徐刚，不显山不露水地挣大钱。钱俊成，我们称为“钱大状”，一位具有宽广胸襟的柔弱汉子，拿得起放得下，为人处世老练厚道，前途无量。戴秀强，一个我认为才情极高的山东人，考过了司法考试、注册会计师的理工男，大有可为。陈军，总是那么谦虚内敛，阿拉宁波是不是欢迎我？纪慧松，绝对的好男人，谈论起孩子总是那么津津乐道。赵杰宏，我们口中的“老赵”，既做教授，又当律师。

思念是一种很玄的东西，无论是曾经与您为伴，还是擦肩而过，都将在您的脑海中留下些许停留，而不论您是现在想忘记，还是将来想记起！尽管无数次地回忆，仍免不了遗忘您的点点滴滴……

感谢父母的养育之恩，感谢相濡以沫的伴侣——张玉博士，不但操持家务，还为岳家增添了一个活泼可爱的小“男神”——岳沛祉，增添了繁忙枯燥学习中的点点乐趣。还要感谢我家的小公主、小棉袄——岳怡兮，总是在爸爸、妈妈忙碌时帮忙照顾弟弟。

当然，本书的顺利出版离不开法律出版社的精心呵护。感谢师妹陈妮的积极鼓励和热心支持，给予我极大的动力。感谢责任编辑毛镜澄细致入微的修订，鞭策我继续努力。感谢责任编辑常锋的辛勤付出。

有你们陪伴，人生足矣！

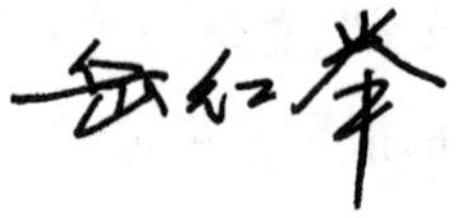

2024 年 3 月